可以先不进行会计处理，等到下月发票账单到达后再行会计处理。 (　　)

83. 已完成销售手续，但购买方在当月尚未提取的产品，销售方仍作为本公司库存商品核算。 (　　)

84. 为取得固定资产而缴纳的契税、耕地占用税、车辆购置税等相关税费计入固定资产的入账价值。 (　　)

85. 预期通过使用或处置不能产生经济利益的设备，应当终止确认为固定资产。 (　　)

86. 增值税一般纳税人将自产产品用于集体福利，不需要计算应交的增值税。 (　　)

87. 企业开出商业汇票偿还前欠货款时，借记应付票据，贷记应付账款。 (　　)

88. 生产工时比例法、生产工人工资比例法是制造费用分配较为常用的方法。 (　　)

89. 企业实际缴纳的增值税、消费税等均应记入“税金及附加”账户。 (　　)

90. 营业外收入属于企业收入的一部分，影响利润总额。 (　　)

91. 出租固定资产业务是偶发小概率事件，因此取得的租金收入应记入“营业外收入”。 (　　)

92. 年度终了，企业应将“利润分配”科目下其他明细科目的余额转入“利润分配——未分配利润”明细科目，结转后其他明细科目无余额。 (　　)

93. 企业提取法定盈余公积的基数是当年实现的净利润(减弥补以前年度亏损后)，不包括年初未分配利润。 (　　)

94. 直接计入所有者权益的利得和损失是指不应计入当期损益、会导致所有者权益发生增减变动的、与所有者投入资本或者向所有者分配利润无关的利得或者损失。 (　　)

95. 实收资本是指企业按照章程规定或合同、协议约定，接受投资者投入企业的资本。 (　　)

60. 能够引起资产和所有者权益发生增减变化的项目是(　　)。

A. 将盈余公积转增资本

B. 接受现金投资

C. 用盈余公积弥补亏损

D. 资本公积转增实收资本

61. 2024 年 8 月 1 日，某股份有限公司委托证券公司发行股票 5 000 万股，每股面值 1 元，每股发行价格 6 元，向证券公司支付佣金 900 万元，从发行收入中扣除。不考虑其他因素，该公司发行股票记入“资本公积——股本溢价”科目的金额为(　　)万元。

A. 30 000　　　　B. 5 000

C. 24 100　　　　D. 29 100

62. 2025 年 1 月初，某企业所有者权益总额为 3 950 万元。2025 年实现净利润 500 万元，提取盈余公积 100 万元，以资本公积转增实收资本 350 万元。不考虑其他因素，2025 年 12 月末该企业所有者权益总额为(　　)万元。

A. 4 450　　　　B. 4 350

C. 4 100　　　　D. 4 000

63. 2025 年 1 月 1 日，某股份有限公司未分配利润为 200 万元，2025 年度实现净利润 600 万元，法定盈余公积的提取率为 10%，不考虑其他因素，下列关于盈余公积的账务处理正确的是(　　)。(注：金额均以万元为单位)

A. 借：利润分配——提取法定盈余公积　60
　　贷：盈余公积　60

B. 借：本年利润——提取法定盈余公积　60
　　贷：盈余公积　60

C. 借：本年利润——提取法定盈余公积　40
　　贷：盈余公积　40

D. 借：利润分配——提取法定盈余公积　40
　　贷：盈余公积　40

64. 某企业 2025 年实现净利润 300 万元，结转本年利润至未分配利润的会计分录应为(　　)。(注：金额均以万元为单位)

A. 借：利润分配——未分配利润　300
　　贷：本年利润　300

B. 借：本年利润　300
　　贷：利润分配——未分配利润　300

C. 借：盈余公积　300

51. 下列项目中，应计入管理费用的是(　　)。

A. 生产车间设备折旧　　B. 业务招待费

C. 广告费　　D. 利息支出

52. 企业当年净利润为500万元，按10%提取法定盈余公积，则年末未分配利润增加(　　)。

A. 500万元　　B. 450万元

C. 50万元　　D. 400万元

53. 企业发生的辞退福利应计入(　　)。

A. 管理费用　　B. 销售费用

C. 营业外支出　　D. 应付职工薪酬

54. 下列项目中，影响营业利润的是(　　)。

A. 所得税费用　　B. 其他综合收益

C. 投资收益　　D. 营业外收入

55. 下列项目中，会使利润表“营业利润”项目金额增加的是(　　)。

A. 接受捐赠利得　　B. 固定资产盘盈

C. 收到投资收益　　D. 取得罚款收入

56. 某企业本期利润总额为100万元，所得税费用25万元，期初未分配利润50万元，本期提取盈余公积10万元，则期末未分配利润为(　　)万元。

A. 115　　B. 125

C. 135　　D. 145

57. 利润表中“上期金额”栏应根据(　　)填列。

A. 上年同期利润表“本期金额”栏数字

B. 本期利润表“本期金额”栏数字

C. 上年末资产负债表相关项目金额

D. 本期发生的经济业务

58. 某企业2024年发生业务招待费超支额5万元，国债利息收入3万元，当年利润总额100万元，企业所得税税率25%。该企业应纳税所得额为(　　)万元。

A. 100　　B. 102

C. 98　　D. 105

59. 下列各项中，不属于所有者权益来源的是(　　)。

A. 所有者投入的资本

B. 直接计入所有者权益的利得和损失

C. 留存收益

D. 借入资本

消费税 50 万元，城市维护建设税 21 万元，印花税 1.5 万元，企业所得税 120 万元。则上述税费缴纳时应记入“应交税费”科目借方的金额是(　　)万元。

A. 300　　B. 321

C. 441　　D. 442.5

31. 企业采购材料附有现金折扣时，应付账款的入账金额为(　　)。

A. 实际支付的金额

B. 发票上的价款加上增值税

C. 总额扣除现金折扣后的金额

D. 发票上的价款

32. 计算完工产品成本时需要填制的原始凭证是(　　)。

A. 入库单　　B. 制造费用分配表

C. 产品成本计算单　　D. 出库单

33. 汇兑损益应记入的科目是(　　)。

A. 主营业务成本　　B. 财务费用

C. 营业外支出　　D. 其他业务成本

34. 下列不属于生产环节职工薪酬的是(　　)。

A. 生产工人的住房公积金

B. 车间主任的绩效工资

C. 生产设备操作人员的福利费

D. 销售部门人员的年终奖

35. 下列费用中应计入销售费用的是(　　)。

A. 行政办公楼水电费

B. 销售商品的运输费

C. 银行承兑汇票手续费

D. 生产设备维修费

36. 下列各项中，不属于生产费用在完工产品和在产品之间进行分配的方法是(　　)。

A. 约当产量比例法

B. 在产品按定额成本计价法

C. 定额比例法

D. 直接分配法

37. 下列各项中，应确认为财务费用的是(　　)。

A. 企业筹建期间的开办费

B. 资本化的借款利息支出

元。该设备安装完成后的入账价值为(　　)万元。

A. 85　　B. 86

C. 95.61　　D. 96.61

24. 下列固定资产中，本月应计提折旧的是(　　)。

A. 本月购入并投入使用的设备

B. 上月已提足折旧本月继续使用的设备

C. 本月出售的上月购入的设备

D. 已提足折旧继续使用的房屋

25. 下列各项中，不属于“应付职工薪酬”核算内容的是(　　)。

A. 职工工资、奖金

B. 职工福利费

C. 工会经费和职工教育经费

D. 代扣职工个人所得税

26. 企业偿还应付账款时，实际支付金额小于应付账款账面余额的差额，可能计入(　　)。

A. 银行存款　　B. 管理费用

C. 销售费用　　D. 财务费用

27. 关于“其他应付款”科目，下列说法不正确的是(　　)。

A. 借方登记偿还的款项

B. 贷方登记增加的应付暂收款项

C. 期末余额一般在贷方，表示尚未支付的款项

D. 核算内容包括应付职工薪酬

28. 某企业 2025 年度税前会计利润为 3 000 万元，其中本年国债利息收入 200 万元，税收滞纳金 50 万元，企业所得税税率为 25%。假定不考虑其他因素，该企业 2025 年度所得税费用为(　　)万元。

A. 750　　B. 700

C. 712.5　　D. 762.5

29. 下列关于“应付票据”的表述，不正确的是(　　)。

A. 应付票据的付款期限最长不超过 6 个月

B. 应付票据是企业购买材料等开出的商业汇票

C. 带息票据的利息记入“财务费用”科目

D. 应付票据到期无力支付时，均转为“应付账款”科目

30. 某企业为增值税一般纳税人，2025 年实际已缴纳税费情况如下：增值税 250 万元，

姓名：__________ 班级：__________ 学号：__________

密 封 线 内 不 要 答 题

财经类对口单招考试技术技能测试模拟题十五

一、单项选择题(65个小题，每小题4分，共260分)

1. 企业在记录管理费用时，通常所采用的明细账格式是(　　)。

A. 多栏式　　B. 卡片式

C. 数量金额式　　D. 横线登记式

2. 企业用银行存款支付前欠货款，应编制的记账凭证是(　　)。

A. 收款凭证　　B. 付款凭证

C. 转账凭证　　D. 原始凭证

3. 企业在进行现金清查时，发现现金溢余，应贷记的会计科目是(　　)。

A. 营业外收入　　B. 待处理财产损溢

C. 其他应付款　　D. 管理费用

4. 对于现金收支业务，出纳员应根据(　　)登记现金日记账。

A. 收款凭证和付款凭证　　B. 原始凭证

C. 转账凭证　　D. 科目汇总表

5. 下列关于支票结算方式的表述，错误的是(　　)。

A. 支票分为现金支票、转账支票和普通支票

B. 现金支票可以用于支取现金，也可以用于转账

C. 转账支票只能用于转账

D. 普通支票可以用于支取现金，也可以用于转账

6. 企业在进行现金清查时，查出现金溢余，并将溢余数记入“待处理财产损溢”科目。后经进一步核查，无法查明原因，经批准后，对该现金溢余正确的会计处理方法是(　　)。

A. 将其从“待处理财产损溢”科目转入“管理费用”科目

B. 将其从“待处理财产损溢”科目转入“营业外收入”科目

C. 将其从“待处理财产损溢”科目转入“其他应付款”科目

D. 将其从“待处理财产损溢”科目转入“其他应收款”科目

7. 企业收到银行本票存款的款项时，应借记的科目是(　　)。

A. 银行存款　　B. 其他货币资金

C. 库存现金　　D. 应收账款

8. 银行存款余额调节表中调节后的余额是(　　)。

79. 企业的货币资金在资产负债表中应根据“库存现金”“银行存款”和“其他货币资金”科目的期末余额合计数填列。（　）

80. 应收账款期末应按账面价值与预计未来现金流量现值孰低计量。（　）

81. 企业应收的出租包装物租金应在“应收账款”科目核算。（　）

82. 企业接受外来原材料加工制造的代制品和为外单位加工修理的代修品，验收入库后，应视同企业的产成品。（　）

83. 存货盘亏时，若属于自然灾害造成的损失，应计入管理费用。（　）

84. 企业出售固定资产时，应将取得的价款与固定资产账面价值的差额计入营业外收支。（　）

85. 企业以经营租赁方式出租的机器设备属于固定资产。（　）

86. 短期借款的利息只能采用预提方式核算，不能在支付时直接计入当期损益。

87. 企业支付的代垫职工家属医药费，贷记“其他应付款”科目。（　）

88. 生产车间使用的固定资产，所计提的折旧应计入生产成本。（　）

89. 企业筹建期间的开办费应计入长期待摊费用。（　）

90. 企业销售商品时收取的包装物押金，应记入“其他业务收入”。（　）

91. 转让专利所有权取得的收入属于让渡资产使用权收入。（　）

92. 企业当年的净利润经分配后，剩余的部分即为年末未分配利润，在资产负债表中列示。（　）

93. 企业销售商品同时提供劳务，且销售商品部分和提供劳务部分不能区分的，应全部作为销售商品处理。（　）

94. 企业宣告发放现金股利，导致一项负债增加，一项所有者权益等额减少。（　）

95. 年末，“利润分配”科目除了未分配利润明细科目外，其他明细科目均无余额。（　）

B. 增加了实收资本

C. 减少了盈余公积

D. 不影响可供分配利润

62. 下列关于盈余公积的表述，不正确的是(　　)。

A. 盈余公积是指企业按照规定从净利润中提取的积累资金

B. 法定盈余公积累计额达到注册资本的50%时，可不再提取

C. 任意盈余公积按照税后利润5%～10%的比例提取

D. 盈余公积可用于转增资本

63. 经计算甲公司2024年度实现净利润400万元，经股东会批准，按净利润的10%提取法定盈余公积，按净利润的30%以现金方式向投资者分配利润。甲公司年末结转净利润及利润分配的会计处理不正确的是(　　)。

A. 年末结转净利润：

借：利润分配——未分配利润	400	
贷：本年利润		400

B. 年末结转净利润：

借：本年利润	400	
贷：利润分配——未分配利润		400

C. 提取法定盈余公积：

借：利润分配——提取法定盈余公积	40	
贷：盈余公积		40

D. 向投资者分配利润：

借：利润分配——应付现金股利或利润	120	
贷：应付股利		120

64. 下列关于股东出资的表述，不正确的是(　　)。

A. 股东应当按期足额缴纳公司章程中规定的各自所认缴的出资额

B. 股东以货币出资的，应当将货币出资足额存入公司在银行开设的账户

C. 股东以非货币财产出资的，应当依法办理财产权转移手续

D. 股东不按照规定缴纳出资的，应当向已按期足额缴纳出资的股东承担违约责任后，可以不再向公司足额缴纳出资

65. 下列各项中，不属于所有者权益的特征的是(　　)。

A. 发生清算时，应优先偿还所有者权益

B. 所有者凭借所有者权益能够参与企业利润的分配

C. 企业清算时，只有在清偿所有的负债后，所有者权益才返还给所有者

A. 8%　　　　B. 10%

C. 12%　　　　D. 15%

56. 企业利润表中“信用减值损失”项目应根据(　　)填列。

A. “信用减值损失”科目期末余额

B. “信用减值损失”科目发生额

C. “坏账准备”科目发生额

D. “应收账款”科目余额

57. 某企业期末结转后，“利润分配——未分配利润”账户借方余额表示(　　)。

A. 当年的净利润

B. 历年累计的未分配利润

C. 当年的亏损总额

D. 历年累计的未弥补亏损

58. 某企业年初未分配利润为 15 万元，当年实现净利润 50 万元，按 10%提取法定盈余公积，向投资者分配利润 20 万元，年末未分配利润为(　　)万元。

A. 40　　　　B. 45

C. 35　　　　D. 50

59. 2025 年年初某企业“利润分配——未分配利润”科目借方余额为 20 万元。2025 年度该企业实现净利润 220 万元，按净利润的 10%提取盈余公积。不考虑其他因素，2025 年年末该企业可供分配利润的金额为(　　)万元。

A. 220　　　　B. 200

C. 180　　　　D. 160

60. 经股东大会批准，某公司以法定盈余公积弥补当年亏损 80 000 元。不考虑其他因素，该公司弥补亏损的会计处理正确的是(　　)。

A. 借：盈余公积——法定盈余公积　　80 000
　　贷：本年利润　　80 000

B. 借：盈余公积——法定盈余公积　　80 000
　　贷：利润分配——盈余公积补亏　　80 000

C. 借：利润分配——盈余公积补亏　　80 000
　　贷：盈余公积——法定盈余公积　　80 000

D. 借：利润分配——未分配利润　　80 000
　　贷：盈余公积——法定盈余公积　　80 000

61. 下列关于盈余公积转增资本的表述不正确的是(　　)。

A. 企业所有者权益总额变化

A. 借记“生产成本”30 000

B. 借记“应付账款”33 900

C. 借记“应付账款”30 000

D. 贷方“银行存款”30 000

31. 甲公司因地震毁损一批外购原材料，该批材料成本为 100 万元，增值税为 13 万元。在批准处理之前，下列会计处理正确的是(　　)。

A. 借记“待处理财产损溢”科目 113 万元

B. 贷记“原材料”科目 100 万元

C. 贷记“原材料”科目 113 万元

D. 贷记“应交税费——应交增值税(进项税额转出)”科目 13 万元

32. “生产成本”明细账设置时一般采用多栏式账页格式，登记过程不正确的是(　　)。

A. 登记账簿时首先应将期初在产品按成本项目登记入账

B. 生产领用材料直接耗用于产品时登记到该明细账的“直接材料”项目

C. 如果该明细账只有借方分析栏，发生贷方发生额时不登记入账

D. 一般按照“直接材料”“直接人工”“制造费用”等设置成本项目

33. 下列各项中，企业不应计入管理费用的是(　　)。

A. 年度财务报告的审计费用

B. 董事会成员的津贴

C. 专设销售机构的业务费

D. 筹建期间内发生的开办费

34. 下列不属于制造业企业产品成本项目的是(　　)。

A. 直接材料　　B. 燃料及动力

C. 管理费用　　D. 制造费用

35. (　　)不属于财务费用。

A. 利息收入　　B. 汇兑损失

C. 银行承兑汇票手续费　　D. 诉讼费

36. 不计入产品成本的职工薪酬是(　　)。

A. 车间生产工人的奖金

B. 车间设备维护人员工资

C. 行政部门人员的社会保险费

D. 车间管理人员的住房公积金

37. 某企业 11 月发生以下经济业务：支付专设销售机构的固定资产修理费 3 万元；代垫销售商品运杂费 2 万元；结转随同商品出售单独计价包装物成本 5 万元；支付诉讼费 8 万元。

23. 企业对固定资产进行改扩建，在改扩建期间该固定资产(　　)。

A. 继续计提折旧　　B. 停止计提折旧

C. 减半计提折旧　　D. 按加速折旧法计提折旧

24. 下列选项中，应记入“固定资产清理”贷方的是(　　)。

A. 固定资产清理过程中发生的清理人员工资

B. 出售固定资产取得的价款

C. 固定资产转入清理的净值

D. 出售固定资产发生的运输费

25. 下列各项中，企业应通过“应付账款”科目核算的是(　　)。

A. 应付租入包装物租金　　B. 应付购入材料的货款

C. 应付短期借款利息　　D. 预收客户的购货款

26. 企业为职工缴纳的住房公积金，应通过(　　)科目核算。

A. 应付职工薪酬　　B. 其他应付款

C. 管理费用　　D. 应交税费

27. 某企业本期营业收入 1 200 万元，营业成本 1 000 万元，管理费用 25 万元，销售费用 30 万元，信用减值损失 10 万元，投资收益 45 万元(其中国债利息收入 10 万元)，营业外收入 15 万元，营业外支出 10 万元，所得税税率为 25%。假定不考虑其他因素，该企业本期应缴纳的企业所得税为(　　)万元。

A. 43. 75　　B. 46. 25

C. 48. 75　　D. 45

28. 下列各项中，会引起企业“应付票据”科目余额增加的是(　　)。

A. 以银行存款支付银行承兑汇票手续费

B. 开出商业承兑汇票购买原材料

C. 以银行存款支付到期的银行承兑汇票

D. 转销到期无力支付的商业承兑汇票

29. 下列不属于“其他应付款”科目核算内容的是(　　)。

A. 应付经营租赁固定资产的租金

B. 应付租入包装物租金

C. 存入保证金

D. 应付购货款

30. 甲企业为增值税一般纳税人，5 月 20 日，收到银行转来供电部门开具的增值税专用发票，发票上注明的电费为 30 000 元，增值税 3 900 元，企业以银行存款付讫。则下列会计处理正确的是(　　)。

学号：________ 班级：________ 姓名：________

密 封 线 内 不 要 答 题

财经类对口单招考试技术技能测试模拟题十四

一、单项选择题(65 个小题，每小题 4 分，共 260 分)

1. 企业发生的下列经济业务中，会引起资产和负债同时增加的是(　　)。

A. 以银行存款购买原材料　　B. 收到投资者投入的资本

C. 从银行取得短期借款　　D. 用银行存款偿还应付账款

2. 企业对于已经发生的交易或者事项，应当及时进行会计确认、计量和报告，不得提前或者延后，这体现的是(　　)要求。

A. 重要性　　B. 谨慎性

C. 及时性　　D. 相关性

3. 下列关于试算平衡法的说法，不正确的是(　　)。

A. 包括发生额试算平衡法和余额试算平衡法

B. 试算不平衡，表明账户记录肯定有错误

C. 试算平衡了，说明账户记录一定正确

D. 理论依据是“有借必有贷、借贷必相等”

4. 银行承兑汇票的承兑人是(　　)。

A. 出票人　　B. 付款人

C. 银行　　D. 收款人

5. 下列各项中，会导致银行存款日记账余额大于银行对账单余额的是(　　)。

A. 企业已开出，但银行尚未兑付的支票

B. 企业已收，但尚未存入银行的转账支票

C. 银行收到委托款项但尚未通知企业

D. 银行划付电话费但未将通知单送达企业

6. 填写银行本票申请书时，申请人和收款人均为个人的，才能申请签发现金银行本票，其原因是(　　)。

A. 现金银行本票只能用于支取现金

B. 单位不能使用现金

C. 单位只能使用转账银行本票

D. 现金银行本票可以背书转让

7. 下列关于库存现金核算的说法，正确的是(　　)。

81. 对于单项金额重大的应收款项，应当单独进行减值测试，如有客观证据表明其已发生减值，应当确认减值损失，计入当期损益。（ ）

82. 增值税小规模纳税人购入存货时，相关的增值税应计入存货成本。（ ）

83. 采购过程中发生的物资毁损、短缺，一律不计入采购成本。（ ）

84. 当月增加的固定资产，当月开始计提折旧；当月减少的固定资产，当月不再计提折旧。（ ）

85. 采用平均年限法计提折旧，各期折旧额相等，能准确反映固定资产的实际损耗情况。（ ）

86. 企业为职工缴纳的医疗保险费等社会保险费，属于应付职工薪酬的核算范围。（ ）

87. 由企业负担的职工社会保险费通过“其他应付款”科目核算。（ ）

88. 对于直接用于某种产品生产的材料费用，要先通过“制造费用”科目进行归集，期末再同其他间接费用一起按照一定的标准分配计入有关产品成本。（ ）

89. 财务费用仅指利息支出，不包括利息收入。（ ）

90. 企业销售商品时，若客户因质量问题索赔，赔偿金额应记入“销售费用”。（ ）

91. 企业销售商品时，若客户因自然灾害退货，损失应记入“管理费用”。（ ）

92. 企业提取任意盈余公积的比例由企业自行决定，法律不作强制规定。（ ）

93. “营业外支出”科目期末应无余额，因为其发生额全部转入了“本年利润”科目。（ ）

94. 企业接受现金资产投资时，应以实际收到的金额或存入企业开户银行的金额贷记“实收资本”科目。（ ）

95. 企业接受投资者作价投入的材料物资，按投资合同或协议约定的投资者在企业注册资本或股本中所占份额的部分作为实收资本或股本入账(不公允的除外)。（ ）

A. 借：原材料　　200

　　贷：实收资本　　200

B. 借：原材料　　174

　　应交税费——应交增值税(进项)　　26

　　贷：实收资本　　200

C. 借：原材料　　200

　　应交税费——应交增值税(进项)　　26

　　贷：实收资本　　226

D. 借：原材料　　200

　　贷：实收资本　　174

　　　　资本公积　　26

61. 某股份有限公司委托券商代理发行股票 10 000 万股，每股面值 1 元，每股发行价格 1.2 元。按发行价格的 1%向券商支付发行费用。该公司资本公积(股本溢价)账户的贷方余额为 80 万元。该公司在收到股款后，应记入“资本公积”科目的金额为(　　)万元。

A. 2 000　　B. 120

C. 2 100　　D. 1 880

62. 下列关于资本公积的表述，正确的是(　　)。

A. 资本公积是企业收到的投资者投入的注册资本

B. 资本公积主要来源于投资者投入的资本

C. 资本公积主要用来转增资本和弥补亏损

D. 资本公积是企业财务经营决策或进行利润分配时的依据

63. 下列项目中，应通过“资本公积”账户核算的是(　　)。

A. 资本(或股本)溢价

B. 接受捐赠资产

C. 接受投资

D. 按净利润一定比例提取的盈余公积

64. 下列关于企业期末留存收益的表述，正确的是(　　)。

A. 不包括当期实现的净利润

B. 包括注册资本和资本公积

C. 是留存于企业的内部积累

D. 不包括历年结存的利润

65. 下列会影响企业留存收益总额的是(　　)。

A. 资本公积转增资本

A. 100　　　　B. 85　　　　C. 70　　　　D. 115

56. 利润表中“本期金额”栏各项目数据应根据(　　)填列。

A. 损益类科目余额

B. 损益类科目本期发生额

C. 明细账科目余额

D. 上年同期金额

57. 下列关于利润表格式的表述，正确的是(　　)。

A. 账户式　　　　B. 报告式

C. 单步式和多步式　　　　D. 多栏式

58. 企业用盈余公积弥补亏损时，应贷记的会计科目是(　　)。

A. 盈余公积

B. 利润分配——盈余公积补亏

C. 利润分配——未分配利润

D. 本年利润

59. 某企业接受投资者投入一批原材料，合同约定价值为100万元，增值税专用发票上注明税额13万元，经评估公允价值为120万元。投资协议中确认该投资者在企业注册资本中占有的份额为100万元。正确的会计分录是(　　)。(注：金额均以万元为单位)

A. 借：原材料　　100
　　应交税费——应交增值税(进项税额)　　13
　　贷：实收资本　　113

B. 借：原材料　　120
　　应交税费——应交增值税(进项税额)　　13
　　贷：实收资本　　100
　　　　资本公积　　33

C. 借：原材料　　100
　　应交税费——应交增值税(进项税额)　　13
　　贷：实收资本　　100
　　　　资本公积　　13

D. 借：原材料　　120
　　贷：实收资本　　100
　　　　资本公积　　20

60. 企业收到投资者投入的原材料，评估价200万元(含增值税26万元)，投资协议约定按评估价确认股权份额。正确的会计分录是(　　)。(注：金额均以万元为单位)

②偿还上月所欠货款280万元。月末甲公司“应付账款”账户余额为(　　)。

A. 借方237万元　　B. 贷方233万元

C. 借方567万元　　D. 贷方567万元

31. 月末企业计提职工的医疗保险费等社会保险费，贷记(　　)科目。

A. 营业外支出　　B. 其他应付款

C. 应付职工薪酬　　D. 应付账款

32. 填制“产品成本计算单”时依据的公式是(　　)。

A. 完工产品成本=期初在产品成本+本期发生生产费用

B. 完工产品成本=期初在产品成本+本期发生生产费用-月末在产品成本

C. 完工产品成本=本期发生生产费用-月末在产品成本

D. 完工产品成本=本期发生生产费用

33. 下列项目中，不属于期间费用的是(　　)。

A. 销售费用　　B. 制造费用

C. 管理费用　　D. 财务费用

34. 下列各项中，属于制造企业产品成本的是(　　)。

A. 出租设备计提的折旧费　　B. 生产车间发生的水电费

C. 管理部门设备的折旧费　　D. 财务部门发生的水电费

35. 长期借款利息费用不符合资本化条件的部分应计入(　　)。

A. 在建工程　　B. 财务费用

C. 管理费用　　D. 制造费用

36. 关于生产工人薪酬的核算，不正确的是(　　)。

A. 如果能够确定归属某产品则直接计入生产成本

B. 如果不能确定归属某产品则需按照一定标准分配计入生产成本

C. 养老保险费不计入成本

D. 如果不能确定归属某产品则需计入制造费用

37. 甲公司某月发生主营营业收入200万元，主营业务成本100万元，其他业务成本10万元，销售费用30万元，管理费用50万元，制造费用80万元。则甲公司该月的期间费用为(　　)万元。

A. 110　　B. 160　　C. 80　　D. 10

38. 生产成本核算的主要目的是(　　)。

A. 确定利润　　B. 计算产品成本

C. 编制资产负债表　　D. 进行财务分析

39. 下列各项中，应记入企业“管理费用”科目的是(　　)。

C. 缴纳上月未交的增值税

D. 原材料由于管理不善被盗

26. 企业支付职工薪酬时，不可能涉及的会计科目是(　　)。

A. 应付职工薪酬　　B. 银行存款

C. 库存现金　　D. 生产成本

27. 甲公司为增值税一般纳税人，2025 年 1 月缴纳当月应交的增值税，下列账务处理中正确的是(　　)。

A. 借：应交税费——应交增值税(销项税额)
　　贷：银行存款

B. 借：应交税费——应交增值税(已交税金)
　　贷：银行存款

C. 借：应交税费——应交增值税
　　贷：银行存款

D. 借：应交税费——未交增值税
　　贷：银行存款

28. 2025 年 3 月 1 日，某企业向银行借入资金 100 万元用于生产经营，借款期限为 3 个月，年利率 6%，到期一次还本付息，利息按月计提。下列各项中，关于该借款相关科目的会计处理结果正确的是(　　)。

A. 借入时，借记“短期借款”科目 100 万元

B. 每月预提借款利息时，贷记“财务费用”科目 0.5 万元

C. 每月预提借款利息时，借记“应付利息”科目 0.5 万元

D. 借款到期归还本息时，贷记“银行存款”科目 101.5 万元

29. 某企业为增值税一般纳税人，当月销项税额合计 130 万元，进项税额合计 90 万元，进项税额转出 5 万元，已交税金 15 万元，则月末的账务处理正确的是(　　)。

A. 借：应交税费——应交增值税(已交税金)　　30
　　贷：应交税费——应交增值税(转出未交增值税)　　30

B. 借：应交税费——应交增值税(转出多交增值税)　　30
　　贷：应交税费——未交增值税　　30

C. 借：应交税费——应交增值税(转出未交增值税)　　30
　　贷：应交税费——未交增值税　　30

D. 无须进行账务处理

30. 甲公司月初“应付账款”账户贷方余额为 400 万元。本月发生下列业务：①赊购原材料一批并已验收入库，取得的增值税专用发票上注明的价款为 100 万元，增值税 13 万元；

学号：________ 班级：________ 姓名：________

密 封 线 内 不 要 答 题

财经类对口单招考试技术技能测试模拟题十三

一、单项选择题(65 个小题，每小题 4 分，共 260 分)

1. 某企业"原材料"账户月初余额为 380 000 元，本月验收入库的原材料共计 240 000 元，发出材料共计 320 000 元。则该企业"原材料"账户月末余额为(　　)元。

A. 余额在借方，金额为 460 000　　B. 余额在贷方，金额为 460 000

C. 余额在借方，金额为 300 000　　D. 余额在贷方，金额为 300 000

2. 下列关于试算平衡法的说法，不正确的是(　　)。

A. 包括发生额试算平衡法和余额试算平衡法

B. 试算不平衡，表明账户记录肯定有错误

C. 试算平衡了，说明账户记录一定正确

D. 理论依据是"有借必有贷、借贷必相等"

3. 企业销售一批产品，售价 50 000 元，款未收。该笔业务应编制的记账凭证是(　　)。

A. 收款凭证　　B. 付款凭证

C. 转账凭证　　D. 以上均可

4. 汇兑结算方式分为信汇和电汇两种，由(　　)选择使用。

A. 收款人　　B. 付款人

C. 银行　　D. 税务机关

5. 下列关于结算凭证填写的说法，错误的是(　　)。

A. 金额数字应使用中文大写和阿拉伯数字同时记载

B. 票据的出票日期可以使用小写填写

C. 中文大写金额数字到"元"为止的，在"元"之后应写"整"字

D. 阿拉伯小写金额数字前面，均应填写人民币符号"￥"

6. 库存现金日记账应由(　　)根据审核无误的收付款凭证，按照业务发生的先后顺序逐日逐笔登记。

A. 会计主管人员　　B. 出纳人员

C. 记账人员　　D. 稽核人员

7. 企业将款项汇往外地开立采购专用账户时，应借记的会计科目是(　　)。

A. 银行存款　　B. 其他货币资金

C. 预付账款　　D. 应收账款

87. 职工出差报销的差旅费属于应付职工薪酬的核算范围。（　　）

88. 通过“生产成本”总分类账户的记录，可以了解企业所生产的每一种产品的实际生产成本。（　　）

89. 费用是企业在日常活动中发生的、会导致所有者权益减少的、与向所有者分配利润无关的经济利益的总流出。（　　）

90. 企业出租无形资产取得的收入，应记入“营业外收入”科目。（　　）

91. 企业销售商品时，若客户提前付款享受的现金折扣，应冲减“财务费用”。（　　）

92. 企业分配的股票股利，应通过“利润分配——应付股票股利”科目核算，影响所有者权益总额。（　　）

93. 企业发生的固定资产报废毁损损失，应记入“资产处置损益”科目，影响营业利润。（　　）

94. 公司发行股票支付的手续费等发行费用，应当计入当期财务费用。（　　）

95. 年末资产负债表中的未分配利润的金额一定等于“利润分配”科目的年末余额。（　　）

其他因素，该公司年末未分配利润余额为(　　)万元。

A. 577.5　　B. 641.25

C. 652.5　　D. 712.5

61. 下列各项中，导致企业留存收益减少的经济业务是(　　)。

A. 以盈余公积转增资本

B. 接受投资者追加投资

C. 以盈余公积弥补以前年度亏损

D. 提取法定盈余公积

62. 某企业年初所有者权益总额为500万元，其中实收资本200万元，资本公积100万元，盈余公积100万元，未分配利润100万元。当年以资本公积转增资本50万元，实现净利润300万元，提取法定盈余公积30万元，向投资者宣告分配现金股利70万元。不考虑其他因素，该企业年末留存收益和所有者权益分别为(　　)万元。

A. 200 650　　B. 200 730

C. 430 730　　D. 430 770

63. 下列关于股东出资形式的表述，不正确的是(　　)。

A. 股东可以用实物、股权等可以用货币估价并可以依法转让的非货币财产作出资

B. 企业应当对作为出资的货币财产评估作价，核实财产，不得高估或者低估作价

C. 股东不得以法律、行政法规规定不得作为出资的财产出资

D. 企业收到股东出资的非货币财产应当以股东原账面价入账

64. 下列关于实收资本的表述，不正确的是(　　)。

A. 企业的实收资本一般相对固定不变

B. 除国家另有规定外，企业的注册资本应当与实收资本一致

C. 当实收资本比原注册资本增加或减少超过50%时，应向原登记主管机关申请变更登记

D. 企业擅自改变注册资本或抽逃资金要受到市场监督管理部门的处罚

65. 某企业12月1日所有者权益为1 100万元，12月份实现净利润200万元，提取盈余公积30万元，向投资者分配利润100万元。则该企业12月31日所有者权益金额为(　　)万元。

A. 1 300　　B. 1 170

C. 1 330　　D. 1 200

二、多项选择题(10个小题，每小题5分，共50分)

66. 编制银行存款余额调节表时，下列未达账项中，会导致企业银行存款日记账余额小于银行对账单余额的有(　　)。

A. 资本公积　　B. 营业外收入

C. 其他业务收入　　D. 盈余公积

52. 某企业本期营业利润 200 万元，营业外收入 20 万元，营业外支出 10 万元，所得税税率 25%，则净利润为(　　)万元。

A. 150　　B. 157.5

C. 160　　D. 172.5

53. 企业提取的法定盈余公积达到注册资本的(　　)时，可以不再提取。

A. 20%　　B. 25%

C. 50%　　D. 75%

54. 下列各项中，属于留存收益的是(　　)。

A. 实收资本　　B. 资本公积

C. 盈余公积　　D. 应付股利

55. 利润表反映的是企业一定会计期间的(　　)。

A. 财务状况　　B. 经营成果

C. 现金流量　　D. 所有者权益变动

56. 利润表中“营业收入”项目应根据(　　)填列。

A.“主营业务收入”科目的发生额

B.“其他业务收入”科目的发生额

C.“主营业务收入”和“其他业务收入”科目的发生额合计

D.“营业外收入”科目的发生额

57. 下列属于利润表项目的是(　　)。

A. 主营业务成本　　B. 其他业务成本

C. 税金及附加　　D. 生产成本

58. 利润表中“所得税费用”项目的金额应根据(　　)计算填列。

A. 利润总额×税率　　B. 应纳税所得额×税率

C. 营业利润×税率　　D. 净利润×税率

59. 下列各项中，企业应通过“利润分配”科目核算的是(　　)。

A. 支付已宣告发放的现金股利

B. 以盈余公积转增资本

C. 以股票溢价抵扣股票发行手续费

D. 以盈余公积弥补亏损

60. 某股份有限公司年初未分配利润为贷方余额 75 万元，当年实现净利润 750 万元，分别按 10%和 5%计提法定盈余公积和任意盈余公积，当年宣告发放现金股利 60 万元。不考虑

D. 行政部门管理人员的职工薪酬记入“管理费用”科目

30. 下列应记入“其他应付款”科目的是(　　)。

A. 购买原材料应付的货款

B. 租入包装物支付的押金

C. 收到客户的包装物押金

D. 向银行借入的短期借款

31. 某企业为增值税一般纳税人，本月发生进项税额 35 万元，销项税额 75 万元，进项税额转出 4 万元，缴纳上月增值税 30 万元，则月末结转的应交未交的增值税为(　　)万元。

A. 10　　B. 36

C. 6　　D. 44

32. 企业生产甲产品领用一批原材料，领料时应填制的原始凭证是(　　)。

A. 产品成本计算单　　B. 领料单

C. 领料凭证汇总表　　D. 收料单

33. 下列各项中，应通过“管理费用”科目核算的是(　　)。

A. 支付的财务咨询费

B. 生产车间机器设备的折旧费

C. 委托方支付的委托代销手续费

D. 销售机构人员的薪酬

34. 在生产环节中，属于直接成本的是(　　)。

A. 生产车间的水电费　　B. 生产工人的薪酬

C. 行政部门的办公费　　D. 销售产品的运输费

35. 下列应列入利润表“税金及附加”项目的是(　　)。

A. 进口原材料应交的关税

B. 购进生产设备应交的增值税

C. 处置办公设备应交的增值税

D. 销售应税消费品应交的消费税

36. 下列不通过“制造费用”科目核算的是(　　)。

A. 生产用设备的日常修理费用

B. 车间的折旧费

C. 车间的办公费

D. 车间生产产品的机物料消耗

37. 某企业本月支付行政管理部门水电费 3 000 元，报销行政管理部门人员差旅费 5 000 元(已预借 3 000 元)，不考虑其他因素，该企业应计入管理费用的金额为(　　)元。

22. 某固定资产原值为50 000元，预计使用年限为5年，预计净残值为2 000元，采用年数总和法计提折旧，第3年的折旧率为(　　)。

A. 33.33%　　B. 26.67%

C. 20%　　D. 13.33%

23. 某固定资产原值为80 000元，预计使用年限为4年，预计净残值为2 000元，采用工作量法计提折旧，预计总工作量为20 000小时，本月工作2 000小时，则本月应计提折旧额为(　　)元。

A. 7 800　　B. 7 900

C. 8 000　　D. 8 100

24. 下列固定资产中，应计提折旧的是(　　)。

A. 已提足折旧仍继续使用的设备

B. 单独估价入账的土地

C. 闲置的厂房

D. 提前报废的固定资产

25. 下列各项中，会造成企业流动负债金额减少的业务是(　　)。

A. 计提销售消费品应交的消费税

B. 签发商业汇票抵付应付账款

C. 转销确实无法支付的应付账款

D. 预收销售产品的货款

26. 企业计提财务部职工社会保险费和住房公积金，应借记的会计科目是(　　)。

A. 财务费用　　B. 销售费用

C. 其他业务成本　　D. 管理费用

27. 某公司2025年4月1日向银行借入资金60万元，期限6个月，年利率为6%，到期还本，按月计提利息，按季付息。该企业4月30日应计提的利息为(　　)万元。

A. 0.3　　B. 0.6

C. 0.9　　D. 3.6

28. 企业在“应交税费——应交增值税”科目贷方设置的明细科目是(　　)。

A. 转出多交增值税　　B. 转出未交增值税

C. 进项税额　　D. 已交税金

29. 下列各项关于职工薪酬的确认说法不正确的是(　　)。

A. 在建工程人员的职工薪酬记入“在建工程”科目

B. 财务人员的职工薪酬记入“财务费用”科目

C. 专设销售机构销售人员的职工薪酬记入“销售费用”科目

学号：＿＿＿＿ 班级：＿＿＿＿ 姓名：＿＿＿＿

密 封 线 内 不 要 答 题

财经类对口单招考试技术技能测试模拟题十二

一、单项选择题(65 个小题，每小题 4 分，共 260 分)

1. 下列关于会计科目设置的说法，错误的是(　　)。
   A. 合法性原则就是所设置的会计科目应当符合国家统一会计制度的规定
   B. 企业在设置会计科目时应遵循合理性原则、相关性原则和合法性原则
   C. 单位在不违背国家统一规定的前提下，可以根据自身业务特点和实际情况，增加、减少或合并某些会计科目
   D. 设置会计科目是为了分类反映单位的经济信息，便于会计信息使用者利用会计信息进行有关决策
2. 下列各项中，属于经营活动产生的现金流量的是(　　)。
   A. 销售商品收到的现金
   B. 发行债券收到的现金
   C. 发生筹资费用所支付的现金
   D. 分得股利所收到的现金
3. 企业将盈余公积转增资本，应编制的记账凭证是(　　)。
   A. 收款凭证　　　　B. 付款凭证
   C. 转账凭证　　　　D. 原始凭证
4. 以下关于转账支票填制的说法，错误的是(　　)。
   A. 支票正面盖财务专用章和法人章，缺一不可
   B. 出票日期可以使用小写填写
   C. 收款人名称应填写全称
   D. 用途栏可以根据实际情况填写
5. 下列关于银行存款核算的说法，正确的是(　　)。
   A. 企业的外埠存款通过“银行存款”科目核算
   B. 企业银行存款日记账应定期与银行对账单核对，至少每月核对一次
   C. 银行存款余额调节表可以作为调整银行存款账面余额的记账依据
   D. 企业银行存款的账面余额与银行对账单余额之间如有差额，应立即调整银行存款的账面余额
6. 企业持有一张期限为 6 个月的商业汇票，本金为 100 万元，年利率为 4%，则到期时

84. 固定资产折旧就是指固定资产价值的减少。 ( )

85. 融资租入的固定资产，所有权不属于企业，因此不应作为企业的固定资产核算。

( )

86. 企业支付的租入包装物押金，应通过“其他应付款”科目核算。 ( )

87. 职工薪酬仅包括企业支付给职工的货币性薪酬，不包括非货币性福利。 ( )

88. 车间领用一般性消耗的材料，在会计处理上应属于增加管理费用。 ( )

89. 企业缴纳的车船税，应于发生时记入“管理费用”科目。 ( )

90. 企业销售商品时收取的包装物押金，逾期未退时应确认为“其他业务收入”。 ( )

91. 损失会导致经济利益流出企业，因此会减少企业的营业利润。 ( )

92. 企业发生的广告费和业务宣传费，全部记入“销售费用”科目，影响营业利润。

( )

93. 企业发生的公益性捐赠支出，应记入“营业外支出”科目，不影响营业利润。 ( )

94. 企业收到的投入固定资产，应该按照投出单位的净值入账。 ( )

95. 资本公积可以作为所有者参与企业财务经营决策或进行利润分配的依据。 ( )

B. 借：固定资产　　113

　　贷：实收资本　　113

C. 借：固定资产　　100

　　应交税费——应交增值税(进项税额)　　13

　　贷：实收资本　　113

D. 借：固定资产　　100

　　应交税费——应交增值税(进项税额)　　13

　　贷：股本　　113

60. 下列原始凭证中，不属于企业接受存货投资的是(　　)。

A. 入库单　　B. 增值税专用发票

C. 投资协议　　D. 库存商品减值准备计算表

61. 甲公司为增值税一般纳税人。2025 年 9 月 1 日，收到乙公司投入的生产用设备一台，该设备的账面价值为 120 万元，合同约定价值为 100 万元(与公允价值相同)。乙公司提供的增值税专用发票上注明的增值税税额为 13 万元，税款由乙公司负担。投资后，乙公司在甲公司实收资本中所占的份额为 80 万元，关于甲公司接受乙公司投资的会计处理表述不正确的是(　　)。

A. “资本公积”科目贷方增加 33 万元

B. “固定资产”科目借方增加 120 万元

C. “应交税费——应交增值税(进项税额)”科目借方增加 13 万元

D. “实收资本”科目贷方增加 80 万元

62. A 股份有限公司委托券商代理发行股票 20 000 万股，每股面值 1 元，每股发行价格 1.1 元。按发行价格的 1%向券商支付发行费用。该公司资本公积(股本溢价)账户的贷方余额为 120 万元，盈余公积账户的贷方余额为 160 万元。该公司在收到股款后，应记入“资本公积”科目的金额为(　　)万元。

A. 2 000　　B. 120

C. 2 100　　D. 1 780

63. 某公司 2025 年年初所有者权益总额为 1 360 万元，当年实现净利润 450 万元，提取盈余公积 45 万元，向投资者分配现金股利 200 万元，本年内以资本公积转增资本 50 万元，投资者追加现金投资 30 万元。该公司年末所有者权益总额为(　　)万元。

A. 1 565　　B. 1 595

C. 1 640　　D. 1 795

64. 下列各项中，会使资本公积和所有者权益同时发生增减变动的是(　　)。

A. 企业实现净利润

A. 20　　B. 25

C. 30　　D. 35

53. 企业计算利润总额时，不需要考虑的项目是(　　)。

A. 资产处置收益　　B. 所得税费用

C. 营业外收入　　D. 财务费用

54. 下列各项中，应计入期间费用的是(　　)。

A. 生产车间设备折旧费　　B. 生产工人工资

C. 广告费　　D. 车间管理人员工资

55. 企业发生的下列支出中，应记入“税金及附加”的是(　　)。

A. 增值税　　B. 所得税

C. 房产税　　D. 车辆购置税

56. 企业年末“本年利润”贷方余额100万元，“利润分配——未分配利润”借方余额50万元，则年末未分配利润为(　　)。

A. 150万元　　B. 100万元

C. 50万元　　D. -50万元

57. 企业用盈余公积转增资本，会导致(　　)。

A. 所有者权益总额增加

B. 所有者权益总额减少

C. 所有者权益总额不变

D. 留存收益总额增加

58. 下列项目中，不通过“营业外支出”核算的是(　　)。

A. 公益性捐赠支出

B. 无法查明原因的现金短缺

C. 固定资产盘亏损失

D. 罚款支出

59. 甲有限责任公司(以下简称甲公司)为增值税一般纳税人，收到乙投资方作为资本投入的一台不需要安装的设备，合同约定设备价值为100万元，增值税为13万元(由乙投资方支付税款并开具增值税专用发票)。根据投资合同，乙投资方在甲公司注册资本中所占份额为113万元。设备的合同约定价值与其公允价值一致，不考虑其他因素，甲公司接受投资的会计处理正确的是(　　)。

A. 借：固定资产　　100

　　应交税费——应交增值税(进项税额)　　13

　　贷：资本公积　　113

C. 到期无力支付的银行承兑汇票应按账面余额转入“短期借款”科目

D. 开出商业承兑汇票，应按其票面金额的现值作为应付票据的入账金额

31. 2025 年 7 月，甲公司根据“工资费用汇总表”结算本月应付职工工资总额 80 000 元，其中代扣个人所得税 3 800 元，企业上月代垫职工家属医药费 1 200 元，用银行存款实发工资 75 000 元。下列各项中，关于甲公司结算职工薪酬的会计处理结果错误的是(　　)。

A. 应付职工薪酬减少 77 600 元

B. 其他应收款减少 1 200 元

C. 应交税费——应交个人所得税增加 3 800 元

D. 银行存款减少 75 000 元

32. 对于采用实际成本法核算的企业，当产品完工验收入库时，应该填制的原始凭证为(　　)。

A. 盘存单　　　　B. 收料单

C. 产品入库单　　　　D. 产品成本计算单

33. “财务费用”科目贷方登记(　　)。

A. 计提当月短期借款利息

B. 汇兑损失

C. 收到银行存款利息

D. 支付银行相关的手续费

34. 企业月末完工产品成本等于(　　)。

A. 月初在产品成本+本月生产费用-月末在产品成本

B. 本月生产费用-月末在产品成本

C. 月初在产品成本+本月生产费用

D. 月初在产品成本-月末在产品成本

35. 下列各项中，应计入管理费用的是(　　)。

A. 外币汇兑损失

B. 支付的法律诉讼费

C. 因违反协议支付的违约金

D. 支付专设销售机构房屋维修费

36. 下列各项中，不属于制造费用中包含的职工薪酬是(　　)。

A. 生产车间清洁工工资

B. 生产部经理奖金

C. 生产车间主任加班工资

D. 仓库管理员社会保险费

A. 资产减值损失　　B. 营业外支出

C. 固定资产减值准备　　D. 管理费用

24. 下面各项中，不会引起固定资产账面价值发生变动的是(　　)。

A. 计提固定资产折旧

B. 计提固定资产减值准备

C. 不符合资本化条件的固定资产的日常修理费

D. 固定资产的改扩建

25. 不属于“应交税费——应交增值税”下设置的明细科目的是(　　)。

A. 销项税额　　B. 进项税额

C. 进项税额转出　　D. 未交增值税

26. 下列各项中，企业应通过“应付账款”科目核算的是(　　)。

A. 应付租入包装物租金

B. 应付固定资产采购款

C. 应付股东现金股利

D. 应付存入保证金

27. 红星公司在2025年1月1日向银行借入一笔本金120 000元、期限9个月、年利率4%的借款。借款协议规定到期还本，利息按月计提、按季支付，则3月末记入“应付利息”科目的金额为(　　)元。

A. 1 200　　B. 200

C. 400　　D. 800

28. 下列各项中，不属于职工福利费用的是(　　)。

A. 抚恤费

B. 丧葬补助费

C. 企业向职工发放的奖金

D. 防暑降温费

29. 某增值税小规模纳税人本期购入原材料并验收入库，取得的增值税专用发票上注明价款为5 000元，增值税650元，当期销售产品的售价(含增值税)51 500元，适用的征收率为3%，则该企业当期应该缴纳的增值税为(　　)元。

A. 850　　B. 1 500

C. 1 350　　D. 1 545

30. 下列各项中，关于应付票据的会计处理表述错误的是(　　)。

A. 支付银行承兑汇票手续费，记入“财务费用”科目

B. 到期无力支付的商业承兑汇票应按账面余额转入“应付账款”科目

姓名：__________ 班级：__________ 学号：__________

密 封 线 内 不 要 答 题

财经类对口单招考试技术技能测试模拟题十一

一、单项选择题(65 个小题，每小题 4 分，共 260 分)

1. 下列各项中，属于总分类会计科目的是(　　)。

A. 应交增值税　　B. 应付账款

C. 专利权　　D. 专用设备

2. 下列各项中，不属于会计核算具体内容的是(　　)。

A. 制定企业计划　　B. 收入的计算

C. 资本的增减　　D. 财务成果的计算

3. 下列关于财务报表编制要求的说法，错误的是(　　)。

A. 企业应当以持续经营为基础编制财务报表

B. 财务报表项目的列报应当在各个会计期间保持一致，不得随意变更

C. 重要性项目单独列报，不重要的项目可以合并列报

D. 企业可以根据需要提前或者推迟结账

4. 对于库存现金清查中发现的现金短缺，属于无法查明原因的部分，经批准后应计入(　　)。

A. 管理费用　　B. 财务费用

C. 营业外支出　　D. 其他应收款

5. 企业银行存款日记账余额为 50 000 元，银行已收企业未收款项为 10 000 元，企业已付银行未付款项为 5 000 元，银行已付企业未付款项为 8 000 元，则调节后的银行存款余额为(　　)元。

A. 55 000　　B. 57 000

C. 52 000　　D. 47 000

6. 企业用外埠存款采购物资，支付货款时，应贷记的科目是(　　)。

A. 银行存款

B. 库存现金

C. 其他货币资金——外埠存款

D. 应付账款

7. 企业收到银行存款利息收入时，应贷记的会计科目是(　　)。

A. 财务费用　　B. 管理费用

期损益。 (　　)

82. 发出存货成本计价方法一经确定，不得变更。 (　　)

83. 企业购入材料支付的进口关税不应计入采购成本。 (　　)

84. 企业购入需要安装的固定资产，安装过程中领用原材料，原材料的进项税额不能抵扣。 (　　)

85. 融资租入的固定资产，在租赁期内应视同自有资产进行管理。 (　　)

86. 企业因促销活动购买一批包装物并开出一张银行承兑汇票，在支付银行承兑汇票手续费时，应借记“销售费用”科目。 (　　)

87. 企业应交的各种税费，都通过“应交税费”科目核算。 (　　)

88. 期末，“制造费用”账户借方所归集的间接生产费用分配转入“生产成本”账户，期末结转后，该账户一般没有余额。 (　　)

89. 企业因订立买卖合同而缴纳的印花税，计入管理费用。 (　　)

90. 企业确认收入的核心条件是商品所有权上的主要风险和报酬转移给客户。 (　　)

91. 企业建造合同的结果能够可靠估计时，应采用完工百分比法确认收入。 (　　)

92. 企业发生的固定资产盘盈，应作为前期差错处理，记入“以前年度损益调整”科目。 (　　)

93. 企业提取盈余公积不会导致所有者权益总额发生变化。 (　　)

94. 企业按照规定提取盈余公积时，提取基数既包括当年实现的净利润，还要包括期初未分配利润的贷方余额。 (　　)

95. 用利润弥补亏损时，应单独作相应的会计处理。 (　　)

57. “利润分配——未分配利润”账户年末贷方余额表示(　　)。

A. 历年累计的未弥补亏损

B. 当年的未分配利润

C. 历年累计的未分配利润

D. 当年的净利润

58. 企业期末结转利润时，不应转入“本年利润”贷方的科目是(　　)。

A. 主营业务收入　　B. 其他业务收入

C. 营业外支出　　D. 投资收益

59. 某企业年初所有者权益总额为 600 万元。当年实现净利润 360 万元，提取盈余公积 36 万元，向投资者分配现金股利 84 万元，以资本公积转增资本 60 万元。不考虑其他因素，该企业年末所有者权益总额为(　　)万元。

A. 960　　B. 636

C. 696　　D. 876

60. 下列各项中，期末不需转入“利润分配——未分配利润”科目的是(　　)。

A. 制造费用

B. 本年利润

C. 利润分配——提取法定盈余公积

D. 利润分配——应付现金股利或利润

61. 某上市公司发行普通股 1 000 万股，每股面值 1 元，每股发行价格 5 元，支付手续费 20 万元，支付咨询费 60 万元。该公司发行普通股计入股本的金额为(　　)万元。

A. 1 000　　B. 4 920

C. 4 980　　D. 5 000

62. 下列关于实收资本的表述中，不正确的是(　　)。

A. 实收资本的构成比例或股东的股份比例是确定所有者在企业所有者权益中所占份额的基础

B. 实收资本的构成比例或股东的股份比例是企业进行利润或股利分配的主要依据

C. 股份有限公司的实收资本又称为股本

D. 股本的金额等于股份市价和股份总额的乘积

63. 下列关于所有者权益的表述，正确的是(　　)。

A. 所有者权益是指资产扣除流动负债后由所有者享有的剩余权益

B. 公司所有者权益又称股东权益

C. 所有者凭借所有者权益不能够参与企业利润的分配

D. 企业清算时，优先把所有者权益返还给所有者

C. 80　　　　D. 120

50. 某公司本期计提坏账准备 40 万元，计提存货跌价准备 30 万元，营业利润减少(　　)万元。

A. 30　　　　B. 40

C. 70　　　　D. 10

51. 下列项目中，属于企业日常活动形成的利润是(　　)。

A. 出售固定资产净收益

B. 销售商品收入减去成本后的差额

C. 接受捐赠利得

D. 债务重组收益

52. 某公司 2024 年营业利润为负 50 万元，营业外收入 80 万元，营业外支出 20 万元，利润总额为(　　)万元。

A. 10　　　　B. 30

C. 50　　　　D. 70

53. 下列各项中，属于其他业务收入的是(　　)。

A. 销售商品收入

B. 出租包装物收入

C. 接受捐赠收入

D. 政府补助收入

54. 下列各项中，属于利润分配第一步的是(　　)。

A. 向投资者分配利润

B. 提取任意盈余公积

C. 提取法定盈余公积

D. 弥补以前年度亏损

55. 企业当年实现净利润 100 万元，年初未分配利润 20 万元，按 10%提取法定盈余公积，不考虑其他因素，年末可供分配利润为(　　)万元。

A. 120　　　　B. 110

C. 90　　　　D. 80

56. 下列项目中，应在计算应纳税所得额时作纳税调增的是(　　)。

A. 国债利息收入

B. 业务招待费超支额

C. 前五年内未弥补亏损

D. 公益捐赠支出未超过扣除限额部分

C. 以自产产品作为福利发放

D. 生产产品领用原材料

28. 甲公司本月应付职工工资共 300 000 元，代扣职工个人所得税 5 000 元，实发工资 295 000 元，以下企业会计处理正确的是(　　)。

A. 借：应付职工薪酬——工资　300 000
　　贷：银行存款　300 000

B. 借：其他应收款　5 000
　　贷：应交税费——应交个人所得税　5 000

C. 借：应付职工薪酬——工资　5 000
　　贷：其他应付款　5 000

D. 借：应付职工薪酬——工资　295 000
　　贷：银行存款　295 000

29. 下列业务中，不会引起应付账款账面价值发生增减变动的是(　　)。

A. 预先支付材料款

B. 购入材料尚未支付货款

C. 开出转账支票支付应付账款

D. 开出商业汇票抵付应付账款

30. 下列对于“应交税费——应交增值税”明细科目的表述，不正确的是(　　)。

A. 当月缴纳以前各期未交增值税，不在“应交增值税”下设的明细科目中反映

B. 当月缴纳当月的增值税，登记在“已交税金”明细科目

C.“转出未交增值税”明细科目，反映月份终了转出的以前各期未交增值税

D.“进项税额转出”明细科目，反映不应从销项税额抵扣，按照规定转出的进项税额

31. 下列应记入“其他应付款”科目的是(　　)。

A. 购买原材料应付的货款

B. 租入包装物支付的押金

C. 收到客户的包装物押金

D. 向银行借入的短期借款

32. 不能直接或间接归入产品成本，而是直接计入当期损益的费用是(　　)。

A. 车间管理人员工资

B. 业务招待费

C. 生产车间水电费

D. 生产产品领用的材料费

33. 下列各项中，企业应记入“管理费用”科目的是(　　)。

20. 企业对固定资产进行更新改造时，应将固定资产的账面价值转入(　　)。

A. 固定资产清理　　B. 在建工程

C. 待处理财产损溢　　D. 工程物资

21. 基本生产车间固定资产计提的折旧费应借记(　　)。

A. 生产成本　　B. 制造费用

C. 管理费用　　D. 累计折旧

22. 某企业期末“固定资产”账户借方余额为200万元，“累计折旧”账户贷方余额为80万元。“固定资产减值准备”账户贷方余额为30万元，“固定资产清理”账户借方余额为2万元。则该企业资产负债表中“固定资产”项目的期末数应为(　　)万元。

A. 202　　B. 120

C. 92　　D. 90

23. 某企业为增值税一般纳税人，2024年10月购入需要安装的生产设备一台，价款10 000元，增值税1 300元，安装过程中领用生产用原材料实际成本2 000元，领用库存商品，实际成本1 800元，售价2 500元。安装完毕达到预定可使用状态。则该固定资产的入账价值为(　　)元。

A. 16 265　　B. 16 625

C. 14 565　　D. 13 800

24. 企业进行固定资产清查时，发现盘盈的固定资产，应通过(　　)账户核算。

A. 待处理财产损溢　　B. 以前年度损益调整

C. 固定资产清理　　D. 营业外收入

25. 下列关于短期借款表述错误的是(　　)。

A. 短期借款本金应全额记入“短期借款”科目

B. 利息不得记入“短期借款”科目贷方

C. 计提利息时记入“应付利息”科目贷方

D. 支付利息时，借方通过“短期借款”科目核算

26. 某企业为增值税一般纳税人，购入一批材料已经验收入库，取得的增值税专用发票注明价款60 000元，增值税7 800元，对方代垫运费，取得的运费发票上注明运费1 000元，增值税90元，全部款项尚未支付，该企业确认的应付账款的金额为(　　)元。

A. 60 000　　B. 67 800

C. 61 000　　D. 68 890

27. 下列应作为增值税进项税额转出处理的是(　　)。

A. 工程项目领用外购的材料

B. 管理不善造成的存货盘亏

学号：________ 班级：________ 姓名：________

密封线内不要答题

财经类对口单招考试技术技能测试模拟题十

一、单项选择题（65 个小题，每小题 4 分，共 260 分）

1. 企业收到投资者投入的货币资金，应编制的记账凭证是(　　)。

A. 收款凭证　　B. 付款凭证

C. 转账凭证　　D. 原始凭证

2. 下列关于会计凭证传递的说法，错误的是(　　)。

A. 会计凭证的传递是指从会计凭证的取得或填制时起至归档保管过程中，在单位内部有关部门和人员之间的传送程序

B. 会计凭证的传递应能够满足内部控制制度的要求

C. 会计凭证的传递程序和方法由企业自行规定

D. 会计凭证的传递要能够及时、准确地反映各项经济业务的发生或完成情况

3. 记账凭证账务处理程序的优点是(　　)。

A. 总账反映经济业务较详细

B. 减轻了登记总账的工作量

C. 有利于会计核算的日常分工

D. 便于核对账目和进行试算平衡

4. 在现金付款业务中，出纳人员付款的依据是(　　)。

A. 未经审核的付款申请单

B. 原始凭证

C. 经过审核批准的付款凭证

D. 收款人的口头要求

5. 填写银行本票申请书时，“金额”栏应(　　)。

A. 先填写大写金额，后填写小写金额

B. 先填写小写金额，后填写大写金额

C. 只填写大写金额

D. 只填写小写金额

6. 托收承付结算方式下，付款人在承付期内，未向银行表示拒绝付款，银行即视作承付，在(　　)将款项主动从付款人账户划转到收款人账户。

A. 承付期满的次日

积——资本溢价的问题。（　　）

95. 股份公司发行股票相关的手续费、佣金等，应计入当期损益。（　　）

受丙投资者投资时，应借记银行存款科目 240 万元，贷记(　　)。

A.“实收资本”科目 160 万元，“资本公积”80 万元

B.“实收资本”科目 140 万元，“资本公积”100 万元

C.“实收资本”科目 200 万元，“资本公积”40 万元

D.“实收资本”科目 200 万元

61. 一般不会引起资本公积发生变动的是(　　)。

A. 经批准将资本公积转增资本

B. 投资者投入的资金大于其按约定比例在注册资本中应享有的份额

C. 股东大会宣告分配现金股利

D. 注销库存股

62. 下列关于企业发行股票交易费用的处理不正确的是(　　)。

A. 溢价金额不足以抵扣交易费用的，应继续冲减盈余公积

B. 无溢价发行股票，其交易费用应依次冲减盈余公积和未分配利润

C. 溢价发行，且溢价足以抵扣交易费用，应从溢价中抵扣

D. 应计入管理费用核算

63. 能够导致企业盈余公积减少的是(　　)。

A. 股东会宣告分配股票股利

B. 以资本公积转增资本

C. 提取盈余公积

D. 以盈余公积弥补亏损

64. 某企业 2024 年年初盈余公积为 100 万元，当年实现净利润 200 万元，提取盈余公积 20 万元，用盈余公积转增资本 30 万元。不考虑其他因素，2024 年年末该企业盈余公积为(　　)万元。

A. 70　　B. 80

C. 90　　D. 150

65. 2025 年年初，某企业未分配利润为 300 万元，本年实现净利润 200 万元，提取盈余公积 20 万元，发放现金股利 90 万元。不考虑其他因素，2025 年 12 月 31 日，该企业未分配利润的金额为(　　)万元。

A. 500　　B. 480

C. 390　　D. 410

二、多项选择题(10 个小题，每小题 5 分，共 50 分)

66. 其他货币资金包括(　　)。

A. 外埠存款　　B. 银行汇票存款

52. 企业处置固定资产净收益应计入(　　)。

A. 营业外收入　　B. 资产处置收益

C. 其他业务收入　　D. 投资收益

53. 某企业当月营业收入200万元，营业成本120万元，税金及附加10万元，销售费用5万元，管理费用8万元，则营业利润为(　　)万元。

A. 57　　B. 67

C. 77　　D. 87

54. 下列项目应计入营业外支出的是(　　)。

A. 计提的存货跌价准备

B. 自然灾害造成的存货净损失

C. 销售原材料的成本

D. 计提的坏账准备

55. 某企业全年利润总额为200万元，当年发生税收滞纳金10万元，国债利息收入5万元，企业所得税税率为25%。该企业当年应纳税所得额为(　　)万元。

A. 200　　B. 205

C. 195　　D. 210

56. 下列各项中，不会影响净利润的是(　　)。

A. 营业外支出　　B. 所得税费用

C. 资产减值损失　　D. 提取盈余公积

57. 企业期末结转利润时，应将各损益类科目的余额转入(　　)科目。

A. 本年利润　　B. 利润分配

C. 资本公积　　D. 盈余公积

58. 某企业"本年利润"账户贷方余额50万元，表示(　　)。

A. 当年发生的亏损总额　　B. 当年实现的净利润总额

C. 历年累计的盈利总额　　D. 历年累计的亏损总额

59. 企业在接受投资者以无形资产出资时，下列各项资产中不符合我国《公司法》相关规定的是(　　)。

A. 专利权　　B. 商标使用权

C. 商誉　　D. 土地使用权

60. 某有限责任公司由甲、乙两个股东各出资140万元设立，设立时注册资本总额为280万元，经过两年运营，该公司盈余公积和未分配利润合计为80万元，所有者权益总额为360万元，丙投资者有意加入，经各方协商同意丙出资240万元，该公司接受丙投资并办理增资手续后，注册资本变更为420万元，丙在注册资本中享有1/3的份额，该有限责任公司在接

29. 某公司“应付账款”科目期初余额为30万元，本月偿还上月赊购材料款5万元，退回出租包装物收取的押金1万元，则月末“应付账款”科目的余额为(　　)万元。

A. 29　　B. 24

C. 25　　D. 30

30. 下列关于短期借款利息的表述，正确的是(　　)。

A. 利息若按季度支付，需按月计提

B. 利息可能记入“应付利息”科目

C. 利息可能通过“财务费用”科目核算

D. 到期一次还本付息时，利息通过“短期借款”科目核算

31. 某企业为增值税一般纳税人，某年应交各种税费为：增值税400万元，消费税200万元，城市维护建设税42万元，车辆购置税10万元，所得税150万元。该企业当期“应交税费”科目发生额为(　　)万元。

A. 802　　B. 600

C. 792　　D. 750

32. 下列关于工业企业“生产成本”账户设置的说法，不正确的是(　　)。

A. 为生产产品发生的各项直接生产费用在“生产成本”账户借方登记

B. “生产成本”账户贷方反映的是完工转出的产成品成本

C. 期末贷方余额反映的是尚未加工完成的在产品成本

D. 可以设置基本生产成本和辅助生产成本二级科目

33. 下列应计入销售费用的是(　　)。

A. 采购原材料的运费　　B. 销售机构的办公费

C. 董事会会费　　D. 银行利息支出

34. 某企业的制造费用采用机器工时比例法进行分配。该企业当月生产M、N两种产品，共发生制造费用30 000元。当月生产M产品耗用工时400小时，生产N产品耗用工时200小时。则N产品应分配的制造费用为(　　)元。

A. 15 000　　B. 20 000

C. 10 000　　D. 18 000

35. 企业销售商品缴纳的下列各项税费，不应记入“税金及附加”科目的是(　　)。

A. 消费税　　B. 增值税

C. 教育费附加　　D. 城市维护建设税

36. 下列费用中，不计入产品生产成本的是(　　)。

A. 直接材料费用　　B. 生产设备折旧费用

C. 销售人员工资　　D. 生产工人的社会保险费

23. 为建造固定资产而发生的利息支出，在固定资产达到预定可使用状态后发生的，应计入(　　)。

A. 在建工程　　B. 财务费用

C. 管理费用　　D. 销售费用

24. 某公司进行财产清查时发现盘亏一台笔记本电脑，账面原值 4 500 元，已计提折旧 2 000元，购入时增值税进项税额 585 元。经查明属于管理人员责任，需由管理人员赔偿1 000 元。假定不考虑其他因素，该事项影响该企业当期损益的金额为(　　)元。

A. 1 500　　B. 1 825

C. 2 085　　D. 2 220

25. 不通过“应交税费”科目核算的是(　　)。

A. 按规定缴纳的土地增值税

B. 代扣的职工个人所得税

C. 缴纳不需要按月计提的印花税

D. 按规定缴纳的城市维护建设税

26. 下列各项中，不属于职工薪酬内容的是(　　)。

A. 给职工发放的非货币性福利

B. 代职工垫付的医药费

C. 向职工提供的生活困难补助

D. 为职工缴纳的医疗保险

27. 企业出租一批包装物，收到客户交来押金 10 000 元，则会计处理正确的是(　　)。

A. 借：银行存款　　10 000

　　贷：应付账款　　10 000

B. 借：银行存款　　10 000

　　贷：其他应付款　　10 000

C. 借：银行存款　　10 000

　　贷：营业外收入　　10 000

D. 借：银行存款　　10 000

　　贷：其他业务收入　　10 000

28. 某公司 6 月发生的相关税费如下：增值税 110 000 元，个人所得税 20 000 元，消费税 50 000 元，城市维护建设税税率为 7%。该企业 6 月应记入“应交税费——应交城市维护建设税”科目的金额为(　　)元。

A. 11 200　　B. 3 500

C. 7 700　　D. 12 600

姓名：________ 班级：________ 学号：________

密 封 线 内 不 要 答 题

财经类对口单招考试技术技能测试模拟题九

一、单项选择题(65个小题，每小题4分，共260分)

1. 下列关于负债的说法，错误的是(　　)。

A. 负债是企业承担的现时义务

B. 负债预期会导致经济利益流出企业

C. 负债是由过去的交易或事项形成的

D. 负债的偿还方式只能是货币资金

2. 企业购买一批原材料，款项未付，应编制的记账凭证是(　　)。

A. 收款凭证　　B. 付款凭证

C. 转账凭证　　D. 原始凭证

3. 下列关于会计档案保管期限的说法，错误的是(　　)。

A. 会计凭证类的保管期限均为30年

B. 会计账簿类的保管期限均为30年

C. 财务会计报告类的保管期限均为10年

D. 其他会计资料类的保管期限有10年、30年等

4. 银行存款日记账是根据(　　)逐日逐笔登记的。

A. 银行存款收、付款凭证　　B. 转账凭证

C. 库存现金收款凭证　　D. 银行对账单

5. 企业使用银行汇票购买原材料时，应贷记的科目是(　　)。

A. 银行存款　　B. 库存现金

C. 其他货币资金　　D. 应付票据

6. 库存现金清查中，发现现金溢余500元，原因不明。在批准处理前，应贷记的会计科目是(　　)。

A. 营业外收入　　B. 其他应付款

C. 待处理财产损溢　　D. 库存现金

7. 编制银行存款余额调节表时，下列未达账项中，会使企业银行存款日记账的账面余额小于银行对账单余额的是(　　)。

A. 企业开出支票，银行尚未支付

B. 企业送存支票，银行尚未入账

89. 为销售商品支付的代垫运费应借记“销售费用”账户。（　　）

90. 企业发生的销售折让，均应冲减销售当期的销售收入。（　　）

91. 企业采用总价法核算现金折扣，客户享受的现金折扣应记入“营业外收入”。（　　）

92. 利润表中“营业成本”项目包括主营业务成本、其他业务成本和税金及附加。（　　）

93. “营业外收入”科目核算企业发生的与其日常活动直接相关的各项利得。（　　）

94. 所有者的风险大于债权人的风险。（　　）

95. 用资本公积转增资本不影响所有者权益总额的变化。（　　）

63. 某企业公开发行普通股 100 万股，每股面值 1 元，每股发行价格为 10 元，按发行收入的 3%向证券公司支付佣金，扣除佣金后的股票发行款存入银行。不考虑其他因素，该企业发行股票记入“资本公积”科目贷方的金额为(　　)万元。

A. 970　　B. 900

C. 870　　D. 873

64. 甲、乙公司均为增值税一般纳税人，适用的增值税税率为 13%。甲公司接受乙公司投资的不需安装的设备一台，账面价值 300 万元，投资协议约定的价值 400 万元，假定投资协议约定的价值与公允价值相符，该项投资没有产生资本溢价。甲公司实收资本应增加(　　)万元。

A. 300　　B. 400

C. 339　　D. 452

65. 企业接受投资者以土地使用权投资，评估价 500 万元(含增值税 50 万元)，合同约定按评估价确认股权份额，另缴纳印花税 2.5 万元。正确的会计分录是(　　)。(注：会计分录的金额均以万元为单位)

A. 借：无形资产　450
　　应交税费——应交增值税(进项)　50
　　贷：实收资本　500
　借：税金及附加　2.5
　　贷：银行存款　2.5

B. 借：无形资产　500
　　贷：实收资本　500
　借：管理费用　2.5
　　贷：银行存款　2.5

C. 借：无形资产　500
　　贷：实收资本　450
　　　资本公积　50
　借：税金及附加　2.5
　　贷：银行存款　2.5

D. 借：无形资产　450
　　应交税费——应交增值税(进项)　50
　　贷：实收资本　500
　借：无形资产　2.5
　　贷：银行存款　2.5

A. 400　　B. 500

C. 600　　D. 450

55. 企业 2023 年营业利润 120 万元，营业外收入 30 万元，营业外支出 20 万元，所得税税率 25%。利润总额为(　　)万元。

A. 130　　B. 150

C. 100　　D. 110

56. 企业发生的所得税费用应借记(　　)。

A. 所得税费用　　B. 应交税费

C. 税金及附加　　D. 管理费用

57. 某企业 2024 年主营业务收入 200 万元，其他业务收入 50 万元，主营业务成本 120 万元，其他业务成本 30 万元，税金及附加 10 万元，销售费用 20 万元，管理费用 15 万元，财务费用 5 万元，营业外收入 8 万元。该企业营业利润为(　　)万元。

A. 40　　B. 48

C. 50　　D. 58

58. 企业计算利润总额时，应将营业利润加上(　　)。

A. 主营业务收入　　B. 营业外收入

C. 投资收益　　D. 其他业务收入

59. 某企业 2025 年 12 月 1 日所有者权益为 1 500 万元，12 月份实现净利润 400 万元，提取盈余公积 40 万元，向投资者分配利润 150 万元。则该企业 2025 年 12 月 31 日所有者权益为(　　)万元。

A. 1 860　　B. 1 710

C. 1 900　　D. 1 750

60. 下列不属于所有者权益类科目的是(　　)。

A. 盈余公积　　B. 税金及附加

C. 本年利润　　D. 利润分配

61. 下列不影响所有者权益这一要素内部结构变动的项目是(　　)。

A. 用盈余公积弥补亏损

B. 用盈余公积转增资本

C. 宣告分配现金股利

D. 用资本公积转增资本

62. 下列不属于企业接受货币资金投资时涉及的原始凭证是(　　)。

A. 股东会决议　　B. 银行收款回单

C. 投资协议　　D. 银行付款回单

30. 企业以经营租赁方式租入设备一台，约定到期支付租金，则每月计提租金时贷方应记的会计科目是(　　)。

A. 应付账款　　B. 应付利息

C. 其他应付款　　D. 应付票据

31. 增值税小规模纳税人采购材料应交的增值税记入的会计科目是(　　)。

A. 原材料

B. 应交税费——应交增值税(进项税额)

C. 应交税费——简易计税

D. 应交税费——应交增值税

32. 下列各项中，应计入企业产品成本的是(　　)。

A. 支付行政管理部门的办公费

B. 生产产品领用原材料

C. 原材料发生定额内损耗

D. 销售机构发生的水电费

33. 下列属于管理费用的是(　　)。

A. 销售机构人员工资　　B. 董事会成员津贴

C. 生产工人工资　　D. 银行承兑汇票手续费

34. 甲公司采用计划成本进行材料的日常核算。月末汇总本月材料发出情况：生产产品领用 50 000 元，车间一般耗用 20 000 元，行政管理部门领用 10 000 元。材料成本差异率 -0.8%，则结转发出材料成本差异时“生产成本”科目的发生额为(　　)。

A. 借方 400 元　　B. 贷方 400 元

C. 借方 560 元　　D. 贷方 560 元

35. 下列各项中，应计入期间费用的是(　　)。

A. 销售商品发生的增值税

B. 销售商品时代垫的运输费

C. 销售商品发生的商业折扣

D. 委托代销商品支付的手续费

36. 企业计提生产工人的住房公积金时，应借记的科目是(　　)。

A. 生产成本　　B. 制造费用

C. 管理费用　　D. 应付职工薪酬

37. 期末企业对存货进行盘点，发现盘亏了一批原材料，经查属于定额内损耗，则审批后应计入(　　)。

A. 待处理财产损溢借方

旧 18 万元，出售时支付清理费用 4 万元。结转清理损益时，应(　　)。

A. 借记“资产处置损益”2 万

B. 贷记“资产处置损益”2 万

C. 借记“营业外支出”2 万

D. 贷记“营业外收入”2 万

25. 短期借款利息若到期一次性支付且金额较小，则企业(　　)。

A. 按月计提利息　　B. 到期直接计入财务费用

C. 计入管理费用　　D. 计入销售费用

26. 某企业为增值税一般纳税人，发生了一笔业务，涉及的原始凭证为增值税专用发票(发票联)、转账支票存根，则会计人员分析不正确的是(　　)。

A. 根据转账支票存根确定贷记“银行存款”科目

B. 根据增值税专用发票(发票联)确定借记“应交税费——应交增值税(进项税额)”科目

C. 因取得增值税专用发票(发票联)，会计人员断定为购买原材料的业务

D. 根据增值税专用发票(发票联)上的“货物及应税劳务”为“打印纸”确定借记“管理费用”科目

27. 从职工工资中代扣的已替职工垫付的房租，应借记的会计科目是(　　)。

A. 应付职工薪酬　　B. 银行存款

C. 其他应收款　　D. 其他应付款

28. 2025 年 2 月 1 日某企业购入一批原材料，开出一张面值为 11 300 元、期限为 3 个月的不带息的商业承兑汇票。2025 年 5 月 1 日该企业无力支付票款时，下列会计处理正确的是(　　)。

A. 借：应付票据　　11 300

　　贷：短期借款　　11 300

B. 借：应付票据　　11 300

　　贷：其他应付款　　11 300

C. 借：应付票据　　11 300

　　贷：应付账款　　11 300

D. 借：应付票据　　11 300

　　贷：预付账款　　11 300

29. 某企业购入一批材料，材料已验收入库，但发票账单尚未收到，月末应暂估入账。暂估入账时，应借记“原材料”科目，贷记的科目是(　　)。

A. 应付票据　　B. 应付账款

C. 预收账款　　D. 其他应付款

学号：________ 班级：________ 姓名：________

密 封 线 内 不 要 答 题

财经类对口单招考试技术技能测试模拟题八

一、单项选择题(65个小题，每小题4分，共260分)

1. 下列各项中，属于所有者权益类科目的是(　　)。

A. 应付股利　　B. 主营业务收入

C. 长期股权投资　　D. 盈余公积

2. 下列关于会计账簿登记要求的表述，正确的是(　　)。

A. 特殊记账使用红墨水

B. 文字或数字的书写必须占满格

C. 发生的空行、空页一定要补充书写

D. 书写可以使用蓝黑墨水、圆珠笔或铅笔

3. 下列各项中，属于资产负债表中流动负债项目的是(　　)。

A. 长期借款　　B. 预付款项

C. 应付账款　　D. 应付债券

4. 库存现金的使用范围不包括(　　)。

A. 支付职工工资、津贴

B. 支付个人劳务报酬

C. 向个人收购农副产品和其他物资的价款

D. 支付购买大型设备的款项

5. 银行存款余额调节表的编制目的是(　　)。

A. 作为调整银行存款日记账的依据

B. 检查企业与银行双方记账的准确性

C. 调整银行对账单余额

D. 作为原始凭证登记入账

6. 托收承付结算方式中，验单付款的承付期为(　　)天。

A. 3　　B. 5

C. 7　　D. 10

7. 以下关于委托收款结算方式的说法，正确的是(　　)。

A. 只能在同城使用

B. 只能在异地使用

90. 产品销售业务中，只要收到款项就可以确认收入。 (　　)

91. 其他业务收入和主营业务收入一样，都属于企业的营业收入。 (　　)

92. 利润表中的“研发费用”项目，反映企业进行研究与开发过程中发生的费用化支出。 (　　)

93. 企业当年实现的净利润，应首先用于向投资者分配利润，再提取法定盈余公积。 (　　)

94. 企业接受投资者以非现金资产投资时，应按投资合同或协议约定的价值确认资产的价值和在注册资本中应享有的份额，并将其差额确认为资本公积，但投资合同或协议约定的价值不公允的除外。 (　　)

95. 企业按照规定提取盈余公积时，是按照当年实现的税后净利润和期初未分配利润的贷方余额之和提取。 (　　)

B. 借方登记期末转入的各项收入

C. 贷方余额表示当年净利润

D. 属于成本类账户

59. 某公司委托证券公司发行普通股 40 000 股，每股面值为 1 元，每股发行价格为 16 元。双方协议约定，证券公司按发行收入的 2%收取佣金，并直接从发行收入中扣除。不考虑其他因素，该公司发行股票应计入资本公积的金额为(　　)元。

A. 6 272 000　　B. 5 880 000

C. 5 872 000　　D. 6 000 000

60. 关于公司资本公积的表述不正确的是(　　)。

A. 资本公积包括资本溢价(或股本溢价)和其他资本公积

B. 资本公积可以用于转增资本

C. 溢价发行股票发生的相关交易费用冲减资本公积

D. 资本公积可以反映不同所有者在企业的基本产权关系

61. 不属于企业留存收益的项目是(　　)。

A. 法定盈余公积　　B. 任意盈余公积

C. 资本溢价　　D. 未分配利润

62. 企业应通过“利润分配”科目贷方核算的是(　　)。

A. 计提法定盈余公积　　B. 盈余公积弥补亏损

C. 盈余公积转增资本　　D. 宣告发放现金股利

63. 盈余公积不可用于(　　)。

A. 派发新股　　B. 转增资本

C. 弥补亏损　　D. 转为资本公积

64. 企业宣告向股东分配现金股利 80 万元，正确的会计分录是(　　)。

A. 借：利润分配——应付现金股利　　800 000
　　贷：应付股利　　800 000

B. 借：应付股利　　800 000
　　贷：银行存款　　800 000

C. 借：利润分配——未分配利润　　800 000
　　贷：应付股利　　800 000

D. 借：盈余公积　　800 000
　　贷：利润分配——应付现金股利　　800 000

65. 企业接受投资的形式很多，下列不属于投资形式的是(　　)。

A. 银行存款等货币资金　　B. 库存商品

D. 包括原材料盘亏损失

51. 企业期末结转损益时，会导致“本年利润”减少的科目是(　　)。

A. 主营业务收入　　B. 其他业务收入

C. 营业外收入　　D. 销售费用

52. 乙公司本期发生广告费支出80万元，计入销售费用，同时收到捐赠10万元，营业利润的变化为(　　)。

A. 减少80万元　　B. 减少70万元

C. 增加10万元　　D. 无影响

53. 企业销售商品取得的收入，应计入(　　)。

A. 营业外收入　　B. 其他业务收入

C. 主营业务收入　　D. 投资收益

54. 下列各项中，不应计入其他业务成本的是(　　)。

A. 出租包装物的摊销额

B. 出租无形资产的摊销额

C. 销售材料的成本

D. 随同商品出售不单独计价的包装物

55. 下列各项中，应计入营业外支出的是(　　)。

A. 支付的广告费

B. 自然灾害导致的存货损失

C. 业务招待费

D. 管理人员工资

56. 企业可供分配的利润是(　　)。

A. 当期净利润

B. 净利润+年初未分配利润

C. 净利润-提取盈余公积

D. 净利润-向投资者分配利润

57. 下列关于利润表作用的表述，错误的是(　　)。

A. 反映企业的偿债能力

B. 反映企业一定期间的经营成果

C. 分析企业获利能力

D. 考核企业管理层经营业绩

58. 下列关于“本年利润”账户的说法中，正确的是(　　)。

A. 年末余额转入“资本公积”

B. 借：财务费用　　600

　　贷：应付利息　　600

C. 借：应付利息　　500

　　贷：银行存款　　500

D. 借：短期借款　　500

　　贷：银行存款　　500

30. 企业赊购一批原材料，货款尚未支付，应贷记的会计科目是(　　)。

A. 应收账款　　B. 预付账款

C. 应付账款　　D. 其他应付款

31. 下列各项中，应通过“应付票据”科目核算的是(　　)。

A. 企业开出的银行汇票

B. 企业签发的商业汇票

C. 企业签发的转账支票

D. 企业申请的银行本票

32. 下列各项中，应计入企业产品成本的是(　　)。

A. 销售机构发生的折旧费

B. 车间管理人员的薪酬

C. 因火灾造成的材料损失

D. 企业行政管理部门发生的水电费

33. 企业对在折扣期限内付款享受的现金折扣应贷记的会计科目是(　　)。

A. 管理费用　　B. 营业外收入

C. 财务费用　　D. 销售费用

34. 下列费用中，应通过“制造费用”科目核算，月末转入“生产成本”的是(　　)。

A. 生产车间的机器设备折旧费

B. 生产工人的福利费

C. 企业厂部人员的差旅费

D. 直接用于产品生产的水电费

35. 企业销售商品时发生的包装费应计入(　　)。

A. 销售费用　　B. 生产成本

C. 管理费用　　D. 主营业务成本

36. 制造费用属于(　　)。

A. 直接成本　　B. 间接成本

C. 期间费用　　D. 固定成本

C. 22 550　　D. 33 400

23. 企业当月增加的固定资产，其计提折旧的时间是(　　)。

A. 当月　　B. 下月

C. 下季度　　D. 下一年度

24. 企业计提固定资产折旧时，基本生产车间的折旧应计入(　　)。

A. 制造费用　　B. 管理费用

C. 销售费用　　D. 在建工程

25. 某企业为增值税一般纳税人，其会计人员根据增值税专用发票(记账联)确定的会计科目是(　　)。

A. 应交税费——应交增值税(进项税额)

B. 应交税费——应交增值税(销项税额)

C. 应交税费——应交增值税

D. 应交税费——未交增值税

26. 下列各项中，不属于职工薪酬的是(　　)。

A. 为职工报销因公差旅费

B. 支付职工技能培训费

C. 为职工缴纳的医疗保险

D. 为职工缴存的住房公积金

27. 某企业从甲公司购入一批材料已验收入库，取得的增值税专用发票上注明价款为 100 万元，增值税为 13 万元，甲公司为其代垫包装费 2 万元，销售过程中甲公司自行承担运费 1 万元，企业购买该材料时应付账款的入账价值为(　　)万元。

A. 113　　B. 114

C. 115　　D. 116

28. 甲公司为增值税一般纳税人，2025 年 4 月 12 日从乙企业购入一批原材料，增值税专用发票注明价款 100 万元，增值税 13 万元，双方约定采用银行承兑汇票结算，甲公司当日签发一张面值 113 万元、期限 6 个月的银行承兑汇票，并支付手续费 0.5 万元，则“应付票据”的入账金额为(　　)万元。

A. 100　　B. 100.5

C. 113　　D. 113.5

29. 某企业短期借款本金 10 万元，年利率为 6%，借款合同规定按季度付息，则按月计提利息的会计分录为(　　)。

A. 借：财务费用　　500

　　贷：应付利息　　500

财经类对口单招考试技术技能测试模拟题七

一、单项选择题(65个小题，每小题4分，共260分)

1. 下列各项中，属于会计监督职能的是(　　)。

A. 对特定主体经济活动和相关会计核算的真实性、合法性和合理性进行审查

B. 对特定主体经济活动和相关会计核算的真实性、合法性和合理性进行评价

C. 对特定主体经济活动和相关会计核算的真实性、合法性和合理性进行预测

D. 对特定主体经济活动和相关会计核算的真实性、合法性和合理性进行决策

2. 下列各项中，不属于财务报表编制基本要求的是(　　)。

A. 以持续经营为基础编制　　B. 一致性

C. 重要性　　D. 谨慎性

3. 企业计提固定资产折旧时，应借记的会计科目不可能是(　　)。

A. 制造费用　　B. 管理费用

C. 销售费用　　D. 财务费用

4. 下列各项中，不属于出纳员职责的是(　　)。

A. 保管库存现金和各种有价证券

B. 保管有关印章、空白收据和空白支票

C. 办理银行结算业务

D. 编制记账凭证

5. 商业承兑汇票的承兑人是(　　)。

A. 银行　　B. 付款人

C. 收款人　　D. 保证人

6. 商业汇票的付款期限最长不得超过(　　)。

A. 3个月　　B. 6个月

C. 9个月　　D. 1年

7. 下列各项中，不应通过“库存现金”科目核算的是(　　)。

A. 职工差旅费预借款　　B. 发放给职工的奖金

C. 购买办公用品支付的款项　　D. 企业收到的商业汇票

8. 企业银行存款日记账余额为30 000元，经与银行对账单核对，发现未达账项如下：银行已收、企业未收10 000元，银行已付、企业未付5 000元，企业已收、银行未收4 000元，

94. 由于所有者权益和负债都是对企业资产的要求权，因此他们的性质是一样的。

（　　）

95. 企业以盈余公积转增资本会导致企业实收资本增加，盈余公积减少，因而企业留存收益总额不变。（　　）

A. 以资本公积转增资本

B. 增发新股

C. 向股东支付已宣告分派的现金股利

D. 以盈余公积弥补亏损

62. 某非上市公司为增值税一般纳税人，于设立时接受商品投资，则实收资本的入账金额为(　　)。

A. 评估确认的商品价值加上或减去商品进销差价

B. 商品的市场价值

C. 评估确认的商品价值

D. 商品的公允价值加上进项税额

63. 2025 年 4 月 1 日，甲公司接受投资者投入一台需要安装的设备，该设备市场售价为 200 万元，与公允价值相符，增值税 26 万元(由投资方支付税款，并提供增值税专用发票)；按合同约定，该投资计入实收资本的金额为 180 万元。不考虑其他因素，该投资导致资本公积增加的金额是(　　)万元。

A. 20　　　　B. 46

C. 24　　　　D. 50

64. 某企业接受投资者以专利权投资，合同约定价值为 200 万元，经评估公允价值为 220 万元。该企业应编制的会计分录为(　　)。(注：以万元为单位)

A. 借：无形资产　　200
　　贷：实收资本　　200

B. 借：无形资产　　220
　　贷：实收资本　　220

C. 借：无形资产　　220
　　贷：实收资本　　200
　　　　资本公积　　20

D. 借：无形资产　　200
　　　　资本公积　　20
　　贷：实收资本　　220

65. 某股份有限公司对外发行普通股 30 000 万股，每股面值为 1 元、每股发行价格为 3 元，发行股票相关手续费为 1 900 万元，扣除手续费的发行股票所得款项已存入银行。不考虑其他因素，下列各项中，关于该公司发行股票的会计处理表述正确的是(　　)。(注：金额均以万元为单位)

A. 借记“财务费用”科目 1 900

C. 营业利润=营业收入-营业成本-期间费用

D. 营业利润包括投资收益

54. 甲公司2024年主营业务收入800万元，其他业务收入200万元，主营业务成本500万元，其他业务成本100万元，税金及附加50万元，销售费用30万元，管理费用40万元，财务费用10万元，营业利润为(　　)万元。

A. 270　　B. 400

C. 450　　D. 500

55. 利润表中“税金及附加”项目不包括(　　)。

A. 城建税　　B. 增值税

C. 消费税　　D. 教育费附加

56. 某企业营业利润500 000元，营业外收入80 000元，营业外支出50 000元，所得税税率25%。净利润是(　　)元。

A. 397 500　　B. 400 000

C. 420 000　　D. 440 000

57. 企业发生的税收滞纳金应计入(　　)。

A. 管理费用　　B. 营业外支出

C. 财务费用　　D. 其他业务成本

58. 利润分配的正确顺序是(　　)。

A. 弥补亏损→提取盈余公积→向投资者分配

B. 提取盈余公积→弥补亏损→向投资者分配

C. 弥补亏损→向投资者分配→提取盈余公积

D. 提取盈余公积→向投资者分配→弥补亏损

59. 按现行制度规定，企业接受现金捐赠，应贷记(　　)账户。

A. 资本公积——其他资本公积

B. 实收资本

C. 资本公积——接受现金捐赠

D. 营业外收入

60. 企业所有者权益在数量上等于(　　)。

A. 企业全部资产减去流动负债后的差额

B. 企业全部资产减去全部负债后的差额

C. 企业长期负债减去流动负债后的差额

D. 企业流动资产减去流动负债后的差额

61. 下列各项中，能够引起所有者权益总额变化的是(　　)。

C. 分步法　　D. 标准成本法

33. 企业筹建期间发生的注册登记费应计入(　　)。

A. 销售费用　　B. 管理费用

C. 营业外支出　　D. 生产成本

34. 下列各项中，属于制造业企业产品成本项目的是(　　)。

A. 销售费用　　B. 管理费用

C. 财务费用　　D. 制造费用

35. 下列各项中，企业应通过“销售费用”科目核算的是(　　)。

A. 出租包装物的摊销额

B. 计提专设销售机构设备的折旧

C. 出售无形资产净损益

D. 销售商品应交的消费税

36. 一家制造业企业采用机器工时比例法分配制造费用。2025 年 1 月，基本生产车间生产 A、B 两种产品，共发生制造费用 156 000 元。其中 A 产品机器工时为 2 000 小时，B 产品机器工时为 3 000 小时。不考虑其他因素，A 产品应负担的制造费用金额为(　　)元。

A. 78 000　　B. 62 400

C. 93 600　　D. 56 000

37. 下列各项中，应计入管理费用的是(　　)。

A. 将自产产品作为非货币性福利发给总部行政管理人员

B. 销售商品给予对方的现金折扣

C. 因商品质量原因给予客户的销售折让

D. 企业签订采购合同应缴纳的印花税

38. 某企业月初结存材料的计划成本为 240 万元，材料成本差异为超支差异 45 万元；当月入库材料的计划成本为 560 万元，材料成本差异为节约差异 85 万元；当月生产车间领用材料的计划成本为 600 万元。当月生产车间领用材料使产品成本增加的实际金额为(　　)万元。

A. 502. 5　　B. 630

C. 570　　D. 697. 5

39. 为拓展产品销售市场发生业务招待费 50 000 元，取得的增值税专用发票上注明的增值税为 3 000 元，用银行存款支付价款和税款，该公司应编制的会计分录为(　　)。

A. 借：管理费用　　50 000

　　应交税费——应交增值税(进项税额)　　3 000

　　贷：银行存款　　53 000

A. 固定资产清理　　B. 在建工程

C. 待处理财产损溢　　D. 工程物资

25. 企业在第一季度末支付本季度的利息，其中前两个月已经计提，则该笔业务不可能涉及的会计科目是(　　)。

A. 短期借款　　B. 应付利息

C. 财务费用　　D. 银行存款

26. 企业因开出银行承兑汇票而支付承兑手续费，应借记的会计科目为(　　)。

A. 应付票据　　B. 财务费用

C. 管理费用　　D. 短期借款

27. 某企业于2025年4月3日购入一批原材料，材料尚未入库，取得的增值税专用发票上注明价款200万元，增值税26万元。合同中规定的现金折扣条件为：2/10，1/20，n/30(假定计算现金折扣时考虑增值税)。该企业确认的应付账款的金额为(　　)万元

A. 222　　B. 223.74

C. 226　　D. 221.48

28. 会计人员根据“工资结算汇总表”发放工资时，应根据该原始凭证中(　　)进行银行转账。

A. 应发工资　　B. 社会保险费合计

C. 代扣款项合计　　D. 实发工资

29. 下列业务中，涉及“应付票据”科目的是(　　)。

A. 企业签发商业汇票购买原材料

B. 支付银行承兑汇票手续费

C. 企业持银行汇票购买原材料

D. 到期未收到商业承兑汇票款

30. 下列各项中，关于增值税小规模纳税人缴纳本月应交增值税的会计处理正确的是(　　)。

A. 贷记“应交税费——应交增值税”科目

B. 贷记“应交税费——应交增值税(销项税额)”科目

C. 借记“应交税费——应交增值税(销项税额)”科目

D. 借记“应交税费——应交增值税”科目

31. 下列各项中，企业应通过“其他应付款”科目核算的是(　　)。

A. 应付购入设备款　　B. 应付采购材料款

C. 应交纳教育费附加　　D. 应付租入包装物租金

32. 成本计算对象为“产品批别”的生产方法是(　　)。

A. 品种法　　B. 分批法

财经类对口单招考试技术技能测试模拟题六

一、单项选择题(65 个小题，每小题 4 分，共 260 分)

1. 下列关于会计核算基本前提的表述，正确的是(　　)。

A. 会计主体明确了会计核算的时间范围

B. 持续经营明确了会计核算的时间范围

C. 会计分期是货币计量假设的必然结果

D. 货币计量是历史成本原则的前提条件

2. 下列关于总账和明细账的说法，正确的是(　　)。

A. 明细账根据明细分类科目设置

B. 总账的余额不一定等于其所属明细账的余额合计数

C. 现金日记账实质上就是现金的总账

D. 所有资产类总账的余额合计数应等于所有负债类总账的余额合计数

3. 企业以银行存款偿还短期借款，应编制的记账凭证是(　　)。

A. 收款凭证　　B. 付款凭证

C. 转账凭证　　D. 原始凭证

4. 银行汇票的提示付款期限自出票日起(　　)。

A. 10 日　　B. 1 个月

C. 2 个月　　D. 6 个月

5. 信用卡按使用对象分为(　　)。

A. 单位卡和个人卡　　B. 金卡和普通卡

C. 贷记卡和准贷记卡　　D. 磁条卡和芯片卡

6. 填写支票时，日期“2025 年 5 月 10 日”正确的写法是(　　)。

A. 贰零贰伍年伍月拾日

B. 贰零贰伍年零伍月壹拾日

C. 贰零贰伍年伍月零壹拾日

D. 二〇二五年五月十日

7. 对于无法查明原因的库存现金盘盈，经批准后应贷记的会计科目是(　　)。

A. 营业外收入　　B. 管理费用

C. 待处理财产损溢　　D. 其他应付款

照10%提取法定盈余公积，假设不考虑其他因素，应提取法定盈余公积(　　)万元。

A. 27　　B. 15

C. 12　　D. 7

61. 某企业年初所有者权益总额160万元，当年以其中的资本公积转增资本50万元。同时本年度实现净利润300万元，提取盈余公积30万元，向投资者分配利润20万元，该企业年末所有者权益总额为(　　)万元。

A. 360　　B. 410

C. 440　　D. 460

62. 企业接受投资者出资时，下列账户余额不可能发生变化的是(　　)。

A. 利润分配　　B. 实收资本

C. 资本公积　　D. 银行存款

63. 下列各项中，能够引起企业所有者权益增加的是(　　)。

A. 增发新股　　B. 以资本公积转增资本

C. 提取法定盈余公积　　D. 提取任意盈余公积

64. 某股份有限公司首次公开发行普通股500万股。每股面值1元，发行价格6元，相关手续费和佣金共计95万元(不考虑增值税)。不考虑其他因素，该公司发行股票应计入资本公积的金额为(　　)万元。

A. 2 905　　B. 2 405

C. 2 500　　D. 3 000

65. 甲、乙公司均为增值税一般纳税人，适用的增值税税率为13%，甲公司接受乙公司投资转入的原材料一批，账面价值100 000元，投资协议约定价值120 000元，假定投资协议约定的价值与公允价值相符，该项投资没有产生资本溢价。乙公司已开具了增值税专用发票，甲公司实收资本应增加(　　)元。

A. 100 000　　B. 113 000

C. 120 000　　D. 135 600

二、多项选择题(10个小题，每小题5分，共50分)

66. 企业可以使用库存现金支付的款项有(　　)。

A. 职工工资、津贴

B. 个人劳务报酬

C. 向个人收购农副产品和其他物资的价款

D. 结算起点以下的零星支出

67. 个别计价法适用于(　　)。

A. 一般不能替代使用的存货

51. 企业期末结转损益时，应将“主营业务收入”转入(　　)。

A. “利润分配”贷方　　B. “本年利润”贷方

C. “本年利润”借方　　D. “盈余公积”贷方

52. 下列属于期间费用的是(　　)。

A. 主营业务成本　　B. 税金及附加

C. 管理费用　　D. 营业外支出

53. 下列关于利润的表述，正确的是(　　)。

A. 净利润=营业利润-所得税费用

B. 利润总额=营业利润+营业外收入-营业外支出

C. 营业利润=主营业务利润+其他业务利润

D. 营业外收入属于营业收入的一部分

54. 企业发生的下列支出中，影响净利润但不影响营业利润的是(　　)。

A. 计提坏账准备　　B. 确认所得税费用

C. 支付广告费　　D. 发生资产减值损失

55. 下列项目中，应记入“营业外收入”的是(　　)。

A. 销售原材料收入　　B. 无法支付的应付账款

C. 出租固定资产收入　　D. 商品销售收入

56. 利润表中“利润总额”项目反映的是(　　)。

A. 企业一定期间的经营成果

B. 企业一定期间的净利润

C. 企业日常活动的经营成果

D. 企业非日常活动的净收益

57. 下列费用中，不影响营业利润的是(　　)。

A. 印花税　　B. 增值税

C. 销售折让　　D. 业务招待费

58. 企业期末结转后，无余额的科目是(　　)。

A. 生产成本　　B. 原材料

C. 本年利润　　D. 应收账款

59. 某企业年初盈余公积 500 万元，本年提取法定盈余公积 300 万元，用盈余公积转增资本 200 万元，该企业盈余公积的年末余额为(　　)万元。

A. 450　　B. 500

C. 550　　D. 600

60. 某企业年初未分配利润的贷方余额为 120 万元，本年度实现的净利润为 150 万元，按

30. 企业从银行借入短期借款时，编制的会计分录为(　　)。

A. 借：其他货币资金，贷：短期借款

B. 借：银行存款，贷：短期借款

C. 借：其他货币资金，贷：应付账款

D. 借：银行存款，贷：应付账款

31. 某企业于2025年6月2日购入一批原材料，已验收入库，增值税专用发票上注明价款10万元，增值税为1.3万元。合同中规定的现金折扣条件为：2/10，1/20，n/30(假定计算现金折扣时不考虑增值税)。该企业在2025年6月11日付清货款。企业支付货款的金额为(　　)万元。

A. 11.074　　B. 11.2

C. 11.3　　D. 11.1

32. 下列各项中，不应计入当期生产成本的是(　　)。

A. 生产人员的工资及社会保险费

B. 生产车间发生的办公费、折旧费等间接费用

C. 行政管理部门发生的固定资产修理费

D. 生产产品耗用的各种材料费用

33. 下列各项中，应计入管理费用的是(　　)。

A. 销售商品发生的展览费

B. 行政办公楼的日常维修费

C. 生产车间设备的折旧费

D. 短期借款的利息支出

34. 某企业“生产成本”的期初余额为25 000元，本月“生产成本”借方发生额为105 000元，在产品单位定额成本为：直接材料80元，直接人工20元，制造费用10元，期末产品完工500件，未完工100件，则“生产成本”的期末余额为(　　)元。

A. 11 000　　B. 25 000

C. 21 600　　D. 26 000

35. 下列各项中，不应计入销售费用的是(　　)。

A. 专设销售机构固定资产的管理费或折旧费

B. 为推广新产品而发生的广告费用

C. 随同商品出售且单独计价的包装物成本

D. 随同商品出售而不单独计价的包装物成本

36. 下列成本计算方法中，适用于大量大批单步骤生产企业的是(　　)。

A. 品种法　　B. 分批法

21. 某机器设备原值200 000元，预计净残值率为4%，预计总工时为50 000小时，本月工作300小时。采用工作量法计算的本月折旧额为(　　)元。

A. 1 152　　B. 1 200　　C. 1 296　　D. 1 500

22. 固定资产提足折旧后，无论能否继续使用，均(　　)。

A. 继续计提折旧　　B. 不再计提折旧

C. 补提折旧　　D. 减半计提折旧

23. 某企业本月计提研发部门设备折旧6 000元，编制会计分录时应借记的科目是(　　)。

A. 研发支出　　B. 管理费用

C. 制造费用　　D. 销售费用

24. 固定资产在使用过程中，预计净残值率一经确定，(　　)。

A. 可以随意调整　　B. 不得随意变更

C. 每年调整一次　　D. 每两年调整一次

25. 某企业采购了一批材料，销售方采取了委托收款结算方式，该企业依据(　　)付款。

A. 委托收款凭证(回单)　　B. 银行转账凭证

C. 委托收款凭证(收账通知)　　D. 委托收款凭证(付款通知)

26. 如果企业开出的商业承兑汇票不能如期支付，将应付票据账面价值转入(　　)科目。

A. 坏账准备　　B. 应收账款

C. 短期借款　　D. 应付账款

27. 下列各项中，应记入“其他应付款”科目的是(　　)。

A. 应付租入包装物租金

B. 租入包装物支付的押金

C. 结转到期无力支付的应付票据

D. 应付由企业负担的职工社会保险费

28. 下列各项中，有关职工薪酬的说法正确的是(　　)。

A. 为职工支付的住房公积金属于职工薪酬

B. 将外购产品发放给职工不属于职工薪酬

C. 为职工支付的工会经费不属于职工薪酬

D. 给员工提供的生活困难补助不属于职工薪酬

29. 增值税小规模纳税人销售商品应交的增值税记入的会计科目是(　　)。

A. 库存商品

B. 应交税费——应交增值税(销项税额)

C. 应交税费——简易计税

D. 应交税费——应交增值税

学号：________ 班级：________ 姓名：________

密 封 线 内 不 要 答 题

财经类对口单招考试技术技能测试模拟题五

一、单项选择题(65个小题，每小题4分，共260分)

1. 下列各项中，不符合会计凭证保管要求的是(　　)。

A. 原始凭证不得外借

B. 会计凭证应定期装订成册，防止散失

C. 会计凭证封面应注明单位名称、凭证种类、凭证张数等

D. 经单位负责人批准后，会计凭证随时可以销毁

2. 资产负债表中资产项目的排列顺序是(　　)。

A. 相关性大小　　B. 流动性强弱

C. 可比性高低　　D. 重要性大小

3. 企业期末结转利润时，应将各损益类科目的余额转入(　　)科目。

A. 本年利润　　B. 利润分配

C. 资本公积　　D. 盈余公积

4. 填写托收承付结算凭证时，必须记载的事项不包括(　　)。

A. 付款人名称及账号　　B. 收款人名称及账号

C. 合同名称、号码　　D. 结算方式

5. 企业从银行提取现金5 000元，应编制的记账凭证是(　　)。

A. 收款凭证　　B. 付款凭证

C. 转账凭证　　D. 原始凭证

6. 企业收到购货单位汇来的前欠货款100万元，此项业务使得(　　)。

A. 资产增加100万元，收入增加100万元

B. 资产增加100万元，负债减少100万元

C. 资产增加100万元，负债增加100万元

D. 资产项目一增一减，资产总额不变

7. 下列各项中，不属于其他货币资金核算内容的是(　　)。

A. 银行本票存款　　B. 银行承兑汇票

C. 信用卡存款　　D. 外埠存款

8. 库存现金清查中，发现现金短缺800元，经查明系出纳人员保管不善造成，应由出纳人员赔偿。在批准处理前，应借记的会计科目是(　　)。

80. 企业的预付账款，如有确凿证据表明其不符合预付账款性质，或者因供货单位破产、撤销等原因已无望再收到所购货物的，应将原计入预付账款的金额转入其他应收款，并按规定计提坏账准备。 ( )

81. 企业持有的应收票据不得计提坏账准备。 ( )

82. 生产车间退回多余原材料，应贷记“生产成本”科目。 ( )

83. 企业进行存货清查时，发现存货盘盈，应填制盘存单作为原始凭证。 ( )

84. 车辆购置税应计入固定资产成本。 ( )

85. 固定资产清查盘点时，盘盈的固定资产应直接计入营业外收入。 ( )

86. 企业发放的各种工资、补贴、津贴等均包括在职工薪酬总额内。 ( )

87. 增值税一般纳税人外购的货物因违反法律法规被依法销毁的，其进项税额不得从销项税额中抵扣。 ( )

88. 生产车间管理人员的职工薪酬直接计入管理费用。 ( )

89. 期间费用按经济内容和用途可分为管理费用、财务费用和制造费用。 ( )

90. 采用计划成本核算的企业，期末需将计划成本调整为实际成本。 ( )

91. 出租无形资产的摊销额应计入其他业务成本。 ( )

92. 企业发生的公益性捐赠支出，在年度利润总额12%以内的部分，准予在计算应纳税所得额时扣除，超过部分不得扣除。 ( )

93. “资产减值损失”科目影响营业利润，而“信用减值损失”科目不影响营业利润。

( )

94. 企业收到所有者投入的资金时，应全部记入“实收资本”或“股本”账户。 ( )

95. 当企业投资者投入的资本超过其注册资本时，应将超出部分计入营业外收入。

( )

A. 计提资产减值损失　　B. 收到捐赠收入
C. 发生广告费支出　　D. 结转已销商品成本

55. 下列属于营业利润构成要素的是(　　)。

A. 营业外收入　　B. 所得税费用
C. 主营业务成本　　D. 投资收益

56. 下列项目中，不计入营业利润的是(　　)。

A. 销售费用　　B. 资产减值损失
C. 营业外支出　　D. 其他业务收入

57. 企业发生的罚款支出应计入(　　)。

A. 管理费用　　B. 营业外支出
C. 销售费用　　D. 主营业务成本

58. 下列属于企业利得的是(　　)。

A. 销售商品收入　　B. 出租包装物收入
C. 出售固定资产净收益　　D. 提供劳务收入

59. 不属于所有者权益项目的是(　　)。

A. 资本溢价　　B. 未分配利润
C. 债权人权益　　D. 法定盈余公积

60. 股份制公司对于投入的资本在(　　)账户中核算。

A. 实收资本　　B. 未分配利润
C. 盈余公积　　D. 股本

61. 引起一项所有者权益减少，而另一项所有者权益增加的经济业务是(　　)。

A. 所有者投入资金偿还欠款　　B. 企业向所有者分配利润
C. 所有者向企业投入设备　　D. 企业提取盈余公积

62. 下列各项中，有限责任公司收到投资者投入的出资额，投资者在注册资本中所占份额的部分和超出份额的部分，应贷记的会计科目分别是(　　)。

A. 实收资本、盈余公积　　B. 实收资本、资本公积
C. 其他综合收益、资本公积　　D. 资本公积、实收资本

63. 甲、乙公司均为增值税一般纳税人，适用的增值税税率为13%。甲公司注册资本为1 000万元，甲公司接受乙公司投资的一批原材料，账面价值200万元，投资协议约定的价值为300万元，占甲公司注册资本的20%，假定投资协议约定的价值与公允价值相符，并开具了增值税专用发票。甲公司原材料、实收资本和资本公积的金额分别为(　　)万元。

A. 200，200，26　　B. 200，300，39
C. 300，200，139　　D. 200，300，139

48. 2025 年 3 月 5 日，某企业销售一批商品，成本为 60 000 元，不含税售价为 80 000 元，增值税税率为 13%，企业已确认收入。3 月 20 日，买方发现有 10%商品有质量问题予以退回。下列关于销售退回的会计处理正确的是(　　)。

A. 借：主营业务成本　　6 000
　　贷：库存商品　　6 000

B. 借：主营业务收入　　8 000
　　应交税费——应交增值税(销项税额)　　1 040
　　贷：应收账款　　9 040

C. 借：应收账款　　9 040
　　贷：主营业务收入　　8 000
　　　　应交税费——应交增值税(销项税额)　　1 040

D. 借：库存商品　　6 000
　　贷：发出商品　　6 000

49. 企业管理部门发生的业务招待费应计入(　　)。

A. 销售费用　　B. 管理费用
C. 财务费用　　D. 营业外支出

50. 某公司 2024 年营业收入 2 000 万元，营业成本 1 200 万元，税金及附加 100 万元，销售费用 80 万元，管理费用 120 万元，财务费用 40 万元，营业外收入 60 万元，营业外支出 40 万元，所得税税率 25%。净利润为(　　)万元。

A. 360　　B. 400
C. 425　　D. 450

51. 下列项目中，不通过“税金及附加”核算的是(　　)。

A. 消费税　　B. 增值税
C. 城市维护建设税　　D. 教育费附加

52. 企业期末结转“本年利润”时，应将“营业外支出”科目余额转入(　　)。

A. “本年利润”借方　　B. “本年利润”贷方
C. “利润分配”借方　　D. “利润分配”贷方

53. 下列关于利润表的表述，错误的是(　　)。

A. 反映企业一定会计期间的经营成果
B. “营业利润”项目根据相关科目发生额计算填列
C. “净利润”等于利润总额减去所得税费用
D. “营业外收入”不影响利润表中的利润总额

54. 下列经济业务中，会导致净利润增加的是(　　)。

A. 借：应付职工薪酬——工资　　2 000

　　贷：库存现金　　2 000

B. 借：营业外支出　　2 000

　　贷：库存现金　　2 000

C. 借：管理费用　　2 000

　　贷：库存现金　　2 000

D. 借：应付职工薪酬——职工福利费　　2 000

　　贷：库存现金　　2 000

31. 对于企业确实无法支付的应付账款，企业应予以转销，转销时应贷记的科目是(　　)。

A. 其他业务收入　　B. 其他应付款

C. 营业外收入　　D. 预付账款

32. “生产成本”账户的期末借方余额表示(　　)。

A. 完工产品成本　　B. 期末在产品成本

C. 本月生产费用合计　　D. 库存产品成本

33. 下列应计入管理费用的是(　　)。

A. 销售商品的运输费　　B. 行政部门固定资产折旧费

C. 车间管理人员工资　　D. 短期借款利息

34. 下列不能作为生产成本核算的是(　　)。

A. 直接从事产品生产的工人的职工薪酬

B. 已销售产品的成本

C. 企业为生产产品发生的各项间接费用

D. 构成产品实体的原材料

35. 企业销售商品过程中发生的保险费和广告费等费用，借记(　　)科目。

A. 制造费用　　B. 销售费用

C. 管理费用　　D. 财务费用

36. 某公司生产甲、乙两种产品，2025 年 5 月共发生生产工人工资 200 000 元，社会保险费 60 000 元。该企业人工费按生产工时比例在甲、乙产品间分配，其中甲产品的生产工时为 400 小时，乙产品的生产工时为 600 小时。该企业生产乙产品应分配的人工费为(　　)元。

A. 104 000　　B. 120 000

C. 150 000　　D. 156 000

37. 企业为采购存货签发银行承兑汇票而支付的手续费应计入(　　)。

A. 管理费用　　B. 财务费用

C. 营业外支出　　D. 采购存货成本

22. 下列关于平均年限法的说法，正确的是(　　)。

A. 各年折旧额不相等

B. 适用于各期使用程度大致相同的固定资产

C. 折旧率逐年递减

D. 前期折旧额高，后期折旧额低

23. 企业出租的固定资产，其折旧应计入(　　)。

A. 管理费用　　B. 销售费用

C. 其他业务成本　　D. 营业外支出

24. 下列关于“固定资产清理”账户的表述错误的是(　　)。

A. 借方登记清理费用　　B. 贷方登记清理收入

C. 借方登记结转的清理净损失　　D. 借方登记结转的清理净收益

25. 企业在 2025 年 3 月 31 日购买了一批材料，开具商业承兑汇票结算款项，该票据的期限为两个月，则到期日正确的是(　　)。

A. 贰零贰伍年伍月贰拾捌日　　B. 贰零贰伍年伍月叁拾壹日

C. 贰零贰伍年伍月贰拾玖日　　D. 贰零贰伍年伍月零叁拾日

26. 某公司 2025 年向其相关人员支付的款项如下：(1)报销差旅费 60 万元；(2)支付员工亲属体检费 80 万元；(3)支付员工各项保险费 110 万元；(4)报销办公室管理费用 0.5 万元。不考虑其他因素，该公司 2025 年支付的职工薪酬为(　　)万元。

A. 250.5　　B. 170

C. 170.5　　D. 190

27. 短期借款业务涉及的会计科目不可能的是(　　)。

A. 短期借款　　B. 应付利息

C. 财务费用　　D. 管理费用

28. 某企业为增值税一般纳税人，适用的增值税税率为 13%，某日销售 A 产品一批，价款 200 000 元，用银行存款支付代垫运输费用 5 000 元，取得的运费增值税专用发票注明税额 450 元，货物已发出。则该笔业务记入“应交税费”科目的金额是(　　)元。

A. 450　　B. 26 000

C. 26 450　　D. 25 550

29. 如果企业开出的银行承兑汇票不能如期支付，将应付票据账面价值转入(　　)科目。

A. 短期借款　　B. 应收账款

C. 坏账准备　　D. 应付账款

30. 企业以现金支付行政管理人员生活困难补助 2 000 元，下列各项中，会计处理正确的是(　　)。

财经类对口单招考试技术技能测试模拟题四

学号：________ 班级：________ 姓名：________

密 封 线 内 不 要 答 题

一、单项选择题(65个小题，每小题4分，共260分)

1. 记账凭证的填制是由(　　)完成的。

A. 出纳人员　　B. 会计人员

C. 经办人员　　D. 主管人员

2. 下列账簿中，一般采用活页式账簿的是(　　)。

A. 总账　　B. 明细账

C. 日记账　　D. 备查账

3. 企业在编制年度财务会计报告前，应当进行的全面清查资产、核实债务工作不包括(　　)。

A. 清查、核实结算款项

B. 清查、核实各项投资

C. 清查、核实所有者权益

D. 清查、核实各项固定资产

4. 出纳员在办理现金收付业务时，应遵循的原则是(　　)。

A. 先收款后记账，先付款后记账

B. 先收款后记账，先记账后付款

C. 先记账后收款，先付款后记账

D. 先记账后收款，先记账后付款

5. 企业现金清查中，发现库存现金较账面余额短缺500元，在未查明原因之前，应借记的会计科目是(　　)。

A. 待处理财产损溢　　B. 营业外支出

C. 其他应收款　　D. 管理费用

6. 企业进行库存现金盘点时，参与盘点的人员不包括(　　)。

A. 出纳人员　　B. 会计主管人员

C. 内部审计人员　　D. 销售人员

7. 银行存款日记账应定期与(　　)核对，至少每月核对一次。

A. 银行存款总账　　B. 银行对账单

C. 现金日记账　　D. 转账凭证

93. 利润表是反映企业在一定会计期间经营成果的动态报表，按照权责发生制原则编制。（　　）

94. 有限责任公司以资本公积转增资本，应当按照原出资者各自出资比例相应增加各出资者的出资额。（　　）

95. 盈余公积是所有者权益的一部分，在一般情况下，不得用于向投资者分配利润和股利。（　　）

61. 对有限责任公司而言，如果有新投资者加入，其缴纳的出资额大于按照约定比例计算的应在注册资本中所占的份额部分，应记入(　　)账户。

A. 实收资本　　B. 营业外收入

C. 资本公积　　D. 盈余公积

62. 为扩大经营规模，经股东会批准，引入新投资人加入甲公司，并将甲公司注册资本增加至2 000万元，按投资协议，新投资人出资300万元，占甲公司注册资本的比例为10%。甲公司吸收新投资人投资的会计处理正确的是(　　)。(注：金额以万元为单位)

A. 借：银行存款　　300

　　贷：实收资本　　200

　　　　资本公积　　100

B. 借：银行存款　　300

　　贷：实收资本　　200

　　　　盈余公积　　100

C. 借：银行存款　　300

　　贷：实收资本　　200

　　　　营业外收入　　100

D. 借：银行存款　　300

　　贷：实收资本　　300

63. 甲公司按照相关法定程序经股东大会批准，注册资本增加至1 000万元。接受丁公司投资一项价值250万元的专利技术，取得的增值税专用发票上注明的价款为250万元(与公允价值相符)，增值税进项税额为15万元(由投资方支付税款，并提供增值税专用发票)，丁公司享有甲公司20%的股份。关于甲公司接受专利技术投资的会计处理表述不正确的是(　　)。

A. 丁公司对甲公司的实际投资额应为265万元

B. 贷记“资本公积”科目65万元

C. 丁公司对甲公司的实际投资额应为250万元

D. 贷记“实收资本”科目200万元

64. 甲、乙公司均为增值税一般纳税人，适用的增值税税率为13%，甲公司接受乙公司投入的原材料一批，投资协议约定的价值为100万元(与公允价值相符)，由乙公司支付税款并开具增值税专用发票。接受投资后，甲公司的实收资本总额为400万元，乙公司占甲公司注册资本的20%。不考虑其他因素，下列会计处理正确的是(　　)。

A. 借记“原材料”科目113万元

B. 贷记“投资收益”科目33万元

53. 下列项目中，属于利得的是(　　)。

A. 销售商品收入　　　　B. 出租固定资产租金

C. 出售无形资产净收益　　　　D. 提供劳务收入

54. 戊公司2024年主营业务收入600万元，其他业务收入100万元，主营业务成本400万元，其他业务成本80万元，管理费用20万元，财务费用10万元，投资收益50万元(贷方)，营业外收入60万元，营业利润为(　　)万元。

A. 240　　　　B. 270

C. 300　　　　D. 330

55. 下列各项中，会导致营业利润减少的是(　　)。

A. 收到政府补助　　　　B. 计提坏账准备

C. 取得投资收益　　　　D. 销售原材料收入

56. 某公司2024年营业利润300万元，营业外收入50万元，营业外支出30万元，所得税税率25%，净利润为(　　)万元。

A. 230　　　　B. 240

C. 250　　　　D. 260

57. 下列关于净利润的表述，正确的是(　　)。

A. 净利润=营业利润-所得税费用

B. 净利润=利润总额-所得税费用

C. 净利润=利润总额+所得税费用

D. 净利润=营业利润+营业外收支净额

58. 下列科目中，期末结转后无余额的是(　　)。

A. 原材料　　　　B. 本年利润

C. 应收账款　　　　D. 利润分配

59. 公司制的企业，当提取的法定盈余公积达到注册资本的(　　)时，可不再提取盈余公积。

A. 20%　　　　B. 25%

C. 50%　　　　D. 10%

60. 2025年1月1日，甲企业所有者权益如下：实收资本200万元，资本公积17万元，盈余公积38万元，未分配利润32万元，本年实现净利润120万元，按净利润的10%提取法定盈余公积，向投资者分配利润40万元，则该企业2025年12月31日的留存收益为(　　)万元。

A. 32　　　　B. 44

C. 82　　　　D. 150

A. 450　　　　B. 26 000

C. 26 450　　　　D. 25 550

30. 下列各项中，属于“其他应付款”科目核算范围的是(　　)。

A. 应付短期租赁固定资产的租金

B. 应付供应商的货款

C. 应付给职工的薪酬

D. 应付供应商代垫的运杂费

31. 下列各项中，不会引起“应付票据”科目金额发生增减变动的是(　　)。

A. 开出商业承兑汇票购买原材料

B. 转销已到期无力支付票款的商业承兑汇票

C. 转销已到期无力支付票款的银行承兑汇票

D. 支付银行承兑汇票手续费

32. 某企业3月份期初在产品成本4.2万元，本期发生的生产费用为：耗用材料12万元，职工薪酬费用8.8万元，车间各项间接费用2.6万元，月末在产品成本为3.2万元，则本月完工入库产品成本为(　　)万元。

A. 27.6　　　　B. 24.4

C. 23.4　　　　D. 20.2

33. 下列属于期间费用的是(　　)。

A. 财务费用　　　　B. 所得税费用

C. 营业外支出　　　　D. 制造费用

34. 下列各项中，关于制造费用的表述正确的是(　　)。

A. 生产部门为生产产品发生的间接生产费用记入“制造费用”科目

B. 生产车间管理人员的工资属于管理费用

C. 生产车间的生产设备的日常维修费通过“制造费用”科目核算

D. 除季节性生产外，制造费用科目期末无余额

35. 下列不应计入当期损益的是(　　)。

A. 管理费用　　　　B. 财务费用

C. 销售费用　　　　D. 制造费用

36. 下列不应计入完工产品成本的是(　　)。

A. 生产车间水电费　　　　B. 生产工人差旅费

C. 厂部管理人员工资　　　　D. 生产设备折旧费

37. 某公司1月1日取得应纳消费税的销售商品收入30 000元，该产品适用的消费税税率为25%。计提消费税的会计分录是(　　)。

21. 平均年限法的年折旧额计算公式为(　　)。

A. 固定资产原值÷预计使用年限

B.(固定资产原值-预计净残值)÷预计使用年限

C. 固定资产净值÷预计使用年限

D.(固定资产原值+预计净残值)÷预计使用年限

22. 甲公司一辆汽车原值120 000元，预计净残值3 000元，预计行驶里程30万公里，本月行驶2 000公里。本月折旧额为(　　)元。

A. 780　　B. 800

C. 820　　D. 850

23. 提前报废的固定资产，其折旧处理为(　　)。

A. 补提未提足的折旧　　B. 不再补提折旧

C. 按剩余年限平均计提　　D. 按双倍余额递减法计提

24. 某企业本月计提车间折旧8 000元，管理部门折旧5 000元，销售部门折旧3 000元，累计折旧贷方发生额为(　　)元。

A. 3 000　　B. 5 000

C. 8 000　　D. 16 000

25. 短期借款利息核算不会涉及下列哪个账户？(　　)

A. 短期借款　　B. 应付利息

C. 财务费用　　D. 银行存款

26. 企业对外开具商业承兑汇票时，需注意出票日期和到期日都为大写日期，则下列大写日期正确的是(　　)。

A. 贰零贰伍年叁月十日　　B. 贰零贰伍年叁月拾日

C. 贰零贰伍年零叁月零壹拾日　　D. 贰零贰伍年零叁月零拾日

27. 企业赊购材料业务时，下列各项中不影响应付账款入账金额的是(　　)。

A. 材料买价　　B. 增值税进项税额

C. 现金折扣　　D. 销货方代垫运杂费

28. 企业从应付职工工资中代扣的个人所得税，贷记的会计科目是(　　)。

A. 其他应收款　　B. 应交税费

C. 银行存款　　D. 其他应付款

29. 某企业为增值税一般纳税人，适用的增值税税率为13%。10月20日，为生产A产品购入一批原材料，取得的增值税专用发票注明价款200 000元，用银行存款支付运输公司的运输费用5 000元，取得的运费增值税专用发票注明税额450元，货物已验收入库。则该笔业务中记入“应交税费”科目的金额是(　　)元。

学号：________ 班级：________ 姓名：________

密 封 线 内 不 要 答 题

财经类对口单招考试技术技能测试模拟题三

一、单项选择题(65 个小题，每小题 4 分，共 260 分)

1. 下列关于原始凭证审核的说法，错误的是(　　)。

A. 原始凭证合法性审核不但要审核原始凭证的内容是否合法，还要审核原始凭证的形式是否合法

B. 原始凭证真实性审核就是审查原始凭证所反映的经济业务的本来面貌，有无掩盖、伪造、歪曲和颠倒

C. 从个人取得的原始凭证，必须有填制人员的签名或盖章

D. 职工因公出差的借款收据，出纳应单独保管，收回借款时退还原借款收据

2. 下列账簿中，一般采用活页账形式的是(　　)。

A. 日记账　　B. 总账

C. 明细账　　D. 备查账

3. 下列关于试算平衡法的说法，不正确的是(　　)。

A. 包括发生额试算平衡法和余额试算平衡法

B. 试算不平衡，表明账户记录肯定有错误

C. 试算平衡了，说明账户记录一定正确

D. 理论依据是“有借必有贷、借贷必相等”

4. 库存现金清查时，在盘点结束后应根据盘点结果编制(　　)。

A. 盘存单　　B. 实存账存对比表

C. 现金盘点报告表　　D. 对账单

5. 企业银行存款日记账余额为 30 000 元，银行对账单余额为 32 000 元，经过未达账项调节后的余额为 29 000 元，则企业实际可动用的银行存款数额为(　　)。

A. 30 000 元　　B. 32 000 元

C. 29 000 元　　D. 无法确定

6. 下列关于库存现金限额的说法，正确的是(　　)。

A. 库存现金限额由企业自行决定

B. 库存现金限额一般按照企业 3~5 天日常零星开支所需确定

C. 边远地区和交通不便地区的企业，库存现金限额可按多于 5 天但不超过 10 天的日常零星开支所需确定

63. 企业接受非现金资产的投资，应按(　　)入账。

A. 接受单位账面价值

B. 重置价值

C. 投资合同或协议约定价值

D. 市场价格

64. 资本公积主要用于(　　)。

A. 转增资本

B. 企业扩大生产

C. 弥补亏损

D. 发放现金股利或利润

65. 甲企业 2024 年年末发生亏损 100 万元，2024 年以前并未发生过亏损，该亏损可用以后年度利润补亏，2025 年实现净利润 2 000 万元，假定甲企业按净利润的 10%提取盈余公积，则甲企业 2025 年应提取的盈余公积为(　　)万元。

A. 200

B. 300

C. 190

D. 290

二、多项选择题(10 个小题，每小题 5 分，共 50 分)

66. 关于库存现金的清查，下列说法正确的有(　　)。

A. 库存现金应每日清点一次

B. 库存现金清查时，出纳人员必须在场

C. 清查人员应认真审核库存现金收付凭证和有关账簿

D. 清查结果应编制库存现金盘点报告表

67. 下列费用中，应计入增值税一般纳税人外购材料采购成本的有(　　)。

A. 运输途中的合理损耗

B. 入库前的挑选整理费

C. 增值税一般纳税人取得增值税专用发票的进项税额

D. 进口关税

68. 影响固定资产折旧额计算的因素有(　　)。

A. 固定资产原值

B. 预计净残值

C. 预计使用年限

D. 取得方式

69. 某公司属于增值税一般纳税人，赊购一批原材料，其中影响应付账款入账价值的有(　　)。

A. 不可以抵扣的增值税进项税额

B. 原材料的价款

C. 可以抵扣的增值税进项税额

D. 销售方代垫的运杂费

57. 企业销售商品时，确认收入的必要条件不包括(　　)。

A. 商品所有权风险已转移

B. 经济利益很可能流入企业

C. 收入金额能够可靠计量

D. 对方已经收到商品

58. 企业发生的公益性捐赠支出应计入(　　)。

A. 管理费用　　B. 营业外支出

C. 销售费用　　D. 税金及附加

59. 下列各项中，不属于所有者权益的是(　　)。

A. 资本溢价　　B. 投资者投入资本

C. 应付总经理的薪酬　　D. 计提的盈余公积

60. 下列各项中，不属于吸收股东出资的原始凭证的是(　　)。

A. 银行通知单　　B. 固定资产验收单

C. 产品成本计算单　　D. 增值税发票

61. 下列各项中，引起留存收益总额发生变化的是(　　)。

A. 提取法定盈余公积　　B. 宣告分配现金股利

C. 提取任意盈余公积　　D. 盈余公积弥补亏损

62. 某股份有限公司对外公开发行普通股 2 000 万股，每股面值 1 元，每股发行价格为 3 元，发行手续费 600 000 元从发行收入中扣除，发行所得款项已存入银行。不考虑其他因素，该笔业务会计处理正确的是(　　)。

A. 借：银行存款　　59 400 000

财务费用　　600 000

贷：股本　　20 000 000

资本公积　　40 000 000

B. 借：银行存款　　60 000 000

财务费用　　600 000

贷：股本　　20 000 000

资本公积　　40 600 000

C. 借：银行存款　　60 000 000

贷：股本　　60 000 000

D. 借：银行存款　　59 400 000

贷：股本　　20 000 000

资本公积　　39 400 000

C. 管理费用　　D. 制造费用

32. 下列各项中，应计入管理费用的是(　　)。

A. 销售部门的差旅费　　B. 车间管理人员的工资

C. 筹建期间的开办费　　D. 专设销售机构的固定资产修理费

33. 企业发生下列经济业务，在“生产成本”贷方核算的是(　　)。

A. 生产产品领用原材料　　B. 月末结转制造费用

C. 产品完工入库　　D. 生产车间固定资产修理费用

34. 下列各项中，不应计入财务费用的是(　　)。

A. 银行承兑汇票的手续费　　B. 筹建期间的利息支出

C. 外币汇兑损失　　D. 短期借款利息支出

35. 以下各项中，不应计入产品成本的是(　　)。

A. 直接材料成本

B. 直接人工成本

C. 生产车间发生的办公费

D. 销售机构相关的固定资产修理费用

36. 下列不属于销售费用的是(　　)。

A. 产品展览费　　B. 销售部门差旅费

C. 行政部门业务招待费　　D. 广告费

37. 某企业采用先进先出法核算原材料，3 月 1 日库存甲材料 500 千克，实际成本为 3 000元，3 月 5 日购入甲材料 1 200 千克，实际成本为 7 440 元，3 月 10 日发出甲材料 900 千克用于生产产品。不考虑其他因素，该笔业务使产品成本增加(　　)元。

A. 5 521. 5　　B. 5 550

C. 5 580　　D. 5 480

38. 下列各项中，不能通过“税金及附加”科目核算的是(　　)。

A. 资源税　　B. 增值税

C. 消费税　　D. 城市维护建设税

39. 甲公司月末完工的 A 产品 400 台，在产品 140 台，在产品按定额成本计算，单位定额成本 35 元，生产费用合计 46 300 元，完工产品成本是(　　)元。

A. 46 300　　B. 4 900

C. 40 616　　D. 41 400

40. 某企业 4 月销售商品时发生装卸费 3 000 元，银行承兑汇票手续费 2 000 元，计提本期负担的短期借款利息 3 000 元，行政管理部门工资 50 000 元，签订合同缴纳的印花税 500 元，则当期记入“管理费用”的金额是(　　)元。

24. 投资者投入固定资产的入账价值通常按(   )确定。

A. 投资方原账面价值

B. 评估确认的价值

C. 投资合同或协议约定的价值

D. 固定资产的重置成本

25. 采购一批材料，会计人员进行账务处理时贷记“应付票据”，则相应的原始凭证是(   )。

A. 银行汇票　　B. 银行本票

C. 商业承兑汇票　　D. 增值税专用发票

26. 甲公司为增值税小规模纳税人，2025 年 3 月 8 日，甲公司从乙公司购入原材料，取得的增值税专用发票上注明价款 200 万元，增值税 26 万元，乙公司代垫的运杂费 1 万元，增值税 0.09 万元，材料已验收入库，款项暂未支付。甲公司购买该批材料的应付账款入账价值为(   )万元。

A. 227.09　　B. 201

C. 226　　D. 227

27. 下列各项中，不属于职工薪酬核算内容的是(   )。

A. 住房公积金　　B. 工会经费和职工教育经费

C. 失业保险　　D. 管理人员因公出差的差旅费

28. 企业月末计提短期借款利息时贷方应记入的会计科目是(   )。

A. 财务费用　　B. 短期借款

C. 应收利息　　D. 应付利息

29. 增值税小规模纳税人销售商品应交的增值税记入的会计科目是(   )。

A. 库存商品

B. 应交税费——应交增值税(销项税额)

C. 应交税费——简易计税

D. 应交税费——应交增值税

30. 下列有关应付票据处理的表述中，不正确的是(   )。

A. 企业开出并承兑商业汇票时，应按其票面金额贷记“应付票据”

B. 不带息应付票据到期支付时，按票面金额结转

C. 企业支付的银行承兑手续费，记入当期“财务费用”

D. 企业到期无力支付的银行承兑汇票，应按账面余额转入“应付账款”

31. 企业计提本月生产车间工人工资时，应借记的会计科目是(   )。

A. 应付职工薪酬　　B. 生产成本

学号：________ 班级：________ 姓名：________

密 封 线 内 不 要 答 题

财经类对口单招考试技术技能测试模拟题二

一、单项选择题(65 个小题，每小题 4 分，共 260 分)

1. 下列各项中，不属于原始凭证基本内容的是(　　)。

A. 凭证的名称

B. 会计科目

C. 接受凭证单位的名称

D. 经办人员的签名或盖章

2. 下列各项中，属于会计核算最终环节的是(　　)。

A. 确认　　B. 计量

C. 记录　　D. 报告

3. 企业销售一批产品，售价 50 000 元，款未收。该笔业务应编制的记账凭证是(　　)。

A. 收款凭证　　B. 付款凭证

C. 转账凭证　　D. 以上均可

4. 出纳员不得兼任的工作是(　　)。

A. 现金收付

B. 银行存款日记账的登记

C. 收入、费用账目的登记

D. 保管库存现金

5. 库存现金盘点发现长款时，在查明原因前应贷记的会计科目是(　　)。

A. 其他应收款　　B. 待处理财产损溢

C. 营业外收入　　D. 管理费用

6. 填写支票日期时，“2025 年 4 月 26 日”正确的填写方法是(　　)。

A. 二〇二五年四月二十六日

B. 贰零贰伍年零肆月零贰拾陆日

C. 贰零贰伍年零肆月贰拾陆日

D. 贰零贰伍年肆月零贰拾陆日

7. 下列银行转账结算方式中，只适用于同城结算的是(　　)。

A. 银行汇票　　B. 商业汇票

C. 银行本票　　D. 托收承付

C. 70　　　　D. 87

63. 甲乙公司均为增值税一般纳税人，适用的增值税税率为13%，甲公司接受乙公司投资转入的一批原材料，账面价值110 000元，投资协议约定的价值120 000元，投资协议约定的价值和公允价值相符，该项投资没有产生资本溢价。甲公司实收资本应增加的金额为(　　)元。

A. 110 000　　　　B. 127 600

C. 120 000　　　　D. 135 600

64. 资本溢价是指(　　)。

A. 投资人缴付的出资额大于其资本的差额

B. 投资人的资本大于缴付的出资额

C. 企业接受的捐赠

D. 企业发生的财产溢余

65. 下列各项中，不属于企业接受生产设备投资时涉及的原始凭证的是(　　)

A. 投资方开具的生产设备增值税发票

B. 固定资产验收单

C. 投资协议

D. 购销合同

二、多项选择题(10个小题，每小题5分，共50分)

66. 下列各项中，属于货币资金核算内容的有(　　)。

A. 库存现金　　　　B. 银行存款

C. 其他货币资金　　　　D. 应收账款

67. 材料采购业务中，可能涉及的原始凭证有(　　)。

A. 领料单　　　　B. 增值税专用发票

C. 银行付款回单　　　　D. 收料单

68. 企业计提固定资产折旧时，可能借记的科目有(　　)。

A. 管理费用　　　　B. 销售费用

C. 其他业务成本　　　　D. 制造费用

69. 根据受益对象分配职工薪酬时，借方可能记入的会计科目有(　　)。

A. 生产成本　　　　B. 制造费用

C. 在建工程　　　　D. 财务费用

70. 下列各项中，应通过“制造费用”账户核算的有(　　)。

A. 生产产品发生的直接材料费

B. 车间管理人员的工资

方余额为 28 万元，本期实现净利润 3 万元，则期末资产负债表中“未分配利润”项目金额为(　　)万元。

A. 28　　B. 40

C. 19　　D. 16

55. 某企业 2024 年 12 月主营业务收入为 200 万元，主营业务成本为 150 万元，管理费用为 8 万元，公允价值变动收益为 3 万元，资产减值损失为 1 万元，投资收益为 7 万元，营业外收入 6 万元。假定不考虑其他因素，该企业当月的营业利润为(　　)万元。

A. 51　　B. 49

C. 50　　D. 57

56. 企业发生的下列交易或事项中，不会引起利润总额发生增减变动的是(　　)。

A. 计提存货跌价准备　　B. 确认劳务收入

C. 确认所得税费用　　D. 取得持有国债的利息收入

57. 企业按规定计算缴纳的下列税金，不影响本年利润的是(　　)。

A. 城镇土地使用税　　B. 增值税

C. 城市维护建设税　　D. 教育费附加

58. 企业发生的违约金支出应计入(　　)。

A. 管理费用　　B. 销售费用

C. 营业外支出　　D. 其他业务成本

59. 根据《企业会计准则》规定，股份公司以外的企业吸收货币资金投资增加公司资本金时，应记入的贷方科目是(　　)。

A. 实收资本　　B. 资本公积

C. 盈余公积　　D. 利润分配

60. 所有者权益是指企业资产扣除负债后由所有者享有的(　　)。

A. 未分配利润　　B. 剩余权益

C. 留存收益　　D. 盈余公积

61. 下列各项中，会导致所有者权益总额发生增减变动的是(　　)。

A. 当年实现的净利润

B. 资本公积转增实收资本

C. 盈余公积转增实收资本

D. 盈余公积弥补亏损

62. 2025 年 1 月 1 日某企业所有者权益如下：实收资本 200 万元，资本公积 17 万元，盈余公积 38 万元，未分配利润 32 万，则该企业 1 月 1 日的留存收益为(　　)万元。

A. 32　　B. 38

C. 228 000　　　　D. 228 180

30. 从职工工资中代扣的个人承担的社会保险费，应借记的会计科目是(　　)。

A. 应付职工薪酬　　　　B. 银行存款

C. 其他应收款　　　　D. 其他应付款

31. 企业销售商品缴纳的下列各项税费，不应记入“税金及附加”科目的是(　　)。

A. 消费税　　　　B. 增值税

C. 教育费附加　　　　D. 城市维护建设税

32. “管理费用”明细账的账页格式一般是(　　)。

A. 三栏式　　　　B. 横线登记式

C. 多栏式　　　　D. 数量金额式

33. 下列各项中，不应列入利润表中“财务费用”项目的是(　　)。

A. 计提的短期借款利息

B. 筹建期间发生的长期借款利息

C. 存款利息收入

D. 经营活动中支付银行的手续费

34. 某月甲公司支付销售人员工资 9 500 元，计提专设销售机构使用房屋折旧 1 500 元，支付业务招待费 5 000 元，支付行政部门发生的固定资产修理费用 5 000 元，计提车间固定资产折旧 3 000 元，该公司本月应确认的期间费用为(　　)元。

A. 24 000　　　　B. 19 000

C. 21 000　　　　D. 16 000

35. 企业发生的诉讼费应借记的会计科目是(　　)。

A. 其他业务成本　　　　B. 管理费用

C. 信用减值损失　　　　D. 营业外支出

36. 下列关于“销售费用”明细账说法正确的是(　　)

A. 该账户一般采用多栏式账页登记明细账

B. 若账页中只设置借方分析栏，无贷方分析栏，则贷方发生额不需登记

C. 因该账户期末无余额，月末不需进行月结

D. 登记明细账时，只能根据该账户的原始凭证登记

37. 生产车间的固定资产修理费用应计入(　　)。

A. 管理费用　　　　B. 制造费用

C. 生产成本　　　　D. 其他业务成本

38. 某公司为生产甲、乙两种产品共领用原材料 20 000 元，企业规定按材料定额消耗分配材料费用，甲产品的定额消耗为 500 千克，乙产品的定额消耗为 1 500 千克，则甲产品应

C. 生产成本　　D. 在建工程

22. 某企业一项固定资产原值为100 000元，预计使用年限为5年，预计净残值为2 000元。采用平均年限法计算的年折旧额为(　　)元。

A. 19 600　　B. 20 000

C. 22 000　　D. 24 000

23. 下列关于固定资产折旧的说法中，错误的是(　　)。

A. 当月增加的固定资产，当月不计提折旧

B. 当月减少的固定资产，当月仍计提折旧

C. 提前报废的固定资产，不再补提折旧

D. 闲置的固定资产无须计提折旧

24. 企业计提固定资产折旧时，应贷记的科目是(　　)。

A. 固定资产　　B. 管理费用

C. 固定资产清理　　D. 累计折旧

25. 偿还前欠货款时会收到对方开具的(　　)。

A. 银行转账回单　　B. 收据

C. 合同　　D. 增值税专用发票

26. 下列各项中，属于流动负债的是(　　)

A. 长期应付款　　B. 应付账款

C. 预付账款　　D. 长期借款

27. 企业支付当月短期借款利息费用时的会计处理为(　　)。

A. 借记"短期借款"科目，贷记"应付利息"科目

B. 借记"财务费用"科目，贷记"银行存款"科目

C. 借记"财务费用"科目，贷记"应付利息"科目

D. 借记"应付利息"科目，贷记"银行存款"科目

28. 下列有关应付票据处理的表述，正确的是(　　)。

A. 企业支付的银行承兑汇票手续费，记入当期"财务费用"

B. 企业开出商业汇票时，应按票据的到期值贷记"应付票据"

C. 企业到期无力支付的商业承兑汇票，应按票面金额转入"短期借款"

D. 企业到期无力支付的银行承兑汇票，应按票面金额转入"应付账款"

29. 某企业为增值税一般纳税人，11月3日从甲公司购入一批材料，取得增值税专用发票上注明该批材料的价款为200 000元，增值税税额为26 000元，甲公司代垫运费2180(其中增值税180)元。该企业应记入"应付账款"科目的金额为(　　)元。

A. 226 000　　B. 200 000

学号：________ 班级：________ 姓名：________

密 封 线 内 不 要 答 题

财经类对口单招考试技术技能测试模拟题一

一、单项选择题(65个小题，每小题4分，共260分)

1. 会计核算的基本方法中，对经济业务进行分类核算和监督的专门方法是(　　)。

A. 设置账户　　B. 复式记账

C. 登记账簿　　D. 编制会计报表

2. 原始凭证金额有错误的，应当(　　)。

A. 由出具单位重开

B. 由出具单位更正，并在更正处加盖出具单位印章

C. 可由接受单位直接更正，并要求原出具单位说明情况同时加盖单位印章

D. 由接受单位直接更正，并说明情况同时加盖单位印章

3. 记账凭证采用通用记账凭证时，一般采用的编号方法是(　　)。

A. 按月顺序编号

B. 按年顺序编号

C. 按业务发生的顺序编号

D. 按凭证类别顺序编号

4. 企业现金清查中，经检查仍无法查明原因的现金溢余，经批准后应计入(　　)。

A. 其他业务收入　　B. 营业外收入

C. 管理费用　　D. 营业外支出

5. 下列各项中，不属于其他货币资金核算内容的是(　　)。

A. 银行本票存款　　B. 银行汇票存款

C. 信用卡存款　　D. 银行承兑汇票

6. 企业将款项汇往外地开立采购专用账户时，应借记的会计科目是(　　)。

A. 材料采购　　B. 在途物资

C. 预付账款　　D. 其他货币资金

7. 银行存款日记账与银行对账单之间的核对属于(　　)。

A. 账证核对　　B. 账账核对

C. 账实核对　　D. 余额核对

8. 企业在进行现金清查时，查出现金短缺，并将短缺数记入“待处理财产损溢”科目。后经进一步核查，无法查明原因，经批准后，按《企业会计准则》对该现金短缺正确的会计处理

A. 应收账款 B. 预付账款

C. 银行存款 D. 存货

26. 下列账户，可能成为“应交税费——应交增值税”对应账户的有(　　)。

A. 银行存款 B. 应付账款

C. 应收票据 D. 预收账款

27. 我国行政处罚包括(　　)

A. 警告 B. 没收违法所得

C. 罚金 D. 吊销执照

28. 根据会计法律制度的规定，下列关于原始凭证的填制和取得的表述，正确的是(　　)。

A. 外单位填制的原始凭证必须盖有填制单位的公章

B. 填有大写和小写金额的原始凭证，大小写金额不一致时，以大写金额为准

C. 一式几联的原始凭证，应当注明各联的用途

D. 原始凭证要求做到内容完整、手续齐全、填制规范、书写清楚、送交及时

29. 下列属于会计监督体系组成部分的是(　　)。

A. 会计行业组织对会员的监督

B. 单位内部会计监督

C. 以财政部门为主体的政府监督

D. 以注册会计师为主体的社会监督

30. 根据企业所得税法律制度的规定，下列选项中，应计入企业的销售(营业)收入的是(　　)。

A. 视同销售货物收入

B. 租金收入

C. 逾期未退包装物押金收入

D. 接受捐赠收入

31. 下列税种中，采用复合计征方式的有(　　)。

A. 消费税中的卷烟

B. 消费税中的白酒

C. 消费税中的啤酒

D. 消费税中的黄酒

32. 根据增值税法律制度的规定，下列属于销售无形资产的有(　　)。

A. 转让商标权

B. 转让著作权

D. (15 000−5 000−3 000−1 000−1 500)×3%＝135(元)

19. 对于财务会计制度健全，能如实核算和提供生产经营情况，并正确计算应纳税款和如实履行纳税义务的纳税人，适用的税款征收方式是(　　)。

A. 查定征收　　B. 查验征收

C. 查账征收　　D. 定期定额征收

20. 下列属于虚开发票行为的是(　　)。

A. 为他人、为自己开具与实际经济业务情况相符的发票

B. 让他人为自己开具与实际经济业务情况相符的发票

C. 介绍他人开具与实际经济业务情况不符的发票

D. 按照规定开具发票

二、多项选择题(15 个小题，每小题 3 分，共 45 分)

21. 下列属于诚实守信基本要求的有(　　)。

A. 做老实人、说老实话、办老实事、不搞虚假

B. 保密守信，不为利益所诱惑

C. 公私分明、不贪不占

D. 实事求是、不偏不倚

22. 下列各项中，对于会计目标的表述正确的是(　　)。

A. 反映企业管理层受托责任履行情况

B. 有助于财务会计报告使用者作出经济决策

C. 向财务会计报告使用者提供与企业财务状况、经营成果和现金流量等有关的会计信息

D. 避免偷税漏税

23. 甲公司因周转资金需要向银行贷款 100 万元，公司董事长指使会计人员刘某将提供给银行的报表处理得“漂亮”一些，刘某考虑自己在公司工作，应该按领导的指示办事，于是对会计报表做了技术处理。刘某违反了会计职业道德中的(　　)要求。

A. 爱岗敬业　　B. 诚实守信

C. 坚持准则　　D. 强化服务

24. 下列关于明细账的格式表述正确的是(　　)。

A. 原材料明细账、生产成本明细账应使用三栏式

B. 其他应收款明细账、在途物资明细账应使用横线登记式

C. 销售费用明细账、管理费用明细账应使用多栏式

D. 应交税费——应交增值税明细账应使用三栏式

25. 下列采用发函询证方法进行财产清查的有(　　)。

姓名：________ 班级：________ 学号：________

密 封 线 内 不 要 答 题

财经类对口单招考试专业能力测试模拟题十五

一、单项选择题(20 个小题，每小题 2 分，共 40 分)

1. 下列属于会计核算前提条件的有(　　)。

A. 历史成本　　B. 持续经营

C. 可比性　　D. 权责发生制

2. 可比性要求(　　)。

A. 同一企业不同时期发生的相同或者相似的交易或者事项，应当采用一致的会计政策

B. 不同企业同一时期发生的相同或者相似的交易或者事项，可以采用不同的会计政策

C. 企业一旦选定某种会计核算方法就不可以变更

D. 企业不能选择不同会计处理方法，否则难以保证不同企业相互可比

3. 关于会计人员参与管理，下列说法不正确的是(　　)。

A. 主动提出合理化建议，使管理活动更有针对性

B. 为管理者当参谋，为管理活动服务

C. 积极主动地向单位领导反映本单位的财务经营状况及存在的问题

D. 直接参与管理，代替领导决策

4. 应当采用数量金额式账簿的是(　　)。

A. 原材料明细账　　B. 主营业务收入明细账

C. 原材料总账　　D. 库存商品总账

5. 下列引起会计等式两边总额同时减少的经济业务是(　　)。

A. 收到前欠货款存入银行　　B. 用银行存款偿还银行借款

C. 应付账款转作投资　　D. 用银行存款购买材料

6. 某企业外购甲材料 5 吨，价款 30 000 元，增值税进项税额 3 900 元，运费 300 元，增值税进项税额 27 元。同时发生运输保险费 200 元，运输途中合理损耗 0.05 吨，价值 300 元，入库前挑选整理费 80 元，则该批材料的入账价值是(　　)元。

A. 30 300　　B. 30 500

C. 30 580　　D. 34 507

7. 2024 年 7 月 31 日，“本年利润”借方余额 10 000 元，表示(　　)。

C. “生产成本”属于成本费用，不应在“存货”项目列示

D. “存货”项目应列示的金额为80 000元

27. 根据会计法律制度的规定，未造成严重后果，由县级以上人民政府财政部门责令限期改正，给予警告、通报批评、没收违法所得，对其直接负责的主管人员和其他直接责任人员可以处10万元以上50万元以下的罚款的违法行为包括(   )。

A. 伪造、变造会计凭证

B. 编制虚假财务会计报告

C. 故意销毁依法应当保存的会计凭证

D. 隐匿会计凭证

28. 会计工作交接完毕后，在移交清册上签名或盖章的人员包括(   )。

A. 移交人员　　B. 接收人员

C. 监交人　　D. 会计档案管理人员

29. 对使用电子计算机进行会计核算的单位，下列表述正确的是(   )。

A. 单位内部形成的属于归档范围的电子会计资料满足一定条件可仅以电子形式保存

B. 单位外部接收的电子会计资料可以仅以电子形式保存

C. 使用的会计软件必须符合国家统一会计制度的规定

D. 利用会计软件生成的会计资料必须符合国家统一会计制度的规定

30. 根据个人所得税法律制度的规定，专项扣除包括(   )。

A. 基本养老保险　　B. 基本医疗保险

C. 住房公积金　　D. 大病医疗

31. 属于提供应税服务的有(   )。

A. 修理修配服务　　B. 邮政服务

C. 金融服务　　D. 交通运输服务

32. 根据增值税法律制度规定，包装物押金应计入销项税额，征收增值税的有(   )。

A. 销售冰箱时收取的包装物押金(独立核算)

B. 销售白酒时收取的包装物押金

C. 销售啤酒时收取的包装物押金

D. 销售花瓶，逾期未退的包装物押金

33. 根据企业所得税法律制度的规定，关于无形资产的税务处理符合规定的有(   )。

A. 自创的商誉不得计算摊销费用扣除

B. 无形资产的摊销年限不得低于10年

C. 无形资产按照直线法计算的摊销费用，准予扣除

D. 外购的无形资产，以该资产的公允价值和支付的相关税费为计税基础

复经营而向主管税务机关申请办理的一种税务登记手续。

A. 查验征收　　B. 查账征收

C. 查定征收　　D. 定期定额征收

二、多项选择题(15 个小题，每小题 3 分，共 45 分)

21. 关于企业会计信息可靠性表述正确的是(　　)。

A. 企业应当保持应有的谨慎，不应高估资产或收益、低估负债或费用

B. 企业提供的会计信息应当可比

C. 企业应当保证会计信息真实可靠、内容完整

D. 企业应当以实际发生的交易或事项为依据进行确认、计量和报告

22. 下列说法正确的是(　　)。

A. 持续经营是指会计主体在可以预见的将来会继续经营下去

B. 会计分期是以连续不断的资金运动过程可以分期核算为前提

C. 资金可以分为货币资金和实物资金等具体的形式

D. 在我国，会计核算以人民币作为记账本位币

23. 下列属于会计基础的有(　　)。

A. 会计主体　　B. 权责发生制

C. 收付实现制　　D. 持续经营

24. 下列关于财产清查方法的表述，正确的是(　　)。

A. 库存现金清查采用实地盘点法

B. 银行存款清查采用实地盘点法

C. 往来款项清查一般采取发函询证法

D. 实物资产清查采用实地盘点法

25. 下列关于记账凭证账务处理程序、汇总记账凭证账务处理程序和科目汇总表账务处理程序一般步骤的表述中，属于三者共有的步骤是(　　)。

A. 期末将日记账和明细账的余额与有关总账的余额核对

B. 根据原始凭证、汇总原始凭证和记账凭证登记各种明细账

C. 期末根据总账和明细账的记录，编制财务报表

D. 根据收付款记账凭证登记现金和银行存款日记账

26. 某企业“原材料”期末余额为 20 000 元，“生产成本”期末余额为 50 000 元，“库存商品”期末余额为 20 000 元，“存货跌价准备”期末余额为 10 000 元，“工程物资”期末余额为 10 000元，则关于资产负债表中“存货”项目的列示表述正确的有(　　)。

A. 上述金额均应在“存货”项目列示

B. “存货跌价准备”作为“存货”的减项列示

学号：________ 班级：________ 姓名：________

密 封 线 内 不 要 答 题

财经类对口单招考试专业能力测试模拟题十四

一、单项选择题(20个小题，每小题2分，共40分)

1. 下列关于会计信息及时性的说法，不正确的为(　　)。

A. 企业应每月结账

B. 企业应每日登记总分类账簿

C. 对发生的经济交易不能提前进行确认

D. 企业应当在国家规定的时限内提供财务报告

2. 下列关于会计职业道德的表述，正确的是(　　)。

A. 会计职业道德具有很强的他律性

B. 会计职业道德的表现形式必须是成文规定

C. 会计职业道德侧重于调整会计人员的外在行为

D. 会计职业道德是指在会计职业活动中应当遵循的、体现会计职业特征的、调整会计职业关系的职业行为准则和规范

3. 资产按购置时所付出的对价的公允价值计量，其会计计量属性是(　　)。

A. 重置成本　　B. 历史成本

C. 公允价值　　D. 现值

4. 下列不能确认为收入的是(　　)。

A. 销售原材料　　B. 销售包装物

C. 在建工程领用材料　　D. 出租包装物租金

5. 企业计提固定资产折旧时，下列会计分录不正确的有(　　)。

A. 计提行政管理部门固定资产折旧：借记“管理费用”，贷记“累计折旧”

B. 计提生产车间固定资产折旧：借记“制造费用”，贷记“累计折旧”科目

C. 计提专设销售机构固定资产折旧：借记“销售费用”，贷记“累计折旧”

D. 计提经营租出的固定资产折旧：借记“营业外支出”，贷记“累计折旧”

6. 企业采购固定资产的入账价值采用的会计计量属性是(　　)。

A. 可变现净值　　B. 重置成本

C. 现值　　D. 历史成本

7. 下列经济业务中，影响会计等式总额发生变化的是(　　)。

A. 接受国家投入的货币资金

B. 年度财务预算方案

C. 年度财务会计报告

D. 银行对账单

28. 下列各项中，属于变造会计凭证行为的是(　　)。

A. 以虚假的经济业务事项编造不真实的会计凭证

B. 用涂改手段改变会计凭证的真实内容

C. 用挖补手段改变会计凭证的真实内容

D. 用药水腐蚀手段改变财务会计报告的真实内容

29. 根据《会计档案管理办法》规定，经鉴定可以销毁的会计档案，由(　　)在会计档案销毁清册上签署意见。

A. 单位负责人

B. 档案管理机构负责人及经办人

C. 会计管理机构负责人及经办人

D. 信息系统管理机构负责人及经办人

30. 根据企业所得税法律制度的规定，企业从事(　　)的所得中，减半征收企业所得税。

A. 花卉的种植

B. 香料作物的种植

C. 茶及其他饮料作物的种植

D. 水果的种植

31. 下列属于增值税法定免税项目的有(　　)。

A. 农业生产者销售的自产农产品

B. 避孕药品和用具

C. 其他个人销售自己使用过的物品

D. 某公司进口的供残疾人专用的物品

32. 企业在计算应纳税所得额时，准予扣除的项目包括(　　)。

A. 合理的工资、薪金支出

B. 企业发生的合理的劳动保护支出

C. 企业参加财产保险，按照规定缴纳的保险费

D. 企业为投资者支付的商业保险

33. 根据企业所得税法律制度的规定，企业当年发生的费用超过税法规定的扣除标准，准许结转以后纳税年度扣除的有(　　)。

A. 广告和业务宣传费　　　　B. 工会经费

C. 职工教育经费　　　　D. 业务招待费

20. 从事生产经营的纳税人到外县(市)进行临时性的生产经营活动时，按规定向营业地税务机关申报办理的税务登记手续是(　　)。

A. 变更税务登记　　B. 注销税务登记

C. 外出经营报验登记　　D. 停业、复业登记

二、多项选择题(15 个小题，每小题 3 分，共 45 分)

21. 下列各项中，属于记账凭证必须具备的基本内容有(　　)。

A. 单位负责人签名盖章　　B. 所附原始凭证的张数

C. 填制记账凭证的日期　　D. 交易或事项的金额

22. 下列各项中，下列关于会计目标的说法正确的是(　　)。

A. 会计目标是向财务报告使用者提供会计信息

B. 会计目标是要求会计工作完成的任务或达到的标准

C. 会计目标反映企业受托责任的履行情况

D. 会计目标是为企业提高经济效益

23. 下列关于会计基本假设的表述正确的是(　　)。

A. 会计主体假设界定了开展会计核算工作的空间范围

B. 货币计量是企业会计确认、计量和报告的基本手段

C. 由于会计分期，会计处理可以运用预收、预付、应收、应付等方法

D. 固定资产采用历史成本计量是以会计分期为前提的

24. 下列会计凭证可以作为登记总账的依据的是(　　)。

A. 记账凭证　　B. 汇总记账凭证

C. 科目汇总表　　D. 汇总原始凭证

25. 下列各项中，在“待处理财产损溢”账户贷方登记的有(　　)。

A. 发生的待处理财产盘盈

B. 发生的待处理财产盘亏

C. 转销已批准处理的盘亏

D. 转销已批准处理的盘盈

26. 关于会计账簿，下列说法正确的是(　　)。

A. 账簿是由具有一定格式的相互连接的账页组成

B. 会计账簿是连接会计凭证与会计报表的中间环节

C. 按其用途的不同，可分为序时账簿、分类账簿和备查账簿三种

D. 以记账凭证为依据，全面、系统、连续地记录各项经济业务的簿籍

27. 根据会计法律制度的规定，下列文件资料中，属于会计档案归档范围的是(　　)。

A. 会计档案销毁清册

学号：＿＿＿＿＿＿ 班级：＿＿＿＿＿＿ 姓名：＿＿＿＿＿＿

密　封　线　内　不　要　答　题

财经类对口单招考试专业能力测试模拟题十三

一、单项选择题(20 个小题，每小题 2 分，共 40 分)

1. 会计核算应遵循谨慎性，当存在不确定因素情况下，下列说法正确的是(　　)。

A. 不应高估资产或费用　　B. 不应低估负债或收入

C. 不应高估资产或收入　　D. 不应低估资产或收入

2. 下列选项中，(　　)可以反映企业管理层受托责任履行情况，有助于财务报告使用者作出经济决策。

A. 会计目标　　B. 会计方法

C. 会计基础　　D. 会计准则

3. 企业对很可能承担的责任确认为负债，体现了会计信息质量要求的(　　)。

A. 谨慎性　　B. 可比性

C. 重要性　　D. 相关性

4. 一般情况下，“生产成本”明细账采用的是(　　)。

A. 三栏式明细账　　B. 数量金额式明细账

C. 多栏式明细账　　D. 两栏式明细账

5. 资产按照购买时所支付的现金或者现金等价物的金额，或者按照购置资产时所付出对价的公允价值计量，称为(　　)。

A. 公允价值计量　　B. 重置成本计量

C. 历史成本计量　　D. 现值计量

6. 下列各项中，关于企业原材料盘亏及毁损会计处理表述正确的是(　　)。

A. 保管员过失造成的损失，计入管理费用

B. 因自然灾害造成的净损失，计入营业外支出

C. 应由保险公司赔偿的部分，计入营业外收入

D. 经营活动造成的净损失，计入营业外支出

7. 某企业期末“应收账款”账户为借方余额 20 000 元，其所属明细账户的借方余额合计为 27 000 元，所属明细账户贷方余额合计为 7 000 元；期末“预收账款”账户为贷方余额 10 000元，其所属明细账户的贷方余额合计为 17 000 元，所属明细账户借方余额合计为 7 000 元，“坏账准备”账户为贷方余额 500 元，则该企业资产负债表中“应收账款”项目的金额应为(　　)元。

31. 我国减免税的基本形式有(　　)。

A. 税基式减免　　B. 税率式减免

C. 税额式减免　　D. 扣除式减免

32. 下列关于增值税小规模纳税人的表述，正确的有(　　)。

A. 实行简易计税方法

B. 不得自行开具增值税专用发票

C. 年应征增值税销售额在500万元及以下

D. 会计核算健全也不能登记为增值税一般纳税人

33. 根据企业所得税法律制度的规定，下列关于企业固定资产加速折旧优惠规定正确的有(　　)。

A. 采取缩短折旧年限或者采取加速折旧的方法

B. 由于技术进步，产品更新换代较快的固定资产可以加速折旧

C. 设备、器具采取缩短折旧年限方法的，最低折旧年限不得低于税法规定折旧年限的80%

D. 采取加速折旧方法的可以采取双倍余额递减法或年数总和法

34. 根据企业所得税法律制度的规定，下列行业中不适用研究开发费用税前加计扣除政策的有(　　)。

A. 烟草制造业　　B. 餐饮业

C. 房地产业　　D. 批发和零售业

35. 根据个人所得税法律规定，赡养老人专项附加扣除的范围和标准包括(　　)。

A. 纳税人赡养60岁(含)以上父母的赡养支出

B. 纳税人为非独生子女的，应当与其兄弟姐妹分摊每月3 000元的扣除额度，每人分摊的额度不能超过每月1 500元

C. 纳税人为独生子女的，按照每月3 000元定额扣除

D. 分摊方式包括平均分摊、被赡养人指定分摊或赡养人约定分摊

三、判断题(15个小题，每小题1分，共15分)

36. 会计的监督职能是会计人员在进行会计核算的同时，对特定主体经济活动的真实性、合法性、合理性进行审查。(　　)

37. 会计是以货币为唯一计量单位的一种经济管理工作。(　　)

38. 科目汇总表可以减少登记总账的工作量，清晰反映账户之间的对应关系。(　　)

39. 某企业年末“固定资产”科目借方余额为100万元，“累计折旧”科目贷方余额为40万元，“固定资产减值准备”科目贷方余额为2万元，则该企业年末的资产负债表中“固定资产”项目应列示60万元。(　　)

C. 参与经济决策　　D. 核算经营成果

23. 下列各项中，反映可靠性信息质量要求的是(　　)。

A. 各类企业执行的会计政策应当统一，保证会计信息口径一致

B. 以实际发生的交易或者事项为依据进行确认、计量、报告

C. 提供的会计信息清晰明了

D. 企业提供的会计信息应当是真实的

24. 出纳人员可以登记的账簿有(　　)。

A. 银行存款日记账　　B. 总账

C. 债权债务明细账　　D. 收入费用明细账

25. 下列各项中，企业需要进行不定期清查的是(　　)。

A. 财产物资的保管人员发生变动

B. 年终决算前

C. 发生自然灾害或意外损失

D. 出纳人员保管的现金

26. 某企业购入原材料一批，取得增值税专用发票一张，材料验收入库，开出转账支票支付货款，则该经济业务涉及的原始凭证有(　　)。

A. 增值税专用发票　　B. 收料单

C. 支票存根　　D. 付款凭证

27. 根据会计法律制度的规定，各单位应当定期将会计账簿记录与(　　)核对相符。

A. 实物、款项及有关资料　　B. 会计凭证的有关内容

C. 会计账簿记录　　D. 会计报表的有关内容

28. A 企业将出售残值的收入 3 000 元不纳入企业统一的会计核算，而另设会计账簿进行核算，以解决单位职工食堂的福利问题。则该企业应承担的法律责任是(　　)。

A. 责令其限期改正

B. 给予警告、通报批评

C. 对直接责任人处 5 万元以下的罚款

D. 对单位处 50 万元以下的罚款

29. 下列各项中，无须办理会计手续，不进行会计核算的是(　　)。

A. 签订购销合同　　B. 资本的增减

C. 制定生产计划　　D. 报送会计报表

30. 根据增值税法律制度的规定，下列各项中，不应按“销售货物”缴纳增值税的是(　　)。

A. 供暖公司销售热力　　B. 邮政公司销售邮册

C. 房地产公司销售商品房　　D. 金融机构销售外汇

姓名：________ 班级：________ 学号：________

密封线内不要答题

财经类对口单招考试专业能力测试模拟题十二

一、单项选择题(20 个小题，每小题 2 分，共 40 分)

1. 下列各项中，对企业会计资料的真实性、合法性和合理性进行审查的会计职能是(　　)。

A. 参与经济决策职能　　B. 评价经营业绩职能

C. 监督职能　　D. 核算职能

2. 为解决会计核算中的财产计价和费用分配方法等提供了前提条件的是(　　)。

A. 会计主体　　B. 持续经营

C. 会计分期　　D. 货币计量

3. 下列各项中，属于会计信息质量“谨慎性”要求的是(　　)。

A. 同一企业在同一时期的相同或相似事项要采用相同的会计政策，不得随意变更

B. 企业要以实际发生的经济业务或者事项为依据进行会计核算

C. 计提应收账款坏账准备

D. 融资租入的固定资产作为企业的自有资产处理

4. 会计人员应热爱本职工作，安心于会计岗位，尽职尽责，这是(　　)的要求。

A. 诚实守信　　B. 客观公正

C. 爱岗敬业　　D. 提高技能

5. 下列既可以作为登记总账又可以作为登记明细账的依据是(　　)。

A. 汇总记账凭证　　B. 原始凭证

C. 记账凭证　　D. 科目汇总表

6. 以银行存款补付预付账款，对会计要素影响的表述正确的是(　　)。

A. 一项资产增加，另一项资产等额减少

B. 一项资产与一项负债等额增加

C. 一项负债增加，另一项负债等额减少

D. 一项资产与一项负债等额减少

7. 企业确定固定资产盘盈的入账价值采用的会计计量属性是(　　)。

A. 可变现净值　　B. 重置成本

C. 现值　　D. 公允价值

8. 会计法律体系中处于最高层次的是(　　)。

29. 下列属于会计工作岗位的是(　　)。

A. 会计机构负责人　　B. 单位内部审计

C. 出纳　　D. 会计机构内会计档案管理岗位

30. 根据税收征收管理法律制度的规定，下列主体中，需要办理税务登记的是(　　)。

A. 个体工商户

B. 无固定生产经营场所的流动性农村小商贩

C. 扣缴义务人

D. ××市第一人民医院

31. 以物易物销售方式下，双方的税务处理正确的有(　　)。

A. 以各自发出的货物核算销售额并计算销项税额

B. 以各自收到的货物核算购货额并计算进项税额

C. 双方都应作购销处理

D. 如果收到的货物不能取得相应的增值税专用发票或其他合法发票的，不能抵扣进项税额

32. 根据企业所得税法律制度规定，下列企业所得适用于25%税率的企业有(　　)。

A. 在中国境内成立的甲企业

B. 在境外成立但实际管理机构在境内的乙企业

C. 在境内设立机构、场所且取得的所得与所设机构、场所有联系的丙企业

D. 在境内未设立机构、场所的丁企业

33. 根据个人所得税法律制度的规定，下列属于个人所得税应税所得项目的有(　　)。

A. 工资、薪金所得　　B. 经营所得

C. 财产转让所得　　D. 特许权使用费所得

34. 根据个人所得税法律规定，下列属于居民个人综合所得中专项附加扣除的有(　　)。

A. 继续教育支出　　B. 住房租金支出

C. 大病医疗支出　　D. 子女抚养支出

35. 根据我国《税收征收管理法》的规定，下列属于税务登记种类的有(　　)。

A. 设立税务登记　　B. 变更税务登记

C. 注销税务登记　　D. 停业、复业登记

三、判断题(15个小题，每小题1分，共15分)

36. 会计是以人民币为主要计量单位，核算和监督一个单位经济活动的经济管理。(　　)

37. “应收账款”账户属于资产类账户，因此其余额一定在借方。(　　)

38. 企业过去的交易或事项形成的现时义务可以确认为负债。(　　)

A. 会计核算是会计监督的基础

B. 会计核算和会计监督两者相辅相成

C. 会计监督是会计核算的质量保障

D. 没有监督所提供的各种信息，核算就失去了客观依据

22. 下列属于财务报表编制依据的是(　　)。

A. 银行存款日记账　　B. 总账

C. 明细账　　D. 库存现金日记账

23. 会计的监督职能是对企业的会计资料进行审核，主要体现在(　　)。

A. 是否实际发生的经济业务　　B. 是否符合国家法律法规

C. 是否符合财务收支计划　　D. 是否符合领导层的要求

24. 借贷记账法是我国现行的记账方法，下列表述正确的有(　　)。

A. 以“借、贷”为记账符号的一种复式记账法

B. 以“资产=负债+所有者权益”为理论基础

C. 记账规则是“有借必有贷，借贷必相等”

D. 能够进行试算平衡检查记账是否有误

25. 下列关于“资产=负债+所有者权益”的表述正确的是(　　)。

A. 借贷记账法的理论基础

B. 填制记账凭证的依据

C. 该等式是编制资产负债表的依据

D. 反映了资金运动三个静态要素之间的内在联系

26. 对于原始凭证的填制要求下列说法不正确的是(　　)。

A. 自制原始凭证填制手续可以简化，内容可以简略

B. 外来凭证应加盖填制单位公章或财务专用章

C. 原始凭证的金额必须大写且注明“人民币”三个字

D. 原始凭证填错可以由原单位更正

27. 根据会计法律制度的规定，各单位在建账时应遵守哪些规定？(　　)

A. 各单位要按照要求设置会计账簿，进行会计核算

B. 各单位不具备建账条件的，也应按照要求设置会计账簿

C. 设置会计账簿的种类和具体要求，要符合《会计法》和国家统一的会计制度的规定

D. 禁止账外设账

28. 对受打击报复的会计人员应采取的补救措施通常有(　　)。

A. 晋升职务　　B. 恢复其原有职务、级别

C. 恢复其名誉　　D. 给予经济补偿

学号：________ 班级：________ 姓名：________

密封线内不要答题

财经类对口单招考试专业能力测试模拟题十一

一、单项选择题(20 个小题，每小题 2 分，共 40 分)

1. 由于有了(　　)假设，才产生了本期和其他期间的差别，从而出现了权责发生制和收付实现制的区别。

A. 会计主体　　B. 配比原则

C. 会计分期　　D. 持续经营

2. 依据“谨慎性”原则，企业不能低估负债或费用，下列最能体现该要求的是(　　)。

A. 对销售的商品计提售后保修费用

B. 预提短期借款利息

C. 确认本期应付职工薪酬

D. 预计将产生的收益

3. 会计的基本职能是(　　)。

A. 反映和考核　　B. 核算和监督

C. 预测和决策　　D. 分析管理

4. 引起资产和负债同时增加的经济业务是(　　)。

A. 以银行存款购买材料

B. 向银行取得借款，存入银行

C. 以无形资产向外单位投资

D. 以银行存款偿还应付账款

5. 某企业本期期初资产总额为 60 000 元，本期期末负债总额减少了 40 000 元，所有者权益比期初增加了 20 000 元，则该企业本期期末资产总额为(　　)元。

A. 40 000　　B. 80 000

C. 20 000　　D. 100 000

6. 下列各项中，属于非流动负债项目的是(　　)。

A. 应付账款　　B. 应付票据

C. 应付债券　　D. 短期借款

7. 下列不属于会计报表构成内容的是(　　)。

A. 资产负债表　　B. 试算平衡表

C. 附注　　D. 利润表

D. 向贫困山区捐赠了价值10万元的生活物资

30. 根据企业所得税法律制度的规定，下列各项中，企业缴纳的保险费准予在税前扣除的有(　　)。

A. 为企业职工支付的基本养老保险费

B. 为高空作业人员支付的人身安全商业保险费

C. 为投资者支付的人身安全商业保险费

D. 为企业机器设备缴纳财产保险费

31. 根据增值税法律制度规定，增值税一般纳税人购进货物发生的下列情形中，不得从销项税额中抵扣进项税额的有(　　)。

A. 用于免征增值税项目　　B. 用于投资

C. 用于集体福利　　D. 发生非正常损失

32. 根据增值税法律制度规定，营改增以一个季度为纳税期限的规定适用于(　　)。

A. 增值税小规模纳税人　　B. 银行

C. 财务公司　　D. 信托投资公司

33. 企业的下列所得项目，减半征收企业所得税的有(　　)。

A. 香料作物种植　　B. 内陆养殖

C. 远洋捕捞　　D. 花卉种植

34. 根据企业所得税法律制度的规定，下列各项收入中应计入收入总额的有(　　)。

A. 销售货物收入　　B. 租金收入

C. 接受捐赠收入　　D. 违约金收入

35. 根据个人所得税法律规定，下列各项所得中适用比例税率的有(　　)

A. 利息、股息、红利所得　　B. 经营所得

C. 财产转让所得　　D. 偶然所得

三、判断题(15个小题，每小题1分，共15分)

36. 受托责任观作为会计的主要目标，是向投资者和债权人报告资源的运用情况，以评价受托经济责任。(　　)

37. 存货的可变现净值是估计售价减去至完工时估计将要发生的成本、估计的销售费用以及相关税费后的金额。(　　)

38. “期末余额=期初余额+本期借方发生额-本期贷方发生额”这一公式适用于任何性质账户的结账。(　　)

39. 如果在结账前发现账簿记录有文字或数字错误，而记账凭证没有错误，则可采用划线更正法更正。(　　)

40. 实物财产的“账存实存对比表”可以作为填制记账凭证和登记账簿的原始凭证。

(　　)

C. 会计年度、半年度、季度、月度均按公历起讫日期确定

D. 会计分期是对会计主体活动的空间范围上的限定

22. 会计的职能是(　　)。

A. 预测和决策　　B. 核算和监督

C. 控制和考核　　D. 分析和评价

23. 确定会计核算时间范围的前提条件是(　　)。

A. 会计主体　　B. 持续经营

C. 会计分期　　D. 货币计量

24. 下列关系中正确的是(　　)。

A. 资产=权益+负债

B. 资产=权益

C. 资产总额=所有者权益总额

D. 资产=负债+所有者权益

25. 下列影响利润总额形成的项目是(　　)。

A. 投资收益　　B. 资产减值损失

C. 所得税费用　　D. 营业外支出

26. 下列属于账实核对的有(　　)。

A. 现金日记账账面余额与现金实际库存数的核对

B. 银行存款日记账账面余额与银行对账单的核对

C. 财产物资明细账账面余额与财产物资实存数额的核对

D. 应收、应付款明细账账面余额与债务、债权单位核对

27. 根据会计法律制度的规定，记账凭证审核内容包括(　　)。

A. 编制依据是否合法　　B. 填写项目是否齐全

C. 金额计算是否正确　　D. 书写是否清楚

28. 不列关于会计工作交接的说法中，不正确的是(　　)。

A. 出纳李某离职，公司安排总账会计张某监交

B. 总账会计张某离职，公司安排工资核算会计刘某监交

C. 工资核算会计刘某离职，公司安排财务经理赵某监交

D. 财务经理赵某离职，公司安排人力资源主任丁某监交

29. 根据会计法律的规定，A 单位发生的下列事项中，需要进行会计核算的是(　　)。

A. 签订了一笔 80 万元的购销合同

B. 购进了一台价值 60 万元的机器设备

C. 从银行借入 3 个月的短期借款 40 万元

学号：______ 班级：______ 姓名：______

密 封 线 内 不 要 答 题

财经类对口单招考试专业能力测试模拟题十

一、单项选择题(20 个小题，每小题 2 分，共 40 分)

1. 下列各项中，要求企业提供的会计信息应当反映与企业财务状况、经营成果和现金流量有关的所有重要交易或者事项的会计信息质量要求是(　　)。

A. 重要性　　B. 及时性

C. 相关性　　D. 可理解性

2. 下列关于会计职业道德的表述，正确的是(　　)。

A. 会计职业道德具有很强的他律性

B. 会计职业道德的表现形式必须是成文规定

C. 会计职业道德侧重于调整会计人员的外在行为

D. 会计职业道德是指在会计职业活动中应当遵循的、体现会计职业特征的、调整会计职业关系的职业行为准则和规范

3. 下列不属于会计职能的是(　　)。

A. 核算与监督　　B. 分析与考核

C. 预测与决策　　D. 行政职能

4. 某企业采购员预借差旅费，所引起的变动为(　　)。

A. 一项资产增加，一项负债增加

B. 一项资产增加，另一项资产减少

C. 一项资产减少，一项负债减少

D. 一项负债增加，另一项负债减少

5. 复式记账的理论依据是(　　)。

A. 借贷记账法　　B. 收付记账法

C. 增减记账法　　D. 资产与权益的平衡关系

6. 不能通过资产负债表了解的会计信息是(　　)。

A. 企业负债的来源和构成　　B. 企业经济资源的分布情况

C. 所有者权益的构成　　D. 现金的流入流出情况

7. 某企业 2020 年 4 月 1 日从银行借入期限为 5 年的长期借款 100 万元，该企业编制 2024 年 12 月 31 日的资产负债表时，此项长期借款应该填入的项目是(　　)。

A. 长期借款　　B. 短期借款

29. 下列关于《会计法》的表述，正确的是(　　)。

A.《会计法》是会计法律制度中层次最高的法律规范

B.《会计法》是国家统一的会计制度

C.《会计法》是指导会计工作的最高准则

D.《会计法》是制定其他会计法规的依据

30. 根据税收征收管理法律制度的规定，下列各项中，属于纳税人权利的有(　　)。

A. 陈述权　　B. 核定税款权

C. 税收监督权　　D. 要求保密权

31. 根据增值税法律制度规定，下列行为中，属于混合销售行为的有(　　)。

A. 商场销售空调并提供安装服务

B. 酒店提供住宿服务并销售烟酒

C. 装修公司提供建筑设计服务同时销售建筑材料

D. 家具店销售沙发并负责送货上门

32. 企业的下列支出，可以在计算应纳税所得额时加计扣除的有(　　)。

A. 制造业企业的研发费用

B. 安置残疾人所支付的工资

C. 企业购置安全生产专用设备的投资

D. 企业发生的技术转让成本

33. 根据企业所得税法律制度的规定，下列关于企业所得税征纳方法正确的有(　　)。

A. 按年计征　　B. 分月或分季预缴

C. 年度汇算清缴　　D. 多退少补

34. 下列支出中，在计算个人所得税经营所得应纳税所得额时，不得扣除的有(　　)。

A. 个人所得税税款　　B. 支付给员工的工资

C. 用于个人和家庭的支出　　D. 未经核准计提的准备金

35. 税收的特征包括(　　)。

A. 强制性　　B. 无偿性

C. 固定性　　D. 灵活性

三、判断题(15 个小题，每小题 1 分，共 15 分)

36. 会计职业道德是对会计法律制度的重要补充，会计法律制度是对会计职业道德的最低要求。(　　)

37. 在会计核算过程中，采用货币为主要计量单位。(　　)

38. 资产，是指企业未来的交易或者事项形成的、由企业拥有或者控制的、预期会给企业带来经济利益的资源。(　　)

20. 纳税人未按规定期限缴纳税款，税务机关责令限期缴纳，并从滞纳之日起，按日加收滞纳税款(　　)的滞纳金。

A. 千分之五　　　　B. 万分之五

C. 千分之三　　　　D. 万分之三

二、多项选择题(15 个小题，每小题 3 分，共 45 分)

21. 对会计信息质量的可靠性要求是指(　　)。

A. 内容完整　　　　B. 数字准确

C. 资料可靠　　　　D. 对应关系清楚

22. 下列组织可以作为一个会计主体进行核算的是(　　)。

A. 多家公司组成的企业集团　　　　B. 生产车间

C. 分公司　　　　D. 独资企业

23. 下列属于会计基本职能的有(　　)。

A. 预测职能　　　　B. 反映职能

C. 决策职能　　　　D. 控制职能

24. 下列影响当期营业利润的有(　　)。

A. 营业外收入　　　　B. 管理费用

C. 制造费用　　　　D. 主营业务收入

25. 利润表可以根据下列(　　)账户的发生额分析填列。

A. 主营业务收入　　　　B. 管理费用

C. 长期待摊费用　　　　D. 所得税费用

26. 结账前，通过财产清查发现的财产物资的(　　)应及时按照规定转账。

A. 盘盈　　　　B. 毁损

C. 盘亏　　　　D. 出售

27. 中国会计学会是财政部所属由全国会计领域各类专业组织，以及会计理论界、实务界会计工作者自愿组成的(　　)社会组织。

A. 学术性　　　　B. 专业性

C. 非营利性　　　　D. 营利性

28. A 公司会计小王在办理业务时，发现入库单的数量与采购发票不符，经查是仓库库管小刘入库时填写数量有误，会计小王采取的下列措施符合会计法律制度规定的是(　　)。

A. 由库管小刘写出书面说明，并加盖公司公章后入账

B. 将入库单退给小刘，由小刘重新填一张正确的入库单入账

C. 直接按正确数量入账

D. 将入库单退给小刘，小刘将数量更正后，在更正处加盖单位印章

学号：________ 班级：________ 姓名：________

密 封 线 内 不 要 答 题

财经类对口单招考试专业能力测试模拟题九

一、单项选择题(20 个小题，每小题 2 分，共 40 分)

1. 对某一会计事项有多种不同的方法可供选择时，应尽可能选择可以避免虚增企业利润的会计处理方法，这样做所遵循的是会计信息质量(　　)的要求。

A. 重要性　　B. 谨慎性

C. 客观性　　D. 实质重于形式

2. 下列有关会计信息质量要求、会计六要素和会计计量属性的说法，正确的是(　　)。

A. 融资租赁固定资产当作自有资产入账，体现了谨慎性的质量要求

B. 出售无形资产导致经济利益流入企业属于收入，应计入其他业务收入

C. 采用公允价值计量，指资产按照预计从其持续使用和最终处置中所产生的未来净现金流入量的折现金额计量

D. 企业在对会计要素进行计量时，一般应当采用历史成本

3. 会计职业道德的基础是(　　)。

A. 爱岗敬业　　B. 诚实守信

C. 客观公正　　D. 坚持准则

4. 关于会计报表下述说法不正确的是(　　)。

A. 可以全面、系统地向有关各方提供财务信息

B. 财务报表可以按不同的标准进行分类

C. 财务报表有动态报表和静态报表之分

D. 为按时编制和报送财务报表，可以先编制报表，然后再进行对账

5. 下列可以根据账户余额直接填列的项目是(　　)。

A. 货币资金　　B. 存货

C. 盈余公积　　D. 固定资产

6. (　　)只能在结账、划线、改错和冲账时使用。

A. 蓝黑墨水笔　　B. 圆珠笔

C. 铅笔　　D. 红色墨水笔

7. 财产清查中盘盈的固定资产，经批准后应记入(　　)账户。

A. 以前年度损益调整　　B. 财务费用

C. 营业外支出　　D. 管理费用

B. 对委托人提出的有关会计处理原则问题应当予以解释

C. 对委托人示意要求作出的会计处理，按要求作出处理

D. 按照委托合同办理代理记账业务

29. 中国总会计师协会是财政部所属的(　　)的全国非营利一级社团组织，是总会计师行业的全国自律组织。

A. 跨地区　　B. 跨专业

C. 跨部门　　D. 跨行业

30. 根据个人所得税法律制度的规定，居民个人取得的下列所得中，不属于综合所得的是(　　)。

A. 财产租赁所得　　B. 稿酬所得

C. 利息、股息、红利所得　　D. 财产转让所得

31. 根据增值税法律制度规定，下列业务属于视同销售征收增值税的有(　　)。

A. 某连锁酒店为受灾群众免费提供食宿

B. 某企业将购进的机床投资给甲有限责任公司

C. 某企业将新开发的产品赠送给客户

D. 某饮料厂将自产的凉茶发放给员工

32. 根据增值税法律制度的规定，增值税一般纳税人企业下列进项税额，不得从销项税额中扣除的有(　　)。

A. 居民日常服务　　B. 安装服务

C. 贷款服务　　D. 娱乐服务

33. 根据企业所得税法律制度的规定，下列固定资产在计算企业所得税应纳税所得额时不得计算折旧扣除的是(　　)。

A. 尚未投入使用的机器设备

B. 以经营租赁方式租入的检测设备

C. 以融资租赁方式租出的大型设备

D. 已足额提取折旧仍继续使用的办公设备

34. 根据个人所得税法律规定，子女教育专项附加扣除的范围包括(　　)。

A. 年满 3 岁至小学入学前处于学前教育阶段子女的教育

B. 义务教育阶段子女的教育

C. 高中教育阶段子女的教育

D. 高等教育阶段子女的教育

35. 根据我国《税收征收管理法》的规定，纳税申报的方式有(　　)。

A. 直接申报　　B. 邮寄申报

A. 持续经营和会计分期确定了会计核算的时间范围

B. 会计核算以货币作为基本计量单位

C. 一个法律主体必然是一个会计主体

D. 会计主体确立了会计核算的空间范围

22. 下列各项中，对会计计量属性及其应用表述正确的有(　　)。

A. 固定资产盘盈应按重置成本计量

B. 可变现净值是指存货的预计销售价格

C. 现值是指对未来现金流量以恰当的折现率进行折现后的价值

D. 市场参与者在破产清算时，出售一项资产所能收到的价格是公允价值

23. 下列属于会计信息质量要求的有(　　)。

A. 权责发生制　　B. 谨慎性

C. 相关性　　D. 可比性

24. 以下属于资产的有(　　)。

A. 正在安装没有完工的机器设备

B. 计划下月购入的原材料

C. 融资租入的设备

D. 经营租出的设备

25. 下列会计科目中，可能成为本年利润对应科目的有(　　)。

A. 财务费用　　B. 投资收益

C. 制造费用　　D. 利润分配

26. 下列经济业务中，不会引起资产或权益总额发生变化的是(　　)。

A. 以银行存款偿还前欠货款

B. 从银行取得借款存入银行

C. 收回前欠货款

D. 购买原材料以银行存款支付货款

27. 地方性会计法规包括(　　)。

A. 市、县、区级人民代表大会及其常务委员会制定的规范性文件

B. 省、自治区、直辖市人民代表大会及其常务委员会制定的规范性文件

C. 计划单列市的人民代表大会及其常务委员会制定的规范性文件

D. 经济特区的人民代表大会及其常务委员会制定的规范性文件

28. 根据《代理记账管理办法》的规定，属于代理记账机构及其从业人员应承担的义务包括(　　)。

A. 对在执行业务中知悉的商业秘密应当保密

学号：________ 班级：________ 姓名：________

密 封 线 内 不 要 答 题

财经类对口单招考试专业能力测试模拟题八

一、单项选择题(20 个小题，每小题 2 分，共 40 分)

1. 企业应当以实际发生的交易或者事项为依据进行会计确认、计量和报告，如实反映符合确认和计量要求的各项会计要素及其他相关信息，这符合(　　)。

A. 可比性原则　　B. 可靠性原则

C. 谨慎性原则　　D. 重要性原则

2. 企业会计分期存在的依据是(　　)。

A. 会计主体　　B. 权责发生制

C. 持续经营　　D. 货币计量

3. 某企业 2 年前 20 万元购买的一台设备，累计已提取折旧 4 万元，现在市场上购买同样的设备需要 15 万元，则在会计计量时该设备的历史成本和重置成本分别为(　　)。

A. 20 万元和 15 万元　　B. 16 万元和 11 万元

C. 16 万元和 15 万元　　D. 20 万元和 16 万元

4. 企业资产期初总额为 200 万元，所有者权益期初总额为 160 万元，在将 20 万元负债转为投入资本后，负债总额为(　　)万元。

A. 40　　B. 20

C. 360　　D. 200

5. 反映企业某一特定日期财务状况的会计报表是(　　)。

A. 资产负债表　　B. 所有者权益变动表

C. 现金流量表　　D. 利润表

6. “生产成本”账户的借方发生额表示(　　)。

A. 本月投入生产实际发生的各项费用

B. 转出完工产品成本

C. 尚未完工产品成本

D. 库存产成品的成本

7. 某公司 2024 年 2 月营业收入 90 万元，营业成本 58 万元，管理费用 1 万元，财务费用 2 万元，销售费用 2.5 万元，投资收益 3 万元，资产减值损失 1 万元，营业外收入 1 万元，营业外支出 12 万元，则本月营业利润为(　　)万元。

A. 28.3　　B. 28.5

27. 会计法律制度，是指国家权力机关和行政机关制定的，用于调整会计关系的各种法律、法规、规章和规范性文件的总称，包括(　　)。

A. 会计法律　　　　B. 会计行政法规

C. 国家统一的会计制度　　　　D. 地方性会计法规

28. 根据《会计基础工作规范》的规定，会计工作交接完毕后，(　　)在移交清册上签名或盖章。

A. 移交人员　　　　B. 接收人员

C. 监交人　　　　D. 上级主管部门人员

29. 会计人员的回避制度适用于(　　)。

A. 国家机关　　　　B. 国有企业

C. 事业单位　　　　D. 小微企业

30. 根据增值税法律制度的规定，下列各项中，购进货物的进项税额准予从销项税额中抵扣的有(　　)。

A. 将购进的货物无偿赠送给客户

B. 将购进的货物作为投资提供给被投资单位

C. 将购进的货物用于本单位集体福利

D. 将购进的货物分配给股东

31. 税务机关在税款征收过程中，可以根据不同情况采取相应的税款征收措施，下列各项中属于税款征收措施的有(　　)。

A. 罚款　　　　B. 责令缴纳

C. 税收保全　　　　D. 责令提供纳税担保

32. 下列关于增值税销项税额的表述，正确的有(　　)。

A. 销项税额=不含税销售额×增值税税率

B. 销售额为纳税人发生应税销售行为向购买方收取的全部价款和价外费用，包括收取的销项税额

C. 含税销售额换算为不含税销售额的公式为：不含税销售额=含税销售额÷(1+增值税税率)

D. 纳税人发生视同销售业务，无销售额情况下，应由主管税务机关核定其销售额

33. 增值税的税率包括(　　)。

A. 13%　　　　B. 9%

C. 6%　　　　D. 0%

34. 根据企业所得税法律制度规定，企业所得税的纳税人包括(　　)。

A. 国有企业　　　　B. 私营企业

C. 购买了某企业打折销售的服装

D. 购买手机时获赠耳机一副

20. 经(　　)批准，税务机关可以查询从事生产、经营的纳税人、扣缴义务人在银行或者其他金融机构的存款账户。

A. 县以上税务局(分局)局长

B. 设区的市、自治州以上税务局(分局)局长

C. 国家税务总局局长

D. 财政部部长

二、多项选择题(15个小题，每小题3分，共45分)

21. 为了充分体现会计信息质量的及时性要求，企业正确的做法应当包括(　　)。

A. 及时收集整理各种会计凭证

B. 对已经发生的交易或事项及时进行确认

C. 对已经发生的交易或事项及时进行计量

D. 编制并向使用者报送相关的财务报告

22. 下列属于会计职业道德规范主要内容的有(　　)。

A. 爱岗敬业　　B. 强化服务

C. 提高技能　　D. 廉洁自律

23. 下列对会计核算基本前提的表述恰当的是(　　)。

A. 持续经营和会计分期确定了会计核算的空间范围

B. 货币计量为会计核算提供了必要的手段

C. 一个会计主体必然是一个法律主体

D. 会计主体确立了会计核算的空间范围

24. 下列关于“所得税费用”账户表述正确的有(　　)。

A. 该账户是损益类

B. 该账户按应纳税所得额乘以所得税税率计算得出

C. 期末，该账户转入“本年利润”账户的贷方

D. 期末结转后账户无余额

25. 下列属于营业利润的项目是(　　)。

A. 管理费用　　B. 投资收益

C. 其他业务收入　　D. 营业外收入

26. 资产负债表中的“存货”项目反映的内容包括(　　)。

A. 原材料　　B. 工程物资

C. 委托加工物资　　D. 生产成本

学号：________ 班级：________ 姓名：________

密封线内不要答题

财经类对口单招考试专业能力测试模拟题七

一、单项选择题(20个小题，每小题2分，共40分)

1. 企业将融资租赁方式租入的设备作为企业的资产进行会计核算，这体现了(　　)要求。

A. 谨慎性　　B. 重要性

C. 实质重于形式　　D. 及时性

2. 会计利用货币计价，主要从(　　)方面反映经济活动。

A. 生产经营活动　　B. 实物

C. 数量　　D. 价值量

3. 下列关于会计计量属性的表述中，错误的是(　　)。

A. 历史成本反映的是资产过去的价值

B. 重置成本是取得相同或相似资产的现行成本

C. 现值是取得某项资产在当前需要支付的现金或其他等价物

D. 公允价值是指市场参与者在计量日发生的有序交易中，出售一项资产所能收到或转移一项负债所需支付的价格

4. 下列关于收入和利得的表述中，正确的是(　　)。

A. 收入源于日常活动，利得也可能源于日常活动

B. 收入会影响利润，利得也一定会影响利润

C. 收入源于日常活动，利得源于非日常活动

D. 收入会导致所有者权益的增加，利得不一定会导致所有者权益的增加

5. 下列业务中，引起所有者权益有增有减的经济业务是(　　)。

A. 收到投资者投入的设备

B. 以银行存款偿还银行借款

C. 将资本公积转增注册资本

D. 以厂房对外投资

6. 甲公司销售一批产品，价款40 000元，增值税进项税额5 200元，支付代垫运费500元，增值税进项税额45元，款项均未收到，则应收账款为(　　)元。

A. 45 745　　B. 45 200

C. 45 700　　D. 40 500

B. 个人出租房屋取得房屋租金属于财产租赁所得

C. 个人转让自有商铺获利属于财产租赁所得

D. 个人持有甲公司股权，分得本年度股息属于利息、股息、红利所得

31. 根据增值税法律规定，以下适用9%增值税税率的有(　　)。

A. 销售不动产　　B. 提供交通运输服务

C. 销售粮食等初级农产品　　D. 提供金融服务

32. 下列各项中属于购进货物的非正常损失的有(　　)。

A. 管理不善造成被盗　　B. 因管理不善霉烂变质

C. 因违反法律规定被依法没收　　D. 因自然灾害造成毁损

33. 根据企业所得税法律制度的规定，下列各项中应视同销售货物的有(　　)。

A. 将货物捐赠给福利院　　B. 将货物赞助给马拉松比赛

C. 将货物发放给职工　　D. 将货物用于广告宣传

34. 根据个人所得税法律制度的规定，个人所得税中“特许权使用费所得”包括(　　)。

A. 个人提供专利权的使用权取得的所得

B. 作者将自己的文字作品手稿原件公开拍卖取得的所得

C. 个人取得专利赔偿所得

D. 剧本作者从电影制作单位取得的剧本使用费

35. 根据税收征收管理法律制度的规定，下列各项中属于税收保全措施的有(　　)。

A. 书面通知纳税人开户银行，冻结纳税人的金额相当于应纳税款的存款

B. 扣押、查封纳税人的价值相当于应纳税款的货物

C. 书面通知其开户银行从其存款中扣缴税款

D. 拍卖所扣押的纳税人价值相当于应纳税款的财产，以拍卖所得抵交税款

三、判断题(15个小题，每小题1分，共15分)

36. 树立正确的人生观和价值观，自觉抵制享乐主义、个人主义、拜金主义的错误思想，是做到廉洁自律的思想基础。(　　)

37. 会计目标就是向财务报告使用者提供会计信息。(　　)

38. 经济业务的发生，必然会引起会计基本等式两边的金额发生变动。(　　)

39. “银行存款日记账”应定期与“银行对账单”核对，至少每年核对一次。(　　)

40. 登记账簿时，发生的空行、空页一定要补充书写，不得注销。(　　)

41. 对于财产清查结果的账务处理一般分两步进行，即审批前先调整有关账面记录，审批后转入有关账户。(　　)

42. 总会计师是主管本单位财务会计工作的行政领导，既是一种行政职务，也是一种专业技术职务。(　　)

C. 业务收支以外币为主的单位可以选择某种外币为记账本位币

D. 在境外设立的中国企业向国内报送的财务报告，应当折算为人民币

22. 根据《企业会计准则》规定，会计信息质量要求包括(　　)。

A. 及时性　　B. 相关性

C. 重要性　　D. 货币计量

23. 收到某公司投入的一台设备，原值100 000元，已提折旧15 000元，双方协商作价80 000元作为投入资本入账，则该业务涉及的账户有(　　)。

A. 固定资产　　B. 实收资本

C. 累计折旧　　D. 资本公积

24. 下列各项中，属于原始凭证必须具备的基本内容有(　　)。

A. 凭证名称、填制日期和编号　　B. 业务内容摘要

C. 接收凭证的单位名称　　D. 应借应贷的会计科目名称和金额

25. 下列各项中，(　　)可以作为原始凭证，据以调整账簿记录。

A. 现金盘点报告表　　B. 实存账存对比表

C. 盘存单　　D. 银行存款余额调节表

26. 登记现金日记账收入栏的依据有(　　)。

A. 库存现金收款凭证　　B. 库存现金付款凭证

C. 银行存款收款凭证　　D. 银行存款付款凭证

27. 会计行政法规是指由国务院制定并发布，或者国务院有关部门拟定并经国务院批准发布的法律规范，主要包括(　　)。

A.《企业财务会计报告条例》　　B.《总会计师条例》

C.《注册会计师法》　　D.《小企业会计准则》

28. 会计工作交接时，接管人员应认真按照移交手册逐项点收，下列关于交接的具体要求，说法正确的是(　　)。

A. 现金要根据会计账簿记录余额进行当面点交，不得短缺

B. 有价证券的金额应和会计账簿记录一致

C. 银行存款账户余额要与银行对账单核对相符

D. 公章、收据、空白支票、发票等以及其他物品必须交接清楚

29. 根据会计法律制度的规定，出纳不得兼管(　　)工作。

A. 稽核　　B. 会计档案保管

C. 应收账款账目登记　　D. 原材料明细账登记

30. 根据个人所得税法律制度的规定，下列各项中，说法正确的是(　　)。

A. 个人购买福利彩票中奖属于偶然所得

学号：________ 班级：________ 姓名：________

密封线内不要答题

财经类对口单招考试专业能力测试模拟题六

一、单项选择题(20 个小题，每小题 2 分，共 40 分)

1. 关于会计主体的概念，下列各项说法中不正确的是(　　)。

A. 可以是独立法人，也可以是非法人

B. 可以是一个企业，也可以是企业内部的某一个单位

C. 可以是一个单一的企业，也可以是由几个企业组成的企业集团

D. 会计主体所核算的生产经营活动也包括投资者个人的其他生产经营活动

2. 企业提供的会计信息应当有助于财务会计报告使用者对企业过去、现在或者未来的情况作出评价或者预测，这遵循的会计信息质量要求是(　　)。

A. 可靠性要求　　B. 重要性要求

C. 可理解性要求　　D. 相关性要求

3. 下列项目属于企业债权的有(　　)。

A. 投资收益　　B. 应付账款

C. 预收账款　　D. 预付账款

4. 以下会计要素的计量属性中又称为原始成本的是(　　)。

A. 历史成本　　B. 可变现净值

C. 重置成本　　D. 现值

5. 企业购进一批原材料，价款 60 000 元，增值税进项税额 7 800 元，采购员差旅费 1 000 元，装卸费 300 元，则该批原材料总成本为(　　)元。

A. 61 000　　B. 60 000

C. 60 300　　D. 68 800

6. 下列关于资产流动性描述正确的是(　　)。

A. 其他应收款的流动性强于预付账款

B. 交易性金融资产的流动性强于银行存款

C. 应收账款的流动性强于应收票据

D. 库存商品的流动性强于工程物资

7. 下列资产负债表项目中，直接根据一个总分类账户填列的是(　　)。

A. 短期借款　　B. 预收款项

C. 货币资金　　D. 应收账款

B. 飞机、火车、轮船 10 年

C. 飞机、火车、轮船以外的运输工具 10 年

D. 电子设备 3 年

31. 下列项目中，不得从销项税额中抵扣进项税额的有(　　)。

A. 购进货物用于简易计税方法计税项目

B. 非正常损失的购进货物

C. 购进的餐饮服务

D. 购进的货物用于个人消费

32. 根据企业所得税法律制度规定，下列属于居民企业的有(　　)。

A. 依法在北京成立的甲企业

B. 依法在美国成立，但实际管理机构在上海的乙企业

C. 依法在石家庄成立，但在南非设立机构、场所的丙企业

D. 依法在法国成立，在深圳设立机构、场所的丁企业

33. 下列属于企业所得税免税收入的有(　　)。

A. 国债利息收入

B. 符合条件的居民企业之间的股息、红利等权益性投资收益

C. 依法收取并纳入财政管理的政府性基金

D. 符合条件的非营利组织的收入

34. 根据个人所得税法律制度的规定，下列关于“财产租赁所得”的说法正确的有(　　)。

A. 以一个月内取得的收入为一次

B. 适用 20%的比例税率

C. 对个人按市场价格出租的居民住房取得的所得，暂减按 10%的税率征收

D. 个人将承租的房屋转租取得的收入应按“财产租赁所得”项目计税

35. 根据我国《税收征收管理法》的规定，下列不需要办理税务登记的有(　　)。

A. 国家机关

B. 个人

C. 企业的分支机构

D. 无固定生产经营场所的流动性农村小商贩

三、判断题(15 个小题，每小题 1 分，共 15 分)

36. 企业 2024 年 8 月购入一台电脑，价值 80 000 元，则 80 000 元为现值。(　　)

37. 在会计工作中表现出懒、惰、拖的不良行为，违背了诚实守信的职业道德。(　　)

38. 固定资产和累计折旧都属于资产类账户，借方登记增加数，贷方登记减少数，余额一般在借方。(　　)

A. 无形资产增加5万元　　　　B. 短期借款减少5万元

C. 应收账款减少5万元　　　　D. 实收资本减少5万元

23. 下列各项中，符合收入会计要素定义的是(　　)。

A. 收到投资者投入资金　　　　B. 出售材料收入

C. 收到提供劳务收入　　　　D. 收取包装物押金

24. 报销差旅费，退回多余现金业务，通常编制的记账凭证有(　　)。

A. 现金收款凭证　　　　B. 转账凭证

C. 银行存款收款凭证　　　　D. 银行存款付款凭证

25. “制造费用”明细账一般采用(　　)。

A. 活页式账簿　　　　B. 订本式账簿

C. 借方多栏式账页　　　　D. 贷方多栏式账页

26. 属于资产负债表中所有者权益的项目是(　　)。

A. 其他综合收益　　　　B. 资本公积

C. 盈余公积　　　　D. 未分配利润

27. 根据会计法律制度的规定，使用电子计算机进行会计核算的，会计资料也必须符合国家统一的会计制度的规定。这里的会计资料包括(　　)。

A. 会计软件　　　　B. 会计软件生成的会计凭证

C. 会计软件生成的会计账簿　　　　D. 会计软件生成的财务会计报告

28. 根据《会计档案管理办法》的规定，不得销毁的会计档案有(　　)。

A. 未到保管期的会计档案

B. 保管期满但未结清的债权会计凭证

C. 保管期满但未结清的债务会计凭证

D. 保管期满但涉及其他未了事项的会计凭证

29. 根据会计法律制度的规定，会计机构和会计人员应对下列(　　)事项进行监督。

A. 应对原始凭证进行审核和监督

B. 对伪造、变造、故意毁灭会计账簿或账外设账行为，应当制止和纠正，制止和纠正无效的，应当向单位负责人报告，请求作出处理

C. 应对实物、款项进行监督，督促建立并严格执行财产清查制度

D. 对违反单位内部会计管理制度的经济活动，应当制止和纠正，制止和纠正无效的，应当向上级主管单位报告，请求处理

30. 根据企业所得税法律制度的规定，下列关于固定资产最低折旧年限的说法，正确的是(　　)。

A. 房屋、建筑物20年

学号：________ 班级：________ 姓名：________

密 封 线 内 不 要 答 题

财经类对口单招考试专业能力测试模拟题五

一、单项选择题(20 个小题，每小题 2 分，共 40 分)

1. 根据我国企业会计准则，企业对会计要素进行计量时，一般应采用的计量属性是(　　)。

A. 重置成本　　B. 历史成本

C. 现值　　D. 公允价值

2. 下列各项中，不符合“费用”要素定义的有(　　)。

A. 企业财务部门的办公费

B. 企业对外捐赠支出

C. 企业生产间的水电费

D. 企业支付的借款利息

3. 会计人员应了解和掌握《会计法》和国家统一的会计制度及相关的会计法律制度，这是会计职业道德中(　　)的基本要求。

A. 爱岗敬业　　B. 诚实守信

C. 坚持准则　　D. 客观公正

4. 在借贷记账法下，某公司“盈余公积“账户期初余额为 5 万元，本月借方发生额为 2 万元，期末余额为 6 万元，则本月贷方发生额为(　　)万元。

A. 3　　B. 1

C. 9　　D. 13

5. 资产负债表中资产各项目是按(　　)排列的。

A. 流动性　　B. 偿还期

C. 重要性　　D. 变现能力

6. 下列资产负债表项目中，根据几个总账余额汇总列报的是(　　)。

A. 其他应付款　　B. 应付账款

C. 长期借款　　D. 实收资本

7. 根据财产清查的处理原则，对在财产清查中发现的应付账款无法支付的部分，应(　　)。

A. 冲减企业管理费用　　B. 增加企业的营业外收入

C. 冲减企业财务费用　　D. 增加企业的其他业务收入

C. 农产品销售发票　　　　D. 代扣代缴税款的完税凭证

33. 根据增值税法律制度的规定，增值税纳税人分为一般纳税人和小规模纳税人的划分标准有(　　)。

A. 经营规模大小　　　　B. 信用是否良好

C. 经营是否盈利　　　　D. 会计核算是否健全

34. 根据企业所得税法律制度规定，企业所得税中收入总额包括(　　)。

A. 销售货物收入　　　　B. 接受捐赠收入

C. 转让财产收入　　　　D. 特许权使用费收入

35. 根据个人所得税法律制度的规定，下列人员中属于 2024 年度居民纳税人的有(　　)。

A. 在中国境内有住所的杰克

B. 在中国境内无住所，但 2024 年度内在中国境内居住累计满 183 天的丹尼

C. 在中国境内无住所又不居住的斯蒂文

D. 在中国境内无住所，2024 年度在中国境内居住 150 天的珍妮

三、判断题(15 个小题，每小题 1 分，共 15 分)

36. 我国的会计年度是公历 1 月 1 日起至 12 月 31 日止。(　　)

37. 会计信息的重要性依赖职业判断，企业应当根据其所处环境和实际情况，从项目的性质和金额大小两方面加以判断。(　　)

38. 企业收回以前的销货款存入银行，这笔业务的发生意味着资产总额增加。(　　)

39. 从外单位取得的原始凭证，可以没公章，但必须有经办人员的签名或盖章。(　　)

40. 对于未达账项应编制银行存款余额调节表进行调节，同时将未达账项编制记账凭证登记入账。(　　)

41. 参与管理就是直接参加管理活动，为管理者当参谋，为管理活动服务。(　　)

42. 中央军事委员会有关部门可以依照《会计法》和国家统一的会计制度制定军队实施国家统一的会计制度的具体办法，抄送国务院财政部门。(　　)

43. 根据会计法律制度的规定，会计工作岗位，可以一人一岗、一人多岗、一岗多人或多人多岗。(　　)

44. 移交人员因病或其他特殊原因不能亲自办理移交手续的，经会计机构负责人或会计主管批准，可由移交人委托他人代办交接。(　　)

45. 销售额为纳税人发生应税销售行为向购买方收取的全部价款和价外费用，包括收取的销项税额。(　　)

46. 纳税人发生应税销售行为的价格明显偏低并无正当理由的，由主管税务机关核定其销售额。(　　)

C. 费用表现为负债的减少

D. 费用会导致企业所有者权益的增加

23. 下列会计处理方法中，基于会计分期假设的有(　　)。

A. 应收　　B. 应付

C. 预提　　D. 待摊

24. 在科目汇总表核算程序下，记账凭证是用来(　　)的依据。

A. 登记现金日记账　　B. 登记银行存款日记账

C. 登记明细账　　D. 登记总账

25. 账实核对中的“实”包括(　　)。

A. 库存现金　　B. 银行存款

C. 实物资产　　D. 往来款项

26. 利润包括(　　)。

A. 收入减去费用后的净额　　B. 直接计入当期利润的利得和损失

C. 资本溢价　　D. 从银行借入的款项

27. 会计核算的内容是各单位发生的各种应当进行会计核算的经济业务，甲企业收到A公司投资款40万元存入银行，涉及会计核算的(　　)内容。

A. 资产的增减和使用　　B. 负债的增减

C. 净资产的增减　　D. 收入、支出、费用、成本的增减

28. 根据《会计档案管理办法》的规定，(　　)不负责主管全国的会计档案工作。

A. 财政部　　B. 国务院财政部门

C. 国家档案局　　D. 会计档案管理机构

29. 目前，我国会计行业的自律管理组织主要有(　　)。

A. 中国注册会计师协会　　B. 中国会计学会

C. 中国会计协会　　D. 中国总会计师协会

30. 根据企业所得税法律制度的规定，企业按照规定缴纳的下列税金中，在计算企业所得税应纳税所得额时准予扣除的是(　　)。

A. 增值税　　B. 车船税

C. 消费税　　D. 印花税

31. 以下属于我国现行税率的有(　　)。

A. 比例税率　　B. 定额税率

C. 超额累进税率　　D. 全额累进税率

32. 下列各项中，准予从销项税额中抵扣的票据有(　　)。

A. 增值税专用发票　　B. 海关进口增值税专用缴款书

学号：________ 班级：________ 姓名：________

密封线内不要答题

财经类对口单招考试专业能力测试模拟题四

一、单项选择题(20 个小题，每小题 2 分，共 40 分)

1. 在下列会计核算的一般原则中，考虑到企业可能发生的风险，并采取相应账务处理的是(　　)。

A. 重要性　　B. 相关性

C. 谨慎性　　D. 可靠性

2. 东风汽车制造厂生产的汽车对于企业来讲属于(　　)。

A. 固定资产　　B. 流动资产

C. 无形资产　　D. 其他资产

3. “常在河边走，就是不湿鞋”体现了会计职业道德中(　　)的要求。

A. 爱岗敬业　　B. 诚实守信

C. 廉洁自律　　D. 客观公正

4. 公司销售产品价 10 万元，未收款，则此业务表现为(　　)。

A. 收入增加　　B. 资产减少

C. 费用增加　　D. 负债增加

5. 某企业期初资产总额为 200 万元，当发生下列三笔业务后：(1)向银行借款 30 万元存入银行(2)银行存款偿还前欠货款 10 万元(3)收回应收账款 5 万元存入银行，其资产总额为(　　)万元。

A. 170　　B. 220

C. 225　　D. 215

6. 企业采购原材料一批，价款 50 000 元，增值税进项税额 6 500 元，材料尚未收到，价税款均以银行存款支付，此项业务不会涉及的账户有(　　)。

A. 在途物资　　B. 银行存款

C. 应付账款　　D. 应交税费

7. 下列业务中，应该编制现金收款凭证的是(　　)。

A. 从银行提取现金　　B. 出售一批产品已收款存入银行

C. 出售一批产品，款未收　　D. 采购员出差归来，退回多余现金

8. 根据会计法律制度的规定，下列情形中，不属于会计违法行为的是(　　)。

A. 随意变更会计处理方法的行为

项需进行会计记录和会计核算。

A. 销售产品，款未收　　　　　B. 签订购销合同

C. 商业会谈，达成协议　　　　D. 摊销本月报刊费

29. 根据《会计档案管理办法》的规定，下列表述中正确的是(　　)。

A. 满足法定条件，属于归档范围的电子会计资料可仅以电子形式保存，形成电子会计档案

B. 单位保存的会计档案一般不得对外借出

C. 单位会计管理机构临时保管会计档案最长不超过一年

D. 会计档案的保管期限，从会计年度终了后的第一天算起

30. 根据增值税法律制度的规定，适用于6%税率的是(　　)。

A. 基础电信服务　　　　　B. 增值电信服务

C. 销售无形资产　　　　　D. 金融服务

31. 以下属于流转税类的税种有(　　)。

A. 增值税　　B. 消费税　　C. 关税　　D. 房产税

32. 根据纳税人的经营规模和会计核算是否健全，增值税的纳税人分为(　　)。

A. 一般纳税人　　　　　B. 小规模纳税人

C. 扣缴义务人　　　　　D. 负税人

33. 企业从事下列项目的所得，免征企业所得税的有(　　)。

A. 蔬菜、谷物、薯类的种植　　　　　B. 海水养殖

C. 牲畜、家禽的饲养　　　　　D. 远洋捕捞

34. 根据个人所得税法律制度规定，下列各项中属于个人所得税纳税人的有(　　)。

A. 个人独资企业的合伙人　　　　　B. 一人有限公司

C. 合伙企业的投资人　　　　　D. 中国公民

35. 纳税人发生的下列行为中，由税务机关责令限期改正，可以处2 000元以下的罚款，情节严重的处2 000元以上1万元以下罚款的有(　　)。

A. 未按照规定保管账簿的

B. 未按照规定将财务会计制度报送税务机关备查的

C. 未按照规定将全部银行账号向税务机关报告的

D. 改动税控装置的

三、判断题(15个小题，每小题1分，共15分)

36. 可比性要求企业采用的会计处理方法和程序前后各期应当一致，不得变更。(　　)

37. 会计分期这一会计假设界定了会计核算的时间范围。(　　)

38. 资产是企业过去的交易或者事项形成的，由企业拥有，预期会给企业带来经济利益

二、多项选择题(15 个小题，每小题 3 分，共 45 分)

21. 费用的发生可能表现为(　　)。

A. 资产的增加　　　　B. 资产的减少

C. 负债的增加　　　　D. 利润的减少

22. 谨慎性要求在进行会计核算时，在不影响合理选择的情况下，做到(　　)。

A. 选择不虚增利润和夸大所有者权益的会计处理方法

B. 合理核算可能发生的损失和费用

C. 合理核算可能发生的收入和利润

D. 合理估计可能发生的负债

23. 关于科目汇总表核算程序的说法，正确的有(　　)。

A. 科目汇总表核算程序可以大大减轻总账的登记工作

B. 科目汇总表核算程序可以对发生额进行试算平衡

C. 科目汇总表核算程序下总账能明确反映账户的对应关系

D. 科目汇总表核算程序适用于规模大、业务量多的单位

24. 对于库存现金的清查，下列说法正确的有(　　)。

A. 库存现金应该每日清点一次

B. 库存现金应该采用实地盘点法

C. 在清查过程中可以用借条、收据冲抵库存现金

D. 要根据盘点结果编制“现金盘点报告表”

25. 各种账务处理程序下，登记明细账的依据可以是(　　)。

A. 原始凭证　　　　B. 汇总原始凭证

C. 记账凭证　　　　D. 汇总记账凭证

26. 企业履行现时义务清偿负债的方式可以是(　　)。

A. 以实物资产方式偿还　　　　B. 以提供劳务方式偿还

C. 以货币资金方式偿还　　　　D. 将负债转化为资本

27. 根据《会计法》的规定，有下列(　　)违法行为的，应由县级以上人民政府财政部门责令限期改正，给予警告、通报批评，对单位可以并处 20 万元以下的罚款，对直接负责的主管人员和其他责任人员可以处 5 万元以下罚款。

A. 不依法设置会计账簿的行为

B. 伪造、变造会计凭证的行为

C. 未按照规定保管会计资料，致使会计资料毁损、灭失的行为

D. 向不同的会计资料使用者提供的财务会计报告编制依据不一致的行为

28. 并非所有实际发生的经济业务事项都需要进行会计记录和会计核算，下列(　　)事

学号：________ 班级：________ 姓名：________

密 封 线 内 不 要 答 题

财经类对口单招考试专业能力测试模拟题三

一、单项选择题(20个小题，每小题2分，共40分)

1. 下列各项中，不属于企业资产项目的是(　　)。

A. 库存现金　　B. 应收票据

C. 应收账款　　D. 预收账款

2. 潘序伦先生倡导："信以立志，信以守身，信以处事，信以待人，毋忘立信，当必有成。"这句话体现了会计职业道德中(　　)的要求。

A. 诚实守信　　B. 客观公正

C. 坚持准则　　D. 廉洁自律

3. 下列关于会计计量属性的表述中，错误的是(　　)。

A. 历史成本反映的是资产过去的价值

B. 重置成本是取得相同或相似资产的现行成本

C. 现值是取得某项资产在当前需要支付的现金或其他等价物

D. 公允价值是指市场参与者在计量日发生的有序交易中，出售一项资产所能收到或转移一项负债所需支付的价格

4. 企业期初资产总额300万元，发生如下经济业务：(1)收到外单位投资50万元存入银行；(2)从银行提取现金2 000元；(3)收到前欠货款30万元存入银行；(4)以盈余公积转增注册资本30万元。则期末资产总额为(　　)万元。

A. 300　　B. 350

C. 380　　D. 410

5. 实际支付短期借款利息时，如果支付的是尚未计提的利息，则会计处理为(　　)。

A. 借：短期借款

　　贷：银行存款

B. 借：应付利息

　　贷：银行存款

C. 借：财务费用

　　贷：银行存款

D. 借：财务费用

　　贷：应付利息

C.《注册会计师法》　　　　D.《代理记账管理办法》

29. 一个单位是否需要设置会计机构，一般取决于(　　)因素。

A. 单位规模的大小　　　　B. 经济业务和财务收支的繁简

C. 单位股东表决　　　　D. 经营管理的要求

30. 从价税是以价格为标准从量计征的税种，也称从价计征，下列选项中，(　　)属于从价税。

A. 增值税　　　　B. 企业所得税

C. 城市维护建设税　　　　D. 消费税

31. 按税收计征标准的不同，税收可分为(　　)。

A. 从量税　　　　B. 从价税

C. 复合税　　　　D. 价外税

32. 根据增值税法律制度的规定，销售额为纳税人发生应税销售行为向购买方收取的全部价款和价外费用，下列各项中属于价外费用的是(　　)。

A. 违约金　　　　B. 包装物租金

C. 包装物押金　　　　D. 返还利润

33. 根据企业所得税法律制度的规定，下列属于确定小型微利企业条件的有(　　)。

A. 从事国家非限制和禁止行业　　　　B. 年度应纳税所得额不超过 300 万元

C. 从业人数不超过 300 人　　　　D. 资产总额不超过 5 000 万元

34. 根据个人所得税法律规定，居民取得的综合所得，以每一纳税年度的收入额减除(　　)后的余额，为应纳税所得额。

A. 费用 60 000 元　　　　B. 专项扣除

C. 专项附加扣除　　　　D. 依法确定的其他扣除

35. 下列关于发票的开具和使用规定，正确的有(　　)。

A. 填开发票的单位和个人必须在发生经营业务确认营业收入时开具发票

B. 取得发票时可以要求对方变更品名和金额

C. 开具发票时应当全部联次一次性如实开具

D. 不可以转借、转让发票

三、判断题(15 个小题，每小题 1 分，共 15 分)

36. 会计的监督职能是指对特定主体经济活动和相关会计核算的真实性、合法性进行审查。(　　)

37. 会计要素中的资产负债和所有者权益是反映企业财务状况的静态要素。(　　)

38. 采用划线更正法时，只要将账页中个别错误的数字划上红线，再填上正确的数字就可以了。(　　)

D. 提高技能是会计人员在职业活动中做到客观公正、坚持准则的基础，是参与管理的前提

22. 采用权责发生制基础时，下列业务中能确认为当期费用的有(　　)。

A. 支付下一年的报刊杂志费　　B. 预提本月短期借款利息

C. 预付下季度房租　　D. 支付本月电费

23. 下列属于会计职能的是(　　)。

A. 核算与监督　　B. 分析与考核

C. 预测与决策　　D. 行政职能

24. 账簿登记规则包括(　　)。

A. 记账必须有依据

B. 按页次顺序连续登记

C. 账簿记录发生错误时，不得刮擦、挖补或用褪色药水更改字迹，而应采用规定的方法更正

D. 库存现金日记账和银行存款日记账不需逐日结出余额

25. 下列各项中，不属于企业资产的有(　　)。

A. 其他企业存放在本企业仓库中的产品

B. 经营租入的固定资产

C. 在产品成本

D. 盘亏的固定资产

26. 下列各项中，使会计等式“资产=负债+所有者权益”左右两边总额保持不变的交易或事项有(　　)。

A. 股份有限公司宣告发放现金股利

B. 支付租入包装物押金

C. 将现金存入银行

D. 偿还前欠货款

27. 根据《会计基础工作规范》的规定，下列(　　)情况需办理会计工作交接。

A. 会计人员调动工作或离职时

B. 会计人员临时离职或因病不能工作

C. 会计人员外地出差一天

D. 临时离职或因病不能工作的会计人员恢复工作时

28. 会计法律是指由全国人民代表大会及其常务委员会经过一定立法程序制定的有关会计工作的法律，主要包括(　　)。

A.《会计法》　　B.《总会计师条例》

学号：________ 班级：________ 姓名：________

密封线内不要答题

财经类对口单招考试专业能力测试模拟题二

一、单项选择题(20个小题，每小题2分，共40分)

1. 由企业日常活动所发生的会导致所有者权益减少的、与向所有者分配利润无关的经济利益的总流出称为(　　)。

A. 费用　　B. 损失

C. 负债　　D. 所有者权益

2. 下列各项中，企业确认盘盈固定资产初始入账价值所采用的会计计量属性是(　　)。

A. 可变现净值　　B. 重置成本

C. 现值　　D. 历史成本

3. 按权责发生制的要求，下列应该归属本期的是(　　)。

A. 本月销售产品，款未收

B. 预付明年的报刊杂志费

C. 本月收回的上月销售产品的收入

D. 支付下一年的财产保险费

4. 在借贷记账法下，资产类账户的期末余额为(　　)。

A. 期初借方余额+本期借方发生额-本期贷方发生额

B. 期初贷方余额+本期贷方发生额-本期借方发生额

C. 期初借方余额+本期贷方发生额-本期借方发生额

D. 期初贷方余额+本期借方发生额-本期贷方发生额

5. 企业月末计提本月短期借款利息时，应贷记(　　)。

A. 财务费用　　B. 管理费用

C. 应付利息　　D. 应付账款

6. 在填制会计凭证时，1 682.32元的大写金额数字为(　　)。

A. 壹仟陆佰捌拾贰元叁角贰分整

B. 壹仟陆佰捌拾贰元叁角贰分

C. 壹仟陆佰捌拾贰叁角贰分整

D. 壹仟陆佰捌拾贰叁角贰分

7. 某企业期末盘点时，发现原材料盘亏，原因已经查明，属于自然损耗，经批准后所作的账务处理是(　　)。

31. 以下各项中，属于税收实体法的有(　　)。

A.《企业所得税法》　　B.《增值税暂行条例》

C.《税收征收管理法》　　D.《个人所得税法》

32. 增值税的征税范围包括(　　)。

A. 销售与进口货物　　B. 提供加工、修理修配劳务

C. 销售服务　　D. 销售无形资产和不动产

33. 企业发生的下列支出中，在计算应纳税所得额时不得扣除的有(　　)。

A. 赞助支出　　B. 企业所得税税款

C. 税收滞纳金　　D. 银行罚息

34. 根据个人所得税法律制度的规定，下列应记入个人所得税居民个人综合所得项目的有(　　)。

A. 工资、薪金所得　　B. 劳务报酬

C. 稿酬所得　　D. 特许权使用费所得

35. 根据税收征收管理法律制度的规定，下列各项中适用税收保全措施的财产是(　　)。

A. 机动车辆　　B. 金银饰品

C. 5 000元以下生活用品　　D. 唯一一套住房

三、判断题(15个小题，每小题1分，共15分)

36. 会计主体所核算的生产经营活动也包括其他企业或投资者个人的其他生产经营活动。(　　)

37. 会计基本假设是对会计核算所处时间和空间范围等做的合理假定，是企业会计确认、计量记录和报告的前提。(　　)

38. 记账前，发现记账凭证中应借应贷科目错误，应采用划线更正法更正。(　　)

39. 我国规定，年度结账日为公历12月31日，半年度、季度、月度结账日为公历年度每半年、每季、每月的最后一天。(　　)

40. 总账只进行金额核算，提供价值指标，不提供实物指标；而明细账有的只提供价值指标，有的既提供价值指标，又提供实物指标。(　　)

41. 为简化核算，可将类似的经济业务汇总编制一张汇总原始凭证。(　　)

42. 无论单位是否设置单独的会计机构，均应根据会计业务需要设置会计工作岗位。(　　)

43. 单独设置会计机构的单位，应指定会计机构的负责人或指定会计主管人员。(　　)

44. 违反会计法律制度的法律责任形式有民事责任和刑事责任两种。(　　)

45. 工商税类是由税务机关负责征收管理，是我国现行税制的主体部分。(　　)

46. 增值税小规模纳税人一律采用简易计税方法计算缴纳增值税，不得抵扣进项税额。(　　)

A. 用银行存款偿还银行借款　　B. 预收销货款，存入银行

C. 用银行存款购入材料　　D. 向银行借款存入银行

23. 下列各项中，属于会计要素的计量属性的是(　　)。

A. 可变现净值　　B. 重置成本

C. 现值　　D. 公允价值

24. 涉及现金和银行存款之间的收付款业务，通常应编制(　　)。

A. 现金收款凭证　　B. 银行存款收款凭证

C. 现金付款凭证　　D. 银行存款付款凭证

25. 反映企业财务状况和经营成果的核心信息，构成企业对外报送的基本会计报表的是(　　)。

A. 资产负债表　　B. 利润表

C. 现金流量表　　D. 所有者权益变动表

26. 下列各项中，必须进行财产全面清查的有(　　)。

A. 清产核资前　　B. 股份改制前

C. 单位改变隶属关系前　　D. 年终决算后

27. 根据《会计档案管理办法》的规定，会计档案的内容包括(　　)。

A. 会计凭证　　B. 会计账簿

C. 会计报告　　D. 其他会计资料

28. 除了财政部门以外，(　　)部门应当依照有关法律、行政法规规定的职责，对有关单位的会计资料实施监督检查。

A. 审计部门　　B. 税务部门

C. 人民银行　　D. 保险监管

29. 根据《代理记账管理办法》的规定，申请代理记账资格的机构应当同时具备以下哪些条件？(　　)

A. 是依法设立的企业

B. 专职从业人员不少于 5 人

C. 主管代理记账业务的负责人具有会计师以上专业技术职务资格，或从事会计工作不少于三年，且为专职从业人员

D. 有健全的代理记账业务内部规范

30. 按照税收征收权限和收入归属不同，可分为中央税、地方税和中央地方共享税，下列各项中属于地方税的是(　　)。

A. 增值税　　B. 企业所得税

C. 城市维护建设税　　D. 房产税

学号：________ 班级：________ 姓名：________

密 封 线 内 不 要 答 题

财经类对口单招考试专业能力测试模拟题一

一、单项选择题(20个小题，每小题2分，共40分)

1. 下列关于会计目标的表述中，不正确的有(　　)。

A. 会计目标也称为会计目的，是为企业提高经济效益

B. 会计目标是要求会计工作完成的任务或达到的标准

C. 会计目标之一是反映企业管理层受托责任履行情况

D. 会计目标之一是向财务会计报告使用者提供决策有关信息

2. (　　)是反映会计主体的财务状况和确定经营成果的基本单位。

A. 会计要素　　B. 会计账户

C. 会计凭证　　D. 会计账簿

3. 下列关于会计职业道德的表述中，正确的是(　　)。

A. 会计职业道德依靠会计人员的自觉性，具有很强的自律性

B. 会计职业道德主要依靠道德教育、社会舆论、法律保障和道德评价来实现

C. 廉洁自律要求会计人员实事求是、不偏不倚、忠于职守、尽职尽责

D. 诚实守信要求会计人员端正态度、依法办事、如实反映，保持应有独立性

4. 下列说法不正确的是(　　)。

A. 单式记账法对每一项经济业务只在一个账户中进行登记

B. 复式记账法就是借贷记账法

C. 经济业务发生只涉及所有者权益一个要素时，只能是该要素内部一增一减

D. 资产与权益的恒等关系是复式记账的理论基础

5. “待处理财产损溢”账户未转销的借方余额表示(　　)。

A. 等待处理的财产盘盈

B. 等待处理的财产盘亏

C. 尚待批准处理的盘盈数大于尚待批准处理的财产盘亏和毁损数的差额

D. 尚待批准处理的盘盈数小于尚待批准处理的财产盘亏和毁损数的差额

6. 某公司年末时，应收账款总账余额为40 000元，其中“应收账款——A公司”借方余额50 000元，“应收账款——B公司”贷方余额为10 000元，“坏账准备”余额为1 000元，则期末资产负债表中“应收账款”项目为(　　)元。

A. 40 000　　B. 49 000　　C. 39 000　　D. 100 000

前　言

在财经类单招考试日益激烈的竞争环境下，每位考生都渴望拥有一份高质量的复习资料，以助力自己在考试中脱颖而出。正是基于这一需求，我们精心策划并编写了这本试卷。本试卷旨在通过有针对性的模拟题练习，帮助考生全面巩固知识点，提升应试能力。

本试卷具有如下特点：

一、知识点全面：本试卷紧密围绕财经类单招考试大纲编写，全面覆盖考试大纲涉及的所有知识点，助力考生建立完整的知识体系。

二、针对性强：本试卷针对考试范围内的重点、难点和易错点进行精心设计。每道题目都经过反复推敲和筛选，确保与考试要求高度契合。通过本试卷的练习，考生可以直击考试核心，避免盲目复习，有效提升复习效率。

三、题量适中：为了确保本试卷的实用性和有效性，我们严格控制模拟题的题量，参照近两年的真题题量进行设置。既保证了考生有足够的练习量来巩固知识点，又避免了因题量过大而给考生带来不必要的负担。通过适量的练习，考生可以更好地适应考试节奏，提升答题速度和准确率。

总之，本试卷是一份知识点全面、针对性强、题量适中的高质量复习资料。我们相信，通过本试卷的练习，每位考生都能在考试中取得优异的成绩。愿本试卷成为您备考路上的得力助手，助您成功迈入心仪的大学殿堂！

中等职业学校高职单招考试全真模拟试卷
——财经类专业
（专业能力 & 技术技能测试）

主　编◎李新慧　戈文娜　吕晓燕

中国石化出版社
HTTP://WWW.SINOPEC-PRESS.COM
中国经济出版社
CHINA ECONOMIC PUBLISHING HOUSE

内 容 提 要

本套全真模拟试卷旨在通过有针对性的模拟题练习，帮助考生全面巩固知识点，提升应试能力。本套全真模拟试卷包括专业能力和技术技能测试试卷各15套，试卷内容紧密围绕财经类单招考试大纲编写，全面覆盖考试大纲涉及的所有知识点，助力考生建立完整的知识体系。为了确保本套试卷的实用性和有效性，严格控制模拟题的题量，参照了近两年的真题题量进行设置。既保证了考生有足够的练习量来巩固知识点，又避免了因题量过大而给考生带来不必要的负担。

本套试卷可供中等职业学校财经类专业的学生学习和复习时使用，也可供自学者学习财经专业知识时参考使用。

图书在版编目(CIP)数据

中等职业学校高职单招考试全真模拟试卷．财经类专业．/ 李新慧，戈文娜，吕晓燕主编．-- 北京：中国石化出版社，2025. 9-- ISBN 978-7-5114-8096-5

Ⅰ. G718. 3

中国国家版本馆 CIP 数据核字第 20253PD466 号

中国石化出版社出版发行

地址：北京市东城区安定门外大街 58 号
邮编：100011 电话：(010)57512500
发行部电话：(010)57512575
http://www. sinopec-press. com
E-mail:press@ sinopec. com
天津嘉恒印务有限公司印刷
全国各地新华书店经销

*

787 毫米×1092 毫米 8 开本 19. 25 印张 475 千字
2025 年 9 月第 1 版 2025 年 9 月第 1 次印刷
定价：55. 00 元

编 委 会

主　编：李新慧　戈文娜　吕晓燕

副主编：冯志新　高丽林　毛培娜

　　　　爨方方　肖亚芹

编　委：高沙沙　罗　熙　苏立伟

　　　　李晓婕　王　娟　陈　晨

　　　　彭艳艳　韩明亮　冀露茜

目　　录

7. 以下各项中，不属于科目汇总表账务处理程序步骤的是(　　)。

A. 根据原始凭证、汇总原始凭证和记账凭证，登记明细账

B. 根据记账凭证编制汇总记账凭证

C. 根据记账凭证编制科目汇总表

D. 期末依据总账和明细账的记录，编制会计报表

8.《会计法》规定，各单位必须根据(　　)进行会计核算，填制会计凭证，登记会计账簿，编制财务会计报告。

A. 实际发生的经济业务事项　　B. 预计发生的经济业务事项

C. 实际发生的所有业务事项　　D. 正在发生的所有业务事项

9. 我国会计工作管理体制实行(　　)原则。

A. 统一领导、分级管理　　B. 分级领导、统一管理

C. 统一规划、分级负责　　D. 分级规划、统一负责

10. 根据《代理记账管理办法》的规定，代理记账机构不能办理(　　)业务。

A. 填制原始凭证　　B. 填制记账凭证

C. 向税务机构提供税务资料　　D. 对外提供财务会计报告

11. 根据会计法律制度的规定，出纳可以兼管(　　)工作。

A. 稽核　　B. 应收账款账目登记

C. 库存商品明细账登记　　D. 收入、费用账目登记

12. 根据《会计基础工作规范》的规定，下列关于会计工作交接前的准备工作，表述不正确的是(　　)。

A. 已经受理的经济业务尚未填制会计凭证的应当填制完毕

B. 尚未登记的账目应当登记完毕，结出余额，并在最后一笔余额后加盖会计主管印章

C. 对未了事项和遗留问题写出书面说明材料

D. 移交人员编制移交清册

13. 会计行政法规是由(　　)制定并发布的法律规范。

A. 全国人民代表大会及其常务委员会　　B. 国务院

C. 地方人民代表大会及其常务委员会　　D. 国务院财政部门

14. 下列各税种中，采用超额累进税率的是(　　)。

A. 增值税　　B. 企业所得税

C. 个人所得税　　D. 土地增值税

15. 根据增值税法律制度的规定，下列行为中，不属于视同销售业务的是(　　)。

A. 销售代销货物

B. 将购进的货物分配给股东

C. 将购进的货物用于集体福利

D. 将购进的货物无偿赠送给他人

16. 甲公司为增值税一般纳税人，2025 年 3 月 6 日销售产品，取得含税销售额 26 000 元，同时向对方收取运输装卸费 1 500 元，已知增值税税率 13%，计算甲公司该业务增值税销项税额的下列公式中，正确的是(　　)。

A. (26 000+1 500)÷(1+13%)×13%＝3 163.72(元)

B. 26 000×13%+1 500÷(1+13%)×13%＝3 552.57(元)

C. 26 000÷(1+13%)×13%＝2 991.15(元)

D. (26 000+1 500)×13%＝3 575(元)

17. 根据企业所得税法律制度规定，广告费和业务宣传费支出一律不得在计算应纳税所得额时扣除的企业是(　　)。

A. 家电制造企业　　B. 化妆品制造企业

C. 医药制造企业　　D. 烟草企业

18. 2024 年 5 月，甲公司向银行借入 300 万元借款，期限为 6 个月，年利率为 6%，向非关联乙企业借入款项 100 万元，期限为 6 个月，年利率为 10%。已知，金融企业同期同类贷款年利率为 6%。计算 2024 年度企业应纳税所得额时准予扣除的利息费用的下列公式中，正确的是(　　)。

A. 300×6%÷12×6＝9(万元)

B. 300×6%÷12×6+100×10%÷12×6＝14(万元)

C. 100×10%÷12×6＝5(万元)

D. 300×6%÷12×6+100×6%÷12×6＝12(万元)

19. 根据个人所得税法律制度的规定，某公司职员王某取得的下列收入中，应记入“工资、薪金所得”缴纳个人所得税的是(　　)。

A. 独生子女补贴 120 元　　B. 差旅费津贴 300 元

C. 年终加薪 5 000 元　　D. 误餐补助 600 元

20. 根据发票管理规定，下列使用发票符合法律规定是(　　)。

A. 转借发票　　B. 向购买方开具增值税专用发票

C. 拆本使用发票　　D. 开具私自印制的发票

二、多项选择题(15 个小题，每小题 3 分，共 45 分)

21. 会计中期包括(　　)。

A. 月度　　B. 季度　　C. 半年度　　D. 年度

22. 下列活动引起资产与负债同时增加的是(　　)。

47. 为促进商品销售而给予的商业折扣，按照扣除商业折扣前的金额确定销售商品收入金额。（　　）

48. 采取预收款方式销售货物的，以收到预收款项时间为收入实现的时间。（　　）

49. 纳税人就其从中国境内取得的所得缴纳个人所得税，非居民纳税人仅就其从中国境外取得的所得缴纳个人所得税。（　　）

50. 生产经营规模较小，又无建账能力的个体工商户，可以聘请经批准从事会计代理记账业务的专业机构或者经税务机关认可的财会人员代为建账和办理账务。（　　）

A. 借：待处理财产损溢——待处理流动资产损溢

贷：原材料

B. 借：待处理财产损溢——待处理流动资产损溢

贷：管理费用

C. 借：管理费用

贷：待处理财产损溢——待处理流动资产损溢

D. 借：制造费用

贷：待处理财产损溢——待处理流动资产损溢

8. 根据会计法律制度的规定，下列行为中属于变造会计资料的是(　　)。

A. 根据虚假的经济业务编制会计凭证和会计账簿

B. 用涂改、挖补的手段改变会计凭证和会计账簿的真实内容

C. 会计人员由于笔误导致会计凭证与会计账簿记录不一致

D. 篡改财务会计报告上的真实数据

9. 单位内部形成的属于归档范围的电子会计资料，同时满足(　　)条件，可仅以电子形式保存，形成电子会计档案。

A. 属于具有永久保存价值或其他重要保存价值的会计档案

B. 附有符合《中华人民共和国电子签名法》规定的电子签名

C. 建立电子会计档案备份制度

D. 形成的电子会计资料结果真实有效

10. 财政部门对会计机构和会计人员，是否遵守各项法律法规，依据有关准则、制度和规范执行业务的过程及结果进行的监督和检查，属于(　　)。

A. 会计人才评价管理　　B. 会计市场准入管理

C. 会计市场运行管理　　D. 会计市场退出管理

11. 甲公司依照规定应当委托代理记账机构代理记账，下列各项中，甲公司可以委托其办理代理记账业务的是(　　)。

A. ××机械厂会计部门　　B. ××会计师事务所

C. 某公司会计人员李某　　D. 退休会计人员王某

12. 下列各项中，不属于会计工作岗位的是(　　)。

A. 会计主管　　B. 成本费用核算

C. 出纳　　D. 库房记账员

13. 根据《会计基础工作规范》的规定，会计机构负责人办理会计工作交接手续，由(　　)监交。

A. 人事部门负责人　　B. 单位负责人

C. 上级主管部门派人　　　　　　　　　　D. 企业办公室负责人

14. 下列关于征纳税主体的说法，正确的是(　　)。

A. 纳税主体就是负税人

B. 增值税的征税主体是海关

C. 纳税主体是指一切履行纳税义务的法人、自然人及其他组织。

D. 征税主体只有税务机关

15. 增值税小规模纳税人销售自己使用过的固定资产，适用的增值税征收率为(　　)。

A. 1%　　B. 3%减按 2%　　C. 5%　　D. 6%

16. 某金银首饰店为增值税一般纳税人，进行以旧换新业务。新首饰的含税售价为85 600元，旧首饰折价 55 000 元。则该金银首饰店销售额应为(　　)元。

A. 85 600　　B. 5 500　　C. 30 600　　D. 140 600

17. 根据企业所得税法律制度规定，企业所得税纳税人不包括(　　)。

A. 民办非企业单位　　　　　　B. 个人独资企业

C. 事业单位　　　　　　　　　D. 社会团体

18. 甲公司 2024 年度发生合理的工资、薪金支出 1 000 万元，发生职工教育经费 68 万元，上年度结转未扣除的职工教育经费支出 10 万元，已知发生的职工教育经费在不超过工资薪金总额 8%的部分，准予扣除。在计算甲公司 2024 年度企业所得税应纳税所得额时准予扣除的职工教育经费金额为(　　)万元。

A. 68　　B. 78　　C. 80　　D. 58

19. 根据个人所得税法律制度的规定，下列各项中，应按照“稿酬所得”缴纳个人所得税的是(　　)。

A. 大学教授审稿取得的报酬

B. 记者在本报社发表文章取得的报酬

C. 作家将自己的文字作品手稿原件拍卖取得的所得

D. 作者将自己的书画作品以图书形式出版取得的所得

20. 从事生产、经营的纳税人，在(　　)税务机关办理税务登记。

A. 生产、经营地　　　　　　B. 纳税义务发生地

C. 销售地　　　　　　　　　D. 登记注册地

二、多项选择题(15 个小题，每小题 3 分，共 45 分)

21. 下列关于会计职业道德规范内容的表述，说法正确的有(　　)。

A. 爱岗敬业的前提和首要要求是正确认识会计职业，树立职业荣誉感

B. 诚实守信是做人的基本准则，也是会计职业道德的精髓

C. 廉洁自律是会计职业道德的前提，也是会计职业道德的外在要求

39. 如果不存在未达账项，银行存款日记账账面余额与银行对账单余额之间有差额，说明企业与银行双方或其中一方存在记账错误。（　　）

40. 企业收到A公司预付的货款时，应记入预付账款账户。（　　）

41. 不论采用哪种会计核算程序，都必须设置日记账、总账和明细账。（　　）

42. 对未按照规定使用会计记录文字的会计人员，应责令其五年内不得从事会计工作。（　　）

43. 会计资料的真实性，主要是指构成会计资料的各项要素必须齐全，以使会计资料如实、全面地记录和反映经济业务发生情况，便于会计资料使用者全面、准确地了解经济活动情况。（　　）

44. 单位对已到保管期限的会计档案，可以销毁。（　　）

45. 起征点是达到起征点全额征税，未达则不征税；免征额是对免征额部分不征税，仅就超过部分征税。（　　）

46. 零税率不同于免税，零税率不仅在出口环节不征增值税，还要对出口前已缴纳的增值税进行退税。（　　）

47. 计算企业所得税时允许扣除的税金是指企业发生的各项税金及其附加。（　　）

48. 企业发生的符合条件的广告费和业务宣传费支出，除国务院财政、税务主管部门另有规定外，不超过当年销售营业收入15%的部分准予扣除，超过部分准予在以后三个纳税年度内结转扣除。（　　）

49. 李某作为独生子，其父母年龄均已超过60周岁，所以李某每个月赡养老人专项附加扣除可以扣除6 000元。（　　）

50. 查定征收适用于财务会计制度健全，能够如实核算和提供生产经营情况，并能正确计算应纳税款和如实履行纳税义务的纳税人。（　　）

6. 原始凭证金额有错误的，应当(　　)。

A. 在原始凭证上更正

B. 由出具单位更正并且加盖公章

C. 由经办人更正

D. 由出具单位重开

7. 企业进行盘点，发现账实不符，下列账务处理中，正确的是(　　)。

A. 直接做损益处理

B. 先调整账面结存数

C. 不做任何处理，查明原因再处理

D. 按账面数调整

8. 根据会计法律制度的规定，单位内部会计监督的主体是(　　)，内部会计监督的对象是(　　)。

A. 各单位的会计监督部门和会计监督人员　　单位活动

B. 各单位的会计机构和会计人员　　单位经济活动

C. 各单位的会计机构和会计人员　　单位活动

D. 各单位的会计监督部门和会计监督人员　　单位经济活动

9. (　　)对本单位的会计工作和会计资料的真实性、完整性负责。

A. 会计机构负责人　　B. 会计主管

C. 单位负责人　　D. 会计人员

10. 根据《代理记账管理办法》的规定，下列(　　)不属于委托代理记账的委托人应承担的义务。

A. 填制或取得原始凭证

B. 应当配备专人负责日常货币收支和保管

C. 及时更正、补充代理记账机构退回的要求进行更正补充的原始凭证

D. 按照代理记账机构的要求填制记账凭证

11. 国有企业单位负责人的直系亲属不得担任本单位(　　)岗位。

A. 出纳

B. 会计档案保管

C. 会计机构负责人或会计主管

D. 成本费用核算

12. A 公司出纳小张因病住院不能亲自办理移交，经董事长批准，小张委托小李将经管的会计资料移交给接收人员小王，会计机构负责人小刘进行监交。小王事后发现小张所移交的部分会计资料的真实性、合法性存在问题。下列人员中，应对会计资料的真实性、合法性承

担法律责任的是(　　)。

A. 接收人员小王　　B. 监交人小刘

C. 出纳小张　　D. 受托人小李

13. (　　)是会计法律制度中层次最高的法律规范，是制定其他会计法规的依据，也是指导会计工作的最高准则。

A.《会计法》　　B. 国家统一的会计制度

C. 会计行政法规　　D.《总会计师条例》

14. 我国于2009年1月1日起实行(　　)。

A. 生产型增值税　　B. 收入型增值税

C. 消费型增值税　　D. 全面型增值税

15. 甲公司为增值税一般纳税人，2024年10月进口的一批高档手表关税完税价格折合人民币为300万元，关税税率为20%，缴纳消费税60万元。已知，增值税税率为13%，该批高档手表进口环节应缴纳的增值税是(　　)万元。

A. 54.6　　B. 39　　C. 46.8　　D. 48.32

16. 企业缴纳的下列税金中，在计算企业所得税应纳税所得额时不准扣除的是(　　)。

A. 消费税　　B. 土地增值税

C. 教育费附加　　D. 增值税

17. 甲电子厂是居民企业，2024年度利润总额为300万元，实际发生未形成无形资产计入当期损益的研究开发费用80万元，无其他纳税调整项目。计算甲电子厂2024年度企业所得税应纳税所得额的下列算式中，正确的是(　　)。

A. 300+80×100%=380(万元)　　B. 300−80×100%=220(万元)

C. 300+80×75%=360(万元)　　D. 300−80×75%=240(万元)

18. 根据个人所得税法律制度规定，在中国境内无住所而一个纳税年度内在中国境内居住累计满183天的个人，就其从(　　)取得的所得，缴纳个人所得税。

A. 中国境内　　B. 中国境外

C. 中国境内和境外　　D. 中国境内或境外

19. 2024年12月，郭某获得A上市公司派发的现金股利8 000元。该股票为2024年2月份购入，适用税率20%。郭某获得的股利应缴纳个人所得税的下列计算中正确的是(　　)。

A. 8 000×50%×20%=800(元)　　B. 8 000×20%=1600(元)

C. 0　　D. 8 000×20%÷2=800(元)

20. 抗税是指纳税人、扣缴义务人以(　　)方法拒不缴纳税款的行为。

A. 隐瞒　　B. 暴力、威胁

C. 欺骗　　D. 拖延

的资源。 ( )

39. 编制银行存款余额调节表应该在现金日记账余额的基础上加计"银行已收款入账，企业尚未入账"金额。 ( )

40. 在会计工作中提高服务质量，要求会计人员在坚持原则、坚持准则的基础上，尽量满足用户或服务主体的需要。 ( )

41. "预收账款"账户期末可能出现贷方余额，也可能出现借方余额。 ( )

42. 记账人员与经济业务和会计事项的审批人员、经办人员、财物保管人员的职责权限应当明确，并相互分离、相互制约。 ( )

43. 国务院财政部门主管全国的会计工作，市级以上地方各级人民政府财政部门管理本行政区域内的会计工作。 ( )

44. 代理记账机构均应具备由财政部统一规定样式的代理记账许可证。 ( )

45. 销售除啤酒、黄酒外的其他酒类产品而收取的包装物押金，无论是否返还以及会计上如何核算，均应并入当期销售额征税。 ( )

46.《企业所得税法》规定，对国家需要重点扶持的高新技术企业和经认定的技术先进型服务企业减按15%的税率征收企业所得税。 ( )

47. 转让自用达5年以上的家庭居住用房取得的所得暂免征收个人所得税。 ( )

48. 企业发生的公益性捐赠支出在年度利润总额12%以内的部分，准予在计算应纳税所得额时扣除；超过年度利润总额12%的部分，不允许在以后年度计算应纳税所得额时扣除。

( )

49. 纳税人有特殊困难，不能按期缴纳税款的，经省、自治区、直辖市税务局、地方税务局批准，可以延期缴纳税款，但是最长不得超过6个月。 ( )

50. 纳税人在纳税期内没有应纳税款的，可以不办理纳税申报。 ( )

B. 私设会计账簿的行为

C. 填制的原始凭证不准确、不完整，需要更正原始凭证的行为

D. 未按照规定使用会计记录文字的行为

9. 根据会计法律制度的规定，担任单位会计机构负责人(会计主管人员)的，应当具备(　　)资格。

A. 会计师以上专业技术职务资格或者从事会计工作三年以上经历

B. 会计师以上专业技术职务资格并且从事会计工作三年以上经历

C. 会计师以上专业技术职务资格或者从事会计工作二年以上经历

D. 会计师以上专业技术职务资格并且从事会计工作二年以上经历

10. 会计部门规章是由财政部制定，并由部门首长签署命令予以公布的制度办法，下列不属于会计部门规章的是(　　)。

A.《财政部门实施会计监督办法》

B.《代理记账管理办法》

C.《企业会计准则——基本准则》

D.《企业会计准则——应用指南》

11. 国有企业会计机构负责人或会计主管的直系亲属不得担任本单位(　　)岗位。

A. 出纳　　B. 会计档案保管

C. 工资核算　　D. 成本费用核算

12. 根据《会计法》的规定，下列关于单位负责人职责的表述不正确的是(　　)。

A. 单位负责人对本单位的会计工作和会计资料的真实性、完整性负责

B. 单位负责人要认真审核本单位编制的财务会计报告，在上面签名或盖章，并对本单位财务会计报告的真实性、完整性承担法律责任

C. 单位负责人应当保证会计机构和会计人员依法履行职责，不得授意、指使、强令会计机构和会计人员违法办理会计事项

D. 单位负责人是单位的会计责任主体

13. 根据会计法律制度的规定，财政部门实施会计监督检查的对象是(　　)。

A. 会计机构　　B. 会计人员

C. 会计行为　　D. 会计资料

14. 税收"三性"的核心特征是(　　)。

A. 保障性　　B. 无偿性

C. 固定性　　D. 强制性

15. 某增值税一般纳税人取得一张注明旅客身份信息的铁路车票，票面金额为 109 元。已知，铁路运输服务增值税税率 9%，则其可以抵扣的进项税额为(　　)元。

A. 3　　B. 9

C. 13　　D. 10

16. 根据企业所得税法律制度规定，下列不属于增值税免税项目的是(　　)。

A. 幼儿园提供的保育服务　　B. 学生勤工俭学提供的服务

C. 福利彩票的发行收入　　D. 某企业销售自己使用过的固定资产

17. 甲公司为居民企业，主要从事汽车配件生产和销售业务。2024 年会计利润为 1 000 万元，销售收入为 3 000 万元，发生符合条件的广告费和业务宣传费支出 380 万元。已知广告费和业务宣传费支出不超过当年销售(营业)收入 15%的部分准予扣除。符合条件的广告费和业务宣传费支出以前年度累计结转扣除余额为 100 万元。在计算甲企业 2024 年度企业所得税应纳税所得额时，准予扣除的广告费和业务宣传费支出为(　　)万元。

A. 380　　B. 480

C. 450　　D. 150

18. 企业发生的职工福利费和工会经费支出，分别在不超过工资、薪金总额(　　)的部分，准予扣除。

A. 14%　8%　　B. 14%　5%

C. 14%　2%　　D. 12%　2%

19. 根据个人所得税法律规定，纳税人接受技能人员职业资格继续教育、专业技术人员职业资格继续教育的支出，在取得相关证书的当年，按照(　　)元定额扣除。

A. 2 000　　B. 3 000

C. 3 600　　D. 4 800

20. 纳税人被市场监管部门吊销营业执照，应当自营业执照被吊销之日起(　　)内办理注销税务登记。

A. 5 日　　B. 10 日

C. 15 日　　D. 20 日

二、多项选择题(15 个小题，每小题 3 分，共 45 分)

21. 会计的概念应包括(　　)等方面的内容。

A. 经济越发展，会计就越重要

B. 会计是一种管理活动

C. 对经济活动进行核算和监督

D. 以货币计量为基本形式

22. 下列有关费用的说法中不正确的是(　　)。

A. 费用是企业在销售产品提供劳务等日常经营活动中发生的经济利益的总流出

B. 费用表现为企业资产的增加

47. 企业应当自固定资产投入使用的当月起计算折旧，停止使用的固定资产应当自停止使用的当月起停止计算折旧。 （　　）

48. 企业的不征税收入用于支出所形成的费用或者财产不得扣除或者计算对应的折旧、摊销扣除。 （　　）

49. 专项扣除包括子女教育、继续教育、大病医疗、住房贷款利息或者住房租金、赡养老人、3 岁以下婴幼儿照护等支出。 （　　）

50. 纳税人、扣缴义务人采取数据电文方式办理纳税申报的，其申报日期以纳税人通过计算机网络系统发送该数据电文的时间为准。 （　　）

8. 根据会计法律制度的规定，单位会计人员伪造会计凭证，尚不构成犯罪的，其中的会计人员，在一定期限内不得从事会计工作，该期限为(　　)。

A. 5 年　　　　B. 10 年

C. 3 年　　　　D. 永久

9. 会计规范性文件是指主管全国会计工作的行政部门即国务院财政部门以文件形式印发的制度办法，下列不属于会计规范性文件的是(　　)。

A.《企业会计准则第 1 号——存货》

B.《企业会计准则——应用指南》

C.《企业会计准则——基本准则》

D.《小企业会计准则》

10. 代理记账机构为委托人编制的财务会计报告，经(　　)签名并盖章后，按照有关法律、行政法规和国家统一的会计制度的规定对外提供。

A. 代理记账机构负责人和委托人

B. 委托人

C. 主管代理记账业务的负责人和委托人

D. 代理记账会计人员和委托人

11. 对甲公司实施下列会计监督，其中属于社会监督的是(　　)。

A. 市税务局对甲公司开展税务专项检查

B. 甲公司会计人员对会计账簿记录与实物、款项进行盘点

C. 市财政局对甲公司执行国家统一的会计制度的行为实施监督检查

D. 会计师事务所接受委托审查企业财务会计报告，出具审计报告

12. 根据《会计档案管理办法》的规定，会计档案的保管期限分为永久和定期，下列属于企业永久保管的会计档案是(　　)。

A. 会计凭证　　　　B. 日记账

C. 会计档案移交清册　　　　D. 会计档案销毁清册

13. A 外资企业业务收支以澳元和欧元为主，兼有部分人民币业务。下列关于 A 企业记账本位币适用的表述中，正确的是(　　)。

A. 可同时选择澳元和欧元作为记账本位币

B. 只能从澳元和欧元中选择一种货币作为记账本位币

C. 只能选择人民币作为记账本位币

D. 可从澳元、欧元和人民币中，选择一种作为记账本位币

14. 以下采用超率累进税率的典型税种是(　　)。

A. 土地增值税　　　　B. 个人所得税

C. 企业所得税　　D. 消费税

15. 根据增值税法律制度的规定，适用9%低税率的产品是(　　)。

A. 工业用盐　　B. 农机配件

C. 图书　　D. 煤炭制品

16. 某电动车生产企业(为增值税一般纳税人)，2025 年 2 月份采用以旧换新方式销售 100 辆电动车，已知每辆电动车售价为 2 600 元，旧电动车每辆折价 200 元，下列计算该批电动车销项税额正确的是(　　)。

A. (2 600−200)×100÷(1+13%)×13% = 27 610.62(元)

B. 2 600×100÷(1+13%)×13% = 29 911.50(元)

C. (2 600−200)×100×13% = 31 200(元)

D. 2 600×100×13% = 33 800(元)

17. 企业采用托收承付方式销售货物，收入确认时间为(　　)。

A. 发出商品时　　B. 办妥托收手续时

C. 收到货款时　　D. 合同约定收款日期

18. 甲公司 2024 年度取得销售收入 8 000 万元，当年发生管理费用 100 万元，其中发生与生产经营活动有关的业务招待费支出 50 万元，已知业务招待费支出按照发生额的 60% 扣除，但最高不得超过当年销售(营业)收入的 5‰，在计算甲公司 2024 年度企业所得税应纳税所得额时，准予扣除的业务招待费支出为(　　)万元。

A. 50　　B. 30

C. 40　　D. 100

19. 非居民个人在中国境内从两处以上取得工资、薪金所得的，应当在取得所得的次月(　　)日内申报纳税。

A. 5　　B. 10

C. 15　　D. 20

20. 经主管税务机关认定和县以上税务机关(含县级)批准的生产、经营规模小，达不到设置账簿标准，难以查账征收的个体工商户，适用的税款征收方式是(　　)。

A. 查定征收　　B. 查验征收

C. 查账征收　　D. 定期定额征收

二、多项选择题(15 个小题，每小题 3 分，共 45 分)

21. 下列属于企业存货的有(　　)。

A. 库存现金　　B. 尚未出售的产成品

C. 厂房　　D. 尚未完工的产品

22. 一项经济业务发生后引起银行存款减少 5 万元，相应地可能引起(　　)。

39. 采购员采购原材料时发生的差旅费也应计入材料的采购成本。 (　　)

40. 财产清查在处理建议得到批准之前，财务部门不得进行任何账务处理。 (　　)

41. 在不同的账务处理程序下，财务报表的编制依据不同。 (　　)

42. 国有的和国有资产占控股地位或主导地位的大、中型企业可以根据需要设置总会计师。 (　　)

43. 会计关系，单指会计机构和会计人员在办理会计事务过程中发生的经济关系。

(　　)

44. 一般会计人员办理交接手续，由会计机构负责人(会计主管人员)监交。 (　　)

45. 我国税法对不同税种依据不同情况确定了各自的纳税期限，超过纳税期限未缴纳税款属于欠税，应依法加收滞纳金。 (　　)

46. 增值税一般纳税人提供财政部和国家税务总局规定的特定应税服务，可以选择使用简易计税方法计税，选择后可以随时变更。 (　　)

47. 价外费用无论会计制度如何核算，均应视作含税收入，价税分离后并入销售额计算应纳税额。 (　　)

48. 在计算应纳税所得额时，企业财务、会计处理办法与税收法律、行政法规的规定不一致的，应当按照企业财务、会计处理办法计算。 (　　)

49. 个人为单位或他人提供担保获得的收入，按照"偶然所得"项目计算缴纳个人所得税。

(　　)

50. 销售商品、提供劳务以及其他经营活动的单位和个人对外发生经济业务收取款项，收款方应向付款方开具发票，不可以由付款方向收款方开具发票。 (　　)

8. 根据会计法律制度的规定，编制虚假财务会计报告，尚不构成犯罪的，对直接责任人员处以(　　)的罚款。

A. 5 万元以下　　B. 5 万元以上 50 万元以下

C. 50 万元以上 200 万元以下　　D. 10 万元以上 50 万元以下

9. 根据会计法律制度的规定，注册会计师及其所在的会计师事务所的业务范围不包括(　　)。

A. 审核业务　　B. 会计咨询业务

C. 会计服务业务　　D. 会计核算业务

10. 下列关于会计档案的表述中，符合《会计档案管理办法》的是(　　)。

A. 除了年度财务会计报告外，其他财务会计报告的保管期限为 30 年

B. 会计档案的保管期限分为 10 年和 30 年

C. 电子会计档案的销毁应当由单位档案管理机构、会计管理机构和信息管理机构共同派员监销

D. 会计档案销毁后，单位负责人在会计档案销毁清册上签署意见

11. A 公司地处西藏自治区，下列关于 A 公司会计记录使用文字的表述中，正确的是(　　)。

A. 会计记录的文字可以使用中文，也可以使用藏语

B. 会计记录的文字只能使用中文，不能使用藏语

C. 会计记录的文字应当使用中文并可以同时使用藏语

D. 会计记录文字只能使用藏语

12. 有关原始凭证的填制要求，下列说法不正确的是(　　)。

A. 从外单位取得的原始凭证，必须有填制单位的公章

B. 凡是填有大写和小写金额的原始凭证，大写与小写金额必须相符

C. 发生退货退款时以退货发票代替收据

D. 职工公出收回借款时，另开收据或退还借据副本

13. 某单位内部机构调整，稽核孙某调任党办室主任，由新招聘会计董某接替孙某工作，在办理交接手续时，负责监交的人员应该是(　　)。

A. 单位负责人赵某

B. 人力资源部门负责人张某

C. 会计机构负责人沙某

D. 主管会计工作的副总经理刘某

14. 关税类税收由(　　)负责征收管理。

A. 税务机关　　B. 海关

C. 财政部门　　D. 审计部门

15. 下列属于增值税征税范围的是(　　)。

A. 单位或者个体工商户聘用的员工为本单位提供取得工资的服务

B. 行政单位收取的符合条件的政府性基金

C. 销售货物

D. 单位为聘用的员工提供服务

16. 某罐头生产厂从果农手里收购一批黄桃，农产品收购发票注明买价 5 万元。当月全部用于生产罐头。已知，农产品扣除率为 9%。计算该罐头厂当月该笔业务准予扣除进项税额的下列算式中，正确的是(　　)。

A. 50 000÷(1+9%)×9%＝4 128.44(元)

B. 50 000÷(1+10%)×10%＝4 545.46(元)

C. 50 000×9%＝4 500(元)

D. 50 000×10%＝5 000(元)

17. 某居民企业 2024 年度实现销售收入 2 000 万元，视同销售收入 500 万元，营业外收入 100 万元。在计算企业业务招待费扣除限额时，应确定的销售(营业)收入为(　　)万元。

A. 2 000　　B. 2 500

C. 2 600　　D. 500

18. 根据企业所得税法律制度规定，依照外国法律成立但实际管理机构在中国境内的企业属于(　　)。

A. 合伙企业　　B. 居民企业

C. 非居民企业　　D. 非法人企业

19. 个体工商户王某经营的小店，2024 年度收入总额为 50 万元，成本、费用及损失共 30 万元，其中包括王某本人工资 10 万元。王某该年度经营所得应纳税所得额为(　　)万元。

A. 20　　B. 30

C. 10　　D. 15

20. 因税务机关适用税收法律、行政法规不当或者执法行为违法，致使纳税人、扣缴义务人未缴或者少缴税款的，税务机关在(　　)年内可以要求纳税人、扣缴义务人补缴税款。

A. 1　　B. 2

C. 3　　D. 5

二、多项选择题(15 个小题，每小题 3 分，共 45 分)

21. 下列说法正确的是(　　)。

A. 会计核算过程中采用货币为主要计量单位

B. 我国企业的会计核算只能以人民币为记账本位币

43. 国家统一的会计制度是指国务院根据《会计法》制定的关于会计核算、会计监督、会计机构和会计人员以及会计工作管理的制度。（　　）

44. 一般会计人员办理交接手续，由会计机构负责人(会计主管人员)监交。（　　）

45. 纳税主体是指依照法律、行政法规代表国家行使征税权利的各级税务机关和其他征税机关。（　　）

46. 纳税人出租不动产，租赁合同中约定的免租期属于视同销售。（　　）

47. 企业从事符合条件的环境保护节能节水项目的所得，自生产经营开始所属纳税年度起，第一年至第三年免征企业所得税，第四年至第六年减半征收企业所得税。（　　）

48. 企业纳税年度发生的亏损，准予用以后年度的税前所得弥补，结转弥补年限最长不得超过5年。（　　）

49. 个体工商户向当地工会组织拨缴的工会经费、实际发生的职工福利费支出、职工教育经费支出，分别在工资薪金总额的2%、14%、8%的标准内据实扣除。（　　）

50. 税务机关采取税收保全措施的期限一般不得超过6个月，重大案件需要延长的应当报国家税务总局批准。（　　）

7. 原始凭证填制时金额的大写和小写应规范书写，如大写金额为“叁万零伍元贰角整”，其小写金额应写为(　　)。

A. 30 005. 20 元　　B. ¥30 005. 20 元

C. ¥30 005. 20　　D. ¥30 005. 2

8. 根据会计法律制度，下列关于原始凭证取得的表述中，不正确的是(　　)。

A. 从外单位取得的原始凭证，必须盖有填制单位的公章

B. 从个人取得的原始凭证，必须有填制人员盖章

C. 自制原始凭证必须有经办单位领导人或者其指定人员签名或盖章

D. 对外开出的原始凭证，必须加盖本单位公章

9. 根据《会计档案管理办法》的规定，下列关于会计档案移交的表述中，不正确的是(　　)。

A. 接收会计档案的单位，应当编制会计档案移交清册

B. 会计档案交接完毕后，交接双方经办人和监督人应当在会计档案移交清册上签名或盖章

C. 纸质会计档案移交时应当保持原卷的封装

D. 电子会计档案应当与其元数据一并移交，特殊格式的电子会计档案应当与其读取平台一并移交

10. 下列各项中，不属于《会计法》规定的行政处罚形式是(　　)。

A. 警告　　B. 记过

C. 罚款　　D. 没收违法所得

11. 根据《会计档案管理办法》的规定，下列关于会计档案销毁程序的表述中，不正确的是(　　)。

A. 单位档案管理机构编制会计档案销毁清册

B. 档案管理机构负责人、会计管理机构负责人、档案管理机构经办人、会计管理机构经办人在会计档案销毁清册上签署意见后才能销毁保管期满的会计档案

C. 电子会计档案的销毁应由单位档案管理机构、会计管理机构和信息系统管理机构共同派员监销

D. 会计档案销毁后，监销人在会计档案销毁清册上签名或盖章

12. 根据会计法律制度的规定，下列关于记账凭证填制基本要求的表述中，不正确的是(　　)。

A. 记账凭证可以根据若干张同类原始凭证汇总填制

B. 一张原始凭证涉及几张记账凭证，可以把原始凭证附在一张主要的记账凭证后面，在其他记账凭证后面附原始凭证复印件

C. 一张原始凭证所列支出需要几个单位共同负担的，原始凭证保存单位应向其他单位提供原始凭证复印件

D. 更正错误的记账凭证可以不附原始凭证

13. 下列各项中，不属于会计工作政府监督范畴的是(　　)。

A. 财政部门对各单位的会计行为进行监督检查

B. 审计部门对各单位财务会计报告实施监督检查

C. 中国银行对有关金融单位的会计账簿进行监督

D. 税务机关对纳税人的税务资料进行检查

14. 下列不属于按照征税对象不同划分的类别是(　　)。

A. 流转税类和所得税类

B. 中央税

C. 财产税类

D. 资源税类和行为税类

15. 根据增值税法律制度规定，一项销售行为既涉及服务，又涉及货物，应该是(　　)。

A. 正常销售　　B. 混合销售

C. 兼营销售　　D. 视同销售

16. 甲公司是增值税一般纳税人，2025 年 3 月份发生销项税额 8 900 元，进项税额 4 500 元(通过认证均可抵扣)，因将上月购进的一批茶叶赠送给老客户发生进项税额转出 2 260 元，计算本月甲公司应纳增值税额是(　　)元。

A. 4 400　　B. 2 140

C. 6 660　　D. 8 900

17. 企业发生的符合条件的广告费和业务宣传费支出，除国务院财政、税务主管部门另有规定外，不超过当年销售(营业)收入(　　)的部分，准予扣除；超过部分，准予在以后纳税年度结转扣除。

A. 10%　　B. 12%

C. 15%　　D. 20%

18. 根据企业所得税法律制度规定，下列各项中属于免税收入的是(　　)。

A. 国债利息收入　　B. 企业债券利息收入

C. 财政拨款　　D. 接受捐赠收入

19. 根据个人所得税法律制度的规定，张某取得的下列各项收益中，应按“偶然所得”缴纳个人所得税的是(　　)。

A. 获得某企业在业务宣传活动中赠送的小礼品

B. 获得某饭店赠送的代金券

C. 事业单位　　　　　　　　　　　　　　　　D. 合伙企业

35. 根据个人所得税法律制度的规定，个人通过非营利性的社会团体和国家机关向(　　)的捐赠，符合相关条件的，在计算缴纳个人所得税时，准予在税前的所得额中全额扣除。

A. 红十字会

B. 农村义务教育

C. 公益性青少年活动场所

D. 福利性非营利性老年服务机构

三、判断题(15 个小题，每小题 1 分，共 15 分)

36. 现代会计是以货币为主要计量单位，采用专门方法和程序，对企业和行政、事业单位的经济活动过程及其结果进行准确完整、连续系统的核算和监督，以如实反映受托责任履行情况和提供有用经济信息为主要目的的行政管理活动。　(　　)

37. 会计主体是指会计所核算和监督的特定单位或者组织，它界定了从事会计工作的平台和提供会计信息的时间范围。　(　　)

38. 每一账页登记完毕结转下页时，应当结出本页发生额合计数及余额，在该账页最末一行“摘要”栏注明“转次页”或“过次页”，并将这一金额记入下一页第一行有关金额栏内，在该行“摘要”栏注明“承前页”。　(　　)

39. 为了避免重复记账，企业将现金存入银行或者从银行提取现金的事项，一般只编制收款凭证，不编制付款凭证。　(　　)

40. 附注是财务报表不可或缺的组成部分，是对报表中列示项目的文字描述或明细资料，以及对未能在这些报表中列示项目的说明等。　(　　)

41. “应收账款”所属明细科目的贷方余额应列入资产负债表的“预收账款”项目。(　　)

42. 会计工作交接完毕后，接管人员应继续使用移交前的账簿，不得擅自另立账簿，以保证会计记录前后衔接，内容完整。　(　　)

43. 对会计人员的工作岗位应当随机进行轮换，以促进会计人员全面熟悉业务，不断提高业务素质。　(　　)

44. 国务院有关部门可以依照《会计法》和国家统一的会计制度制定对会计核算和会计监督有特殊要求的行业实施国家统一的会计制度的具体办法，抄送国务院财政部门。　(　　)

45. 价内税比价外税更容易转嫁，且一般不存在重复征税的问题。　(　　)

46. 增值税的征税范围包括在中国境内销售货物、提供加工修理修配劳务、销售服务、无形资产、不动产以及进口货物。　(　　)

47. 采用折扣方式销售货物，只要折扣额在发票上注明，就可以按照折扣后的销售额征收增值税。　(　　)

48. 某超市进行促销，买一箱牛奶赠送一个水杯，超市在确认收入时，只需要确认牛奶的销售收入，水杯属于捐赠，不需要确认收入。 (　　)

49. 中国公民、个体工商户、中国香港、澳门、台湾同胞等属于个人所得税的居民纳税人，而外籍个人属于非居民纳税人。 (　　)

50. 账簿、记账凭证、报表、完税凭证、发票、出口凭证以及其他有关涉税资料应当保存10年，法律、行政法规另有规定的除外。 (　　)

C. 31. 8　　　　　　　　　　　　　　D. 32

8. 根据会计法律制度的规定，下列关于会计账簿的表述中，正确的是(　　)。

A. 根据会计凭证登记会计账簿

B. 根据记账凭证登记会计账簿

C. 会计账簿的核对包括账证核对、账账核对、账实核对

D. 会计账簿记录发生错误时，按照规定采用划线更正法、补充登记法、红字更正法进行更正

9. 甲单位分立后，形成甲、乙、丙三个单位，其已结清的会计档案应当由(　　)保管。

A. 甲公司

B. 经甲、乙、丙三方协商后，由乙单位代管

C. 经甲、乙、丙三方协商后，由丙单位代管

D. 会计档案涉及哪个单位，就由哪个单位保管

10. 根据会计法规定，在办理会计工作交接手续中发现白条顶库现象，正确的做法是(　　)。

A. 由监交人员在规定的期限负责查清处理

B. 由接管人员在移交后查清处理

C. 由移交人员在规定的期限负责查清处理

D. 由会计机构负责人(会计主管)在规定的期限查清处理

11. 2024 年 3 月份的原始凭证保管期限是(　　)。

A. 2024 年 3 月 31 日到 2054 年 3 月 31 日

B. 2025 年 1 月 1 日到 2054 年 12 月 31 日

C. 2024 年 4 月 1 日到 2054 年 3 月 31 日

D. 2025 年 1 月 1 日到 2034 年 12 月 31 日

12. 下列不属于会计监督体系组成部分的是(　　)。

A. 会计行业组织对成员的管理监督

B. 单位内部会计监督

C. 以财政部门为主体的政府监督

D. 以注册会计师为主体的社会监督

13. A 公司和 B 公司共同向 C 公司支付了 80 万元款项，C 公司只开出了一张发票交给 A 公司保存，如果 B 公司要依法记账，正确的做法是(　　)。

A. A 公司记账后再将发票原件交 B 公司记账

B. A 公司保存发票原件，并向 B 公司出具发票复印件作为其记账依据

C. C 公司将发票给 A 公司的同时向 B 公司出具发票的复印件作为其记账依据

D. A 公司保存发票原件，并向 B 公司开出原始凭证分割单作为其记账依据

14. 从价计征的计算公式是(　　)。

A. 应纳税额=计税实物量×单位适用税额

B. 应纳税额=计税价值×适用税率

C. 应纳税额=计税实物量×单位适用税额+计税价值×适用税率

D. 应纳税额=计税金额÷适用税率

15. 增值税小规模纳税人的标准为年应征增值税销售额(　　)万元及以下。

A. 100　　B. 200

C. 500　　D. 没有明确标准

16. 某企业上月购进的一批原材料入账成本为1 000元，本月因管理不善，这批原材料有50%发生霉烂，已知该原材料适用增值税税率为13%，计算本月进项税额转出额为(　　)元。

A. 130　　B. 65

C. 115.04　　D. 57.52

17. 2025年5月1日，甲公司向乙公司销售一批商品，合同约定不含税价款为100万元，适用增值税税率为13%。为鼓励乙公司提前付款，合同中约定，若乙公司在10日内付款，将给予该批货款不含税金额2%的折扣。5月8日，乙公司支付了货款98万元以及增值税13万元，根据企业所得税法律制度规定，甲企业应确认的收入额是(　　)万元。

A. 100　　B. 98

C. 111　　D. 113

18. 企业发生的与生产经营活动有关的业务招待费支出，按照发生额的(　　)扣除，但最高不得超过当年销售(营业)收入的(　　)。

A. 50%；5‰　　B. 60%；5‰

C. 50%；1%　　D. 60%；1%

19. 根据个人所得税法律制度规定，住房租金扣除中，承租的住房位于直辖市、省会(首府)城市、计划单列市及国务院确定的其他城市，每月扣除标准是(　　)元。

A. 1 500　　B. 1 100

C. 1 000　　D. 800

20. 对未按照规定办理税务登记的从事生产、经营的纳税人，税务机关核定其应纳税额，责令缴纳，体现的税款征收措施是(　　)。

A. 责令缴纳　　B. 责令提供纳税担保

C. 税收保全　　D. 税收强制执行

二、多项选择题(15个小题，每小题3分，共45分)

21. 下列对会计核算基本前提的表述恰当的是(　　)。

C. 数据电文申报　　　　　　　　　　D. 简易申报与简并征期

二、判断题(15 个小题，每小题 1 分，共 15 分)

36. 在我国，会计核算以人民币为记账本位币，业务收支以人民币以外的货币为主的企业，也可选定其中一种货币作为记账本位币，但编制的会计报表必须折算为人民币。(　　)

37. 会计主体一定是法律主体，但法律主体不一定是会计主体。(　　)

38. 一张原始凭证需填制两张记账凭证时，应在未附原始凭证的记账凭证上注明附有原始凭证的记账凭证号码。(　　)

39. 在填制记账凭证时，可以只填会计科目的编号，不填会计科目名称，以简化记账凭证的编制。(　　)

40. 利润表中的“本期金额”应根据有关损益账户的期末余额填列。(　　)

41. 在进行月结时，需要结出当月发生额的账户，应当在摘要栏内注明“本月合计”字样，并在下面通栏划双红线。(　　)

42. 会计工作交接完毕后，移交清册一般应填制两份，交接双方各执一份。(　　)

43. 某外商投资企业的单位负责人刘××，将自己的女儿任命为该企业的会计机构负责人，这一做法违反了会计人员的回避制度。(　　)

44. 对会计信息质量检查主要是综合治理会计信息失真问题，提高会计信息质量。(　　)

45. 纳税主体包括直接负有纳税义务的主体和间接负有纳税义务的主体。(　　)

46. 某企业采用折扣方式进行销售，开具了一张增值税专用发票，并在发票的备注栏注明折扣额，该企业应当按折后价格计算销项税额。(　　)

47. 当期销项税额小于当期进项税额不足抵扣时，其不足部分可以结转下期继续抵扣。(　　)

48. 企业以买一赠一方式组合销售本企业商品的，不属于捐赠，应将总的销售金额按照各项商品的公允价值的比例来分摊，确认各项的销售收入。(　　)

49. 财产租赁所得中允许扣除的修缮费用以每次 800 元为限，一次扣除不完的，准予在下一次继续扣除，直到扣完为止。(　　)

50. 纳税人发生解散、破产、撤销的，应先向市场监管部门或其他机关办理注销登记，再持有关证件向主管税务机关申报办理注销税务登记。(　　)

8. 根据会计法律制度的规定，财务会计报告上可以没有(　　)的签名并盖章。

A. 总会计师

B. 主管会计工作负责人

C. 单位负责人

D. 会计机构负责人(会计主管)

9. ××建设集团承包甲公司的厂房建设工程，合同约定2025年6月1日交工，实际在建设过程中，厂房建设工程于2025年4月23日竣工，5月10日办理竣工财务决算，5月15日交付使用，按照《会计档案管理办法》的规定，应于(　　)办理交接手续。

A. 4月23日　　B. 5月10日

C. 5月15日　　D. 6月1日

10. 下列各项中，关于会计工作的社会监督说法不正确的是(　　)。

A. 社会监督主要指由注册会计师及其所在的会计师事务所依法对委托单位的经济活动进行审计、鉴证

B. 单位和个人检举违反《会计法》和国家统一会计制度的行为属于社会监督

C. 社会监督的特征是监督行为的独立性和无偿性

D. 社会监督属于一种外部监督，是对单位内部监督的再监督

11. A企业采购人员张某将出差住宿费的发票金额300元涂改成500元，并作为报销凭证进行了报销。张某的行为属于下列违法行为中的(　　)。

A. 伪造会计凭证行为

B. 变造会计凭证行为

C. 伪造会计账簿行为

D. 提供虚假财务会计报告行为

12. A公司因业务拓展搬迁至新厂址，为了方便搬迁，财务人员将保管期满的会计档案全部销毁。在销毁的会计档案中，有保管期满但尚在使用的一台电脑的原始凭证。该公司销毁会计档案的行为，下列表述正确的是(　　)。

A. 由于搬迁，所以该公司销毁会计档案的行为是合法的

B. 会计档案全部不能销毁

C. 会计档案只要保管期满就可以销毁

D. A公司应该把尚在使用的电脑的原始凭证单独抽出立卷

13. 下列关于会计机构负责人(会计主管人员)的表述正确的是(　　)。

A. 会计机构负责人(会计主管人员)是单位的行政领导，负有管理本单位所有会计工作的责任

B. 单独设置会计机构的单位应当指定会计主管人员

C. 不单独设置会计机构的单位应当设置会计机构负责人

D. 担任单位会计机构负责人(会计主管人员)的，应当具备会计师以上专业技术职务资格或从事会计工作三年以上经历

14. 下列属于财产税类的税种是(　　)。

A. 增值税　　B. 消费税

C. 房产税　　D. 印花税

15. 纳税人销售货物时，下列价外费用应计入销售额计算销项税额的是(　　)。

A. 受托加工应征消费税的消费品所代收代缴的消费税

B. 销售货物的同时代办保险等向购买方收取的保险费

C. 向购买方收取的销项税额

D. 向购买方收取的优质费

16. 甲公司为增值税小规模纳税人，2024 年 9 月从国外购买了一批手机。海关核定的关税完税价格为 300 万元，缴纳关税 45 万元，甲公司该笔业务应缴纳增值税税额是(　　)万元。

A. $(300+45)\div(1+13\%)\times 13\% = 39.69$

B. $(300+45)\div(1+3\%)\times 3\% = 10.05$

C. $(300+45)\times 13\% = 44.85$

D. (300+45))×3% = 10.35

17. 根据企业所得税法律制度的规定，飞机、火车、轮船、机器、机械和其他生产设备折旧的最低年限是(　　)。

A. 20 年　　B. 10 年

C. 5 年　　D. 3 年

18. 居民企业甲公司 2024 年将自行开发的一项专利技术进行转让，取得转让收入 1 000 万元，该项技术转让有关的成本和费用为 200 万元，转让过程中发生相关的税费 20 万元。已知在一个纳税年度内，居民企业技术转让所得不超过 500 万元的部分免征企业所得税，超过 500 万元的部分减半征收企业所得税。根据企业所得税法律制度的规定，在计算甲公司 2024 年企业所得税应纳税所得额时，该项技术转让所得应当(　　)。

A. 调增 640 万元　　B. 调减 640 万元

C. 调增 280 万元　　D. 调减 280 万元

19. 居民个人取得综合所得，需要办理汇算清缴的，应当在取得所得的次年(　　)办理汇算清缴。

A. 3 月 1 日至 6 月 30 日　　B. 1 月 1 日至 3 月 31 日

C. 5 月 1 日至 7 月 31 日　　D. 10 月 1 日至 12 月 31 日

39. 出纳人员在完成收付现金、登记现金日记账等本职工作后，为充分发挥其积极性，可由其负责登记债务债权结算的总账。（　　）

40. 月结时，需要结出本年累计发生额的，应当在摘要栏内注明“本年累计”字样，并在下面通栏划单红线；12 月末的“本年累计”就是全年累计发生额，应当在下面通栏划双红线。

（　　）

41. 利润表中的项目，除“基本每股收益”和“稀释每股收益”项目外，应当根据相关损益类科目本期发生额分析填列。（　　）

42.《会计法》中的单位负责人是指单位的法定代表人。（　　）

43. 会计机构、会计人员发现会计账簿记录与实物、款项及有关资料不相符的，按照国家统一的会计制度的规定有权自行处理的，应当及时处理；无权处理的，应当立即向会计主管报告，请求查明原因，作出处理。（　　）

44. 单位合并后原各单位解散或者一方存续其他方解散的，原各单位的会计档案应当由合并后的单位统一保管。（　　）

45. 税目是区分不同税种的主要标志，体现了征税的最基本界限，也决定了不同税种间质的差别。（　　）

46. 国际运输服务、航天运输服务及向境外单位提供且完全在境外消费的规定范围内的服务适用于零税率。（　　）

47. 从销售方取得的增值税专用发票、增值税普通发票和农产品销售发票，均可作为抵扣进项税额的凭证。（　　）

48. 企业在纳税年度内发生亏损，不需要向税务机关报送相关纳税资料。（　　）

49. 烟草企业的烟草广告费和业务宣传支出一律不得在计算应纳税所得额时扣除。

（　　）

50. 个人独资企业和合伙企业属于非法人企业，不缴纳企业所得税，只对投资者个人或者自然人(个人)合伙人取得的生产经营所得征收个人所得税。（　　）

C. 长期应付款　　　　D. 一年内到期的非流动负债

8. 根据会计法律制度的规定，下列关于财务会计报告编制的表述，正确的是(　　)。

A. 财务会计报告应当根据会计账簿记录和有关资料编制

B. 财务会计报告应当按照国家统一的会计制度规定的编制基础、编制依据、编制原则和方法进行编制

C. 企业在编制财务会计报告前，应当全面清查资产，核实债务

D. 编制财务会计报告时，不得改变会计要素的确认和计量标准

9. A 公司董事长李某指使会计人员王某编制虚假财务会计报告，未造成严重后果。对该行为，县级以上人民政府财政部门可以对李某进行的处罚是(　　)。

A. 警告通报，处 20 万元以上 100 万元以下的罚款

B. 警告通报，处 20 万元以上 200 万元以下的罚款

C. 警告通报，处 10 万元以上 100 万元以下的罚款

D. 警告通报，处 5 万元以上 50 万元以下的罚款

10. 会计机构和会计人员对不完整、不准确的原始凭证应当采取下列哪种方法处理？(　　)

A. 不予接受，并向单位负责人报告

B. 自行进行补充、更正

C. 予以退回，要求更正、补充

D. 进行作废处理

11. 以虚假的经济业务为依据编造会计凭证和会计账簿，这种行为属于(　　)。

A. 变造会计凭证和会计账簿

B. 伪造会计凭证和会计账簿

C. 做假账行为

D. 提供虚假财务会计报告行为

12. A 公司会计人员在审核原始凭证时所采取的下列处理方式中，不符合法律规定的是(　　)。

A. 发现外来原始凭证有涂改，要求出具单位重开

B. 对记载不完整的原始凭证，退回并要求补充

C. 发现原始凭证金额错误，要求出具单位重开

D. 退回不真实的原始凭证，要求重开

13. 下列选项中没有违背会计法律规定的回避制度的是(　　)。

A. 某国有企业法人代表的妻子担任本单位财务部门经理

B. 某事业单位会计科长的女儿担任本部门出纳员

C. 某外商投资企业董事长的侄女担任财务部门经理

D. 某国家机关财务处处长妻子的侄女担任本部门出纳员

14. 某增值税一般纳税人提供基础电信服务，适用的增值税税率为(　　)。

A. 6%　　　　B. 9%

C. 13%　　　　D. 0%

15. 某增值税小规模纳税人(按季度申报)2025 年第三季度销售货物取得含税价款 48 万元，下列计算应纳税额的算式中正确的是(　　)。

A. 48÷(1+3%)×3%=1.40(元)　　　　B. 48×3%=1.44(元)

C. 48÷(1+1%)×1%=0.48(元)　　　　D. 48÷(1+3%)×1%=0.47(元)

16. 企业发生的下列支出中，在计算应纳税所得额时不得扣除的有(　　)。

A. 合同违约金　　　　B. 印花税

C. 税收滞纳金　　　　D. 银行罚息

17. 根据企业所得税法律制度规定，不需要在我国缴纳企业所得税的是(　　)。

A. 居民企业甲在中国境内取得的所得

B. 非居民企业乙在中国境内取得的所得

C. 在中国境内未设立机构、场所的非居民企业丙在境外取得的所得

D. 实际管理机构在境内的非居民企业丁在境外取得的所得

18. 根据个人所得税法律制度的规定，个人出租不动产、机器设备、车船以及其他财产取得的所得，应按(　　)项目征收个人所得税。

A. 特许权使用费所得　　　　B. 劳务报酬所得

C. 财产租赁所得　　　　D. 财产转让所得

19. 2025 年 5 月，孙某购买体育彩票中奖 5 000 元，孙某领奖时支付交通费和餐费共计 100 元，已知，偶然所得个人所得税税率为 20%，孙某本次中奖应缴纳个人所得税额是(　　)元

A. 1 000　　　　B. 980

C. 0　　　　D. 240

20. 实行定期定额征收方式的个体工商户需要停业的，应当在停业前向税务机关申报办理停业登记，停业期限不得超过(　　)。

A. 半年　　　　B. 1 年

C. 2 年　　　　D. 3 年

二、多项选择题(15 个小题，每小题 3 分，共 45 分)

21. 以下对会计分期说法正确的是(　　)。

A. 会计分期是对会计主体活动的时间范围上的限定

B. 会计期间分为年度、半年度、季度和月度

41. 资产负债表的各项目是根据相应的资产、负债和所有者权益类账户的本期发生额分析计算填列的。（ ）

42. 会计机构、会计人员对指使、强令编造、篡改财务报告行为，应当制止和纠正；制止和纠正无效的，应当向单位负责人报告，请求处理。（ ）

43.《会计法》和国家统一的会计制度规定，企业采用的会计处理方法，前后各期应该一致，不得变更。（ ）

44. A 公司出纳员张某在审核该公司购买办公用品的发票时，发现出具发票的商场名称“京华购物中心”写成了“华京购物中心”，张某认为只是名称错了，其他信息都正确，不影响记账，就不用改了。（ ）

45. 增值税是对销售货物、提供服务或者发生应税行为过程中实现的增值额征收的一种税。（ ）

46. 企业所得税按月或按季预缴的，应当自月份或季度终了之日起 15 日内向税务机关报送预缴企业所得税纳税申报表预缴税款。（ ）

47. 企业税前扣除项目的工资薪金支出是企业应该支付给工人的职工薪酬。（ ）

48. 专项扣除、专项附加扣除和依法确定的其他扣除，一个纳税年度扣除不完的，可以结转以后年度扣除。（ ）

49. 税务登记是税务机关对纳税人实施税收征收管理的起点和基础工作。（ ）

50. 消费税和关税是价内税，增值税是价外税。（ ）

8. 根据会计法律制度的规定，下列关于对外提供的财务会计报告的表述不正确的是(　　)。

A. 向不同的会计资料使用者提供的财务会计报告，其编制依据应当一致

B. 企业应当依照企业章程的规定，向投资者提供财务会计报告

C. 国有企业、国有控股或占主导地位的企业，应当每年一次向本企业的职工代表大会公布财务会计报告

D. 财务会计报告须经注册会计师审计的，注册会计师及其所在的会计师事务所出具的审计报告应当随同财务会计报告一并对外提供

9. 某企业业务收支以美元为主，关于该企业使用记账本位币的说法正确的是(　　)。

A. 必须用人民币作为记账本位币，编制的财务会计报告也必须选用人民币

B. 可选用美元作为记账本位币，但是编制的财务会计报告应折算为人民币

C. 可选用美元作为记账本位币，编制财务会计报告应与记账本位币一致

D. 必须选用人民币作为记账本位币，但编制的财务会计报告可折算为美元

10. 2025 年 6 月，A 公司负责会计档案保管的刘某外出培训，财务经理指定出纳王某兼任张某的工作，并办理了交接手续。关于这一做法是否符合规定，下列说法正确的是(　　)。

A. 符合规定，设置会计工作岗位可以一人多岗

B. 不符合规定，设置会计工作岗位的原则是一人一岗

C. 符合规定，出纳兼任刘某工作是财务经理指定并办理了交接手续

D. 不符合规定，出纳人员不可以兼任会计档案保管工作

11. 根据我国会计法的规定，在下列有关内部监督的表述，符合法律规定的是(　　)。

A. 监督的对象是本单位的会计机构和会计人员

B. 内部会计监督的主体是本单位的经济活动

C. 会计机构、会计人员发现账实不符的，应当向单位负责人报告

D. 会计机构和会计人员对违反《会计法》的会计事项，有权拒绝办理或予以纠正

12. 根据《代理记账管理办法》的规定，关于设立代理记账机构应当符合的条件说法不正确的是(　　)。

A. 具备从事代理记账业务能力的专职从业人员不少于 3 名

B. 具有会计师以上专业技术职务资格的专职人员可担任主管代理记账业务的负责人

C. 有固定的办公场地

D. 有健全的代理记账业务内部规范

13. 某国有企业委托 A 会计师事务所对年度会计报告进行审计，A 会计师事务所承办的该业务属于(　　)。

A. 政府监督　　　　B. 单位内部监督

C. 社会监督　　D. 行业监督

14. 下列属于流转税类的是(　　)。

A. 消费税　　B. 企业所得税

C. 房产税　　D. 印花税

15. 某食品企业 2025 年 3 月 15 日与某超市签订了销售合同，合同约定：超市于 4 月 2 日预付货款给食品企业，食品企业于 4 月 5 日发货。食品企业于 4 月 4 日收到了超市转账。该增值税纳税义务发生的时间应为(　　)。

A. 3 月 15 日　　B. 4 月 2 日

C. 4 月 5 日　　D. 4 月 4 日

16. 下列各项中属于现代服务征税范围的是(　　)。

A. 文化体育服务　　B. 餐饮住宿服务

C. 租赁服务　　D. 保险服务

17. 根据企业所得税法律制度规定，下列各项收入中，不属于销售货物收入的是(　　)。

A. 饮料厂销售饮料瓶

B. 风扇厂销售电风扇

C. 电动车厂销售生产线设备

D. 服装厂销售布料

18. 甲公司 2024 年度为符合条件的小型微利企业，当年企业年应纳税所得额为 100 万元。已知小型微利企业年应纳税所得额不超过 300 万元的部分，减按 25%计入应纳税所得额，按 20%的税率缴纳企业所得税，甲公司 2024 年度应缴纳其所得税税额为(　　)万元。

A. 20　　B. 10

C. 5　　D. 15

19. 根据个人所得税法律制度的规定，个体工商户从事生产、经营活动取得的所得，应按(　　)项目征收个人所得税。

A. 工资、薪金所得　　B. 劳务报酬所得

C. 特许权使用费所得　　D. 经营所得

20. “五证合一、一照一码”登记制度是指由(　　)核发加载法人和其他组织统一社会信用代码的营业执照，使营业执照成为企业唯一的“身份证”，使统一社会信用代码成为企业唯一的“身份代码”。

A. 工商行政管理部门　　B. 税务部门

C. 质量技术监督部门　　D. 劳动保障行政部门

二、多项选择题(15 个小题，每小题 3 分，共 45 分)

21. 下列关于会计核算与会计监督职能关系的表述中，正确的是(　　)。

39. 借贷记账法的记账规则“有借必有贷，借贷必相等”强调一个账户的借方必须和另一个账户的贷方对应且金额相等。 (　　)

40. 无论企业采用哪种账务处理程序，登记账簿的依据都是审核无误的会计凭证。

(　　)

41. 企业在财产清查中，收发差错造成的存货盘亏，会影响当期营业利润。 (　　)

42. 会计人员对记载不合法、不完整的原始凭证应予以退回，并要求按照国家统一的会计制度的规定更正、补充。 (　　)

43. 会计账簿记录发生错误时，不允许用涂改、挖补、刮擦、药水消除等手段更正错误，但可以重抄。 (　　)

44. 根据《代理记账管理办法》的规定，除会计师事务所外，从事代理记账业务的机构必须持有县级以上人民政府财政部门核发的代理记账许可证。 (　　)

45. 负有纳税义务的单位和个人应当依法纳税，否则就会受到法律的制裁，这体现的是税收的无偿性。 (　　)

46. 销售货物是指有偿转让货物的所有权，货物仅指有形动产，不包括电力、热力、气体。 (　　)

47. 在中国境内设立机构、场所的非居民企业，从居民企业取得的与该机构、场所有实际联系的股息、红利收入属于免税收入。 (　　)

48. 企业发生的收益性支出在发生当期直接扣除，资本性支出应当分期扣除或者计入有关资产成本，不得在发生当期直接扣除。 (　　)

49. 个人取得单张有奖发票奖金所得不超过 800 元(含 800 元)的暂免征收个人所得税，超过 800 元的应就超过的部分按“偶然所得”项目征收个人所得税。 (　　)

50. 税务代理只能站在公正的立场上，客观地评价代理人的经济行为，既维护国家利益，又保护委托人的合法权益，体现了公正性。 (　　)

A.《会计基础工作规范》　　B.《企业财务会计报告条例》

C.《注册会计师法》　　D.《会计法》

9. 下列人员中，应该对本单位的会计资料的真实性和完整性负责的是(　　)。

A. 股份有限公司的董事长　　B. 有限责任公司的财务总监

C. 国有工业企业的董事长　　D. 医院主管财务工作的副院长

10. 下列各项中，不属于会计报表种类的是(　　)。

A. 科目汇总表　　B. 资产负债表

C. 现金流量表　　D. 利润表

11. 会计机构、会计人员对不真实的原始凭证的处理方式，符合会计法律制度的是(　　)。

A. 将原始凭证退回，要求更正

B. 将原始凭证退回，要求重开

C. 不予接受，并向单位负责人报告

D. 将该凭证进行作废处理

12. 下列各项中，对会计工作政府监督表述，不正确的是(　　)。

A. 财政部门是《会计法》的执法主体，是会计工作的政府监督实施主体

B. 财政部门实施会计监督检查的对象是有关单位的会计资料

C. 财政部门实施会计监督检查的对象是会计行为

D. 财政部门对发现的有违法会计行为的单位和个人实施行政处罚

13. A 企业规模较小且业务简单，不具备单独设置会计机构的条件，企业决定由行政部门兼管企业会计工作，则企业在该行政部门(　　)。

A. 可以不配备会计人员

B. 配备专职会计人员并指定会计主管人员

C. 配备兼职会计人员并指定会计主管人员

D. 找代理记账机构代理记账

14. 某 4S 店在销售车辆时代保险公司收取的保险费，在核算时(　　)。

A. 应计入销售额计算销项税额

B. 不应计入销售额计算销项税额

C. 由税务机关核定是否计入销售额

D. 以上说法都不对

15. 2024 年 6 月，将自产的 500 台电扇发放给员工，已知，该企业每台电扇零售价为 200 元，成本为 150 元，下列计算销项税额的算式中正确的是(　　)。

A. $200\times500\times13\%=13\ 000$(元)

B. 150×500×13% = 9 750(元)

C. 200×500÷(1+13%)×13% = 11 504.42(元)

D. 150×500×(1+10%)×13% = 10 725(元)

16. 根据企业所得税法律制度规定，下列关于所得来源地的确定表述，不正确的是(　　)。

A. 销售货物所得，按交易活动发生地确定

B. 不动产转让所得按不动产所在地确定

C. 动产转让所得按动产所在地确定

D. 权益性投资资产转让所得按被投资企业所在地确定

17. 根据个人所得税法律制度的规定，保险营销员、证券经纪人取得的佣金收入，应按(　　)项目征收个人所得税。

A. 工资、薪金所得　　B. 劳务报酬所得

C. 特许权使用费所得　　D. 经营所得

18. 根据个人所得税法律制度的规定，个人将其所得对教育、扶贫、济困等公益慈善事业进行捐赠，捐赠额未超过纳税人申报的应纳税所得额(　　)的部分可以从其应纳税所得额中扣除。

A. 12%　　B. 15%

C. 20%　　D. 30%

19. 从事生产经营的纳税人，应自领取营业执照或者发生纳税义务之日起(　　)内按规定设置账簿。

A. 10 日　　B. 12 日

C. 15 日　　D. 20 日

20. 纳税人有骗税行为，由税务机关追缴其骗取的退税款，并处骗取税款(　　)的罚款；构成犯罪的，依法追究刑事责任。

A. 1 倍以上 5 倍以下　　B. 50%以上 3 倍以下

C. 3 倍以上 5 倍以下　　D. 5 倍以上 10 倍以下

二、多项选择题(15 个小题，每小题 3 分，共 45 分)

21. 下列有关会计主体的表述，正确的是(　　)。

A. 会计主体是指会计所核算和监督的特定单位或组织

B. 会计主体界定了从事会计工作和提供会计信息的时间范围

C. 由若干具有法人资格的企业组成的企业集团也是会计主体

D. 明确会计主体就是要明确“记谁的账，编谁的表”

22. 下列属于会计拓展职能的是(　　)。

A. 预测经济前景　　B. 评价经营业绩

40. 对于复式记账法，任何只在借方登记或贷方登记，而无对应的贷方或借方记录，或者借贷金额不相等的记录，都是错误的会计记录。 (   )

41. 登记账簿时，在只设借方或贷方专栏的账页中，用红色圆珠笔登记减少数。 (   )

42. 记账凭证应当根据经过审核的原始凭证及有关资料编制。 (   )

43. 企业要按照法律规定的结账日结账，可以提前，但不得延后。 (   )

44. 会计报表之间、会计报表各项目之间，凡有对应关系的数字，应当相互一致，如不一致，应在报表附注中说明。 (   )

45. 所得税的征收对象不是一般的收入，而是总收入减去扣除项目后的余额。 (   )

46. 某纳税人销售机器设备，同时提供机器设备的安装服务，应分别核算销售货物和安装服务的销售额，分别适用不同的税率计算销项税额。 (   )

47. 单位或者个体工商户向其他单位或个人无偿转让无形资产或者不动产的，不征收增值税。 (   )

48. 非营利组织从事营利性活动取得的收入属于免税收入。 (   )

49. 企业所得税的纳税人包括各类企业、事业单位、社会团体、合伙企业、民办非企业单位和从事经营活动的其他组织。 (   )

50. 某大学教授和科技公司约定 8 月份给新入职员工连续培训两次，每次报酬 2 000 元，则应该按两次计算个人所得税。 (   )

A. 27 000　　B. 26 500

C. 33 500　　D. 34 000

8. 下列各项中，没有违反国家统一会计制度的行为是(　　)。

A. 不依法设置会计账簿

B. 会计记录文字只使用中文

C. 随意变更会计处理方法

D. 任用会计人员不符合会计法规规定

9. 会计机构、会计人员有权不予受理的原始凭证包括(　　)。

A. 不真实、不合法的原始凭证

B. 金额有错的原始凭证

C. 不准确、不完整的原始凭证

D. 单位名称有误的原始凭证

10. 下列关于单位负责人的表述错误的是(　　)。

A. 单位负责人对本单位会计资料的真实性和完整性负责

B. 单位负责人可以是单位的法定代表人，如国有工业企业的厂长(经理)

C. 单位负责人不得授意、指使、强令会计机构和会计人员违法办理会计事项

D. 合伙企业的合伙人是单位负责人

11. 对外来原始凭证错误更正，不违背《会计法》规定的是(　　)。

A. 外来原始凭证金额有错误的，由原出具单位重开

B. 外来原始凭证金额有错误的，由原出具单位更正，并加盖单位公章

C. 外来原始凭证除金额以外的记载内容有错误的，由接受单位更正

D. 外来原始凭证除金额以外的记载内容有错误的，由接受单位更正，并加盖单位公章

12. 2015 年 7 月份的会计档案销毁清册保管期限是(　　)。

A. 2015 年 8 月 1 日到 2045 年 7 月 31 日

B. 2016 年 1 月 1 日到 2045 年 12 月 31 日

C. 2015 年 8 月 1 日到永久

D. 2016 年 1 月 1 日到永久

13. 在进行会计工作交接时，不符合交接要求的是(　　)。

A. 接替人员发现现金短缺或白条抵库现象时，应由移交人员在规定期限内负责查清处理

B. 银行存款账户余额要与银行对账单核对相符，如有未达账项，应编制银行存款余额表

C. 对所有实物要实地盘点，对往来账户要与往来单位、个人核对

D. 实行会计电算化的单位，交接双方应在电子计算机上对有关数据进行实际操作，确认有关数字正确无误

14. 某企业为增值税一般纳税人，销售货物适用的增值税税率为13%。该企业销售一批货物，不含税销售额为10万元，包装费3 390元，则下列计算其增值税销项税额正确的是(　　)。

A. 100 000×13%＝13 000(元)

B. 100 000×13%+3 390÷(1+13%)＝16 000(元)

C. (100 000+3 390)÷(1+13%)×13%＝11 894.42(元)

D. (100 000+3 390)×13%＝13 440.7(元)

15. 某企业采取折扣方式销售货物，销售额和折扣额在同一张发票上的"金额"栏分别注明，已知销售额为20万元，折扣额为2万元，则该企业的销售额为(　　)万元。

A. 20　　B. 18

C. 22　　D. 16

16. 2025年5月8日，甲公司与乙公司签订了一项销售合同，采取分期收款方式销售一批商品，合同约定乙公司5月15日和6月15日分两次支付货款，甲公司5月12日发出商品，5月15日乙公司没能依约定支付货款。根据企业所得税法律制度规定，甲公司2025年5月份上述销售收入确认时间是(　　)。

A. 5月8日　　B. 5月15日

C. 5月12日　　D. 6月15日

17. 根据企业所得税法律制度规定，企业纳税年度发生的亏损准予用以后年度的税前所得弥补，结转年限最长不得超过(　　)。

A. 3年　　B. 5年

C. 8年　　D. 10年

18. 在中国境内有住所，或者无住所而一个纳税年度内在中国境内居住累计满(　　)天的个人，为居民个人。

A. 90　　B. 183

C. 270　　D. 365

19. 中国公民张某是独生子，其父母均年满60周岁，有两个孩子，大女儿在读小学一年级，小女儿未满3周岁，假设张某没有其他专项附加扣除，且所有扣除均由张某承担，根据个人所得税法律制度的规定，张某每个月的专项附加扣除是(　　)元。

A. 5 000　　B. 6 000

C. 7 000　　D. 10 000

34. 根据个人所得税法律制度的规定，下列属于个人所得税纳税人的有(　　)。

A. 增值税一般纳税人

B. 增值税小规模纳税人

C. 居民纳税人

D. 非居民纳税人

35. 根据个人所得税法律制度的规定，自行申报纳税的情形包括(　　)。

A. 取得综合所得需要办理汇算清缴的纳税人

B. 取得应税所得没有扣缴义务人的

C. 取得境外所得的纳税人

D. 非居民个人在中国境内从两处以上取得工资、薪金所得

三、判断题(15 个小题，每小题 1 分，共 15 分)

36. 相关性要求企业的会计信息应当清晰明了、简明扼要，数据记录和文字说明能一目了然地反映出经济活动的来龙去脉。(　　)

37. 强化服务要求会计人员做老实账，说老实话，办老实事，执业谨慎，不弄虚作假。(　　)

38. 负债是企业过去的交易或事项形成的现时义务，因此需要以货币资金偿还。(　　)

39. 企业购入的机器设备能够作为固定资产确认并计提折旧，依据的会计核算前提是会计分期。(　　)

40. 在财产物资或库存现金的保管人员发生变动时，企业必须进行局部清查。(　　)

41. 期末企业日记账余额和银行对账单余额经过调整未达账项后如果相符，则调整后的金额为银行存款实存数。(　　)

42. 填制记账凭证时，应当对记账凭证进行连续编号。一笔经济业务需要填制两张以上记账凭证的，可以采用分数编号法编号。(　　)

43. 根据《会计法》的规定，国务院财政、审计、税务、金融部门主管全国会计工作。(　　)

44.《会计法》所称的内部会计监督是指单位审计部门对本单位会计工作的监督。(　　)

45. 从价税是以价格为标准从量计征的税种，也称从价计征，多数税种为从价税，如增值税、企业所得税、对啤酒和黄酒及成品油征收的消费税。(　　)

46. 企业购进的一辆货车同时用于职工食堂和运送货物，购进该货车所发生的进项税额可以抵扣。(　　)

47. 只有增值税小规模纳税人才可以选择简易计税方法。采用征收率计税时不得抵扣进项税额。(　　)

48. 不征税收入是指属于企业的应税所得，但按照法律规定免予征收企业所得税的收入。(　　)

49. 经营所得，以每一纳税年度的收入总额减除成本、费用以及损失后的余额，为应纳税所得额，其中包括允许弥补的以前年度亏损。 (　　)

50. 根据税收法律、行政法规的规定，负有扣缴税款义务的，扣缴义务人(国家机关除外)可以不办理扣缴税款登记。 (　　)

B. 用银行存款支付材料款

C. 开出商业承兑汇票抵偿前欠货款

D. 用盈余公积转增资本

8. 根据会计法律制度的规定，下列人员中对本单位的会计工作和会计资料的真实性、完整性负责的是(　　)。

A. 总会计师

B. 单位负责人

C. 会计机构负责人

D. 单位审计机构负责人

9. 下列各项中，不属于会计档案的是(　　)。

A. 会计凭证

B. 年度财务会计报告

C. 单位的财务制度

D. 纳税申报表

10. 关于会计专业技术人员继续教育的表述，正确的是(　　)。

A. 具有会计专业技术资格的人员应当自取得会计专业技术资格的当年开始参加继续教育

B. 会计专业技术人员继续教育内容包括公需科目和技能科目

C. 会计专业技术人员参加继续教育采取学分制管理制度，每年参加继续教育取得的学分不得少于 90 学分

D. 会计专业技术人员参加继续教育取得的学分可以结转下年度

11. 下列关于会计档案的鉴定与销毁的说法，不正确的是(　　)。

A. 会计档案鉴定工作应当由单位会计管理机构牵头

B. 单位负责人、档案管理机构负责人和经办人、会计管理机构负责人和经办人在会计档案销毁清册上签署意见

C. 电子会计档案销毁由单位档案管理机构、会计管理机构及信息系统管理机构共同派员监销

D. 保管期满但涉及未了事项的会计凭证不得销毁

12. 下列关于会计工作交接前的准备工作，表述不正确的是(　　)。

A. 已受理的经济业务尚未填制会计凭证的，应当填制完毕

B. 尚未登记的账目可以留给接替人员登记

C. 对未了事项和遗留问题写出书面说明材料

D. 编制移交清册

13. 下列关于总会计师的表述正确的是(　　)。

A. 国有的和国有资产占控股地位或主导地位的企业必须设置总会计师

B. 总会计师是负责会计工作的中层领导人员

C. 总会计师是一种专业技术职务

D. 凡设置总会计师的单位，在单位行政领导中，不设与总会计师职务重叠的副职

14. 以下税种中，属于行为税类的是(　　)。

A. 资源税　　B. 车船税

C. 印花税　　D. 企业所得税

15. 从增值税小规模纳税人处购进农产品用于生产 13%税率的货物，并从增值税小规模纳税人处取得增值税专用发票，下列计算进项税额正确的是(　　)。

A. 按增值税专用发票注明的税额

B. 以增值税专用发票上注明的金额和 9%的扣除率计算

C. 以增值税专用发票上注明的金额和 10%的扣除率计算

D. 不得抵扣

16. 某增值税一般纳税人取得一张注明旅客身份信息的航空运输电子客票行程单，票价 900 元，燃油附加费 55 元，机场建设费 60 元，计算可以抵扣的进项税额正确的是(　　)。

A. (900+55+60)÷(1+9%)×9%＝83. 81(元)

B. (900+55)÷(1+9%)×9%＝78. 85(元)

C. (900+60)÷(1+9%)×9%＝79. 27(元)

D. (900+55+60)÷(1+3%)×3%＝29. 56(元)

17. 根据企业所得税法律制度规定，下列关于企业所得税税率说法不正确的是(　　)。

A. 居民企业的税率是 25%

B. 非居民企业的税率是 20%

C. 小型微利企业的税率是 20%

D. 国家需要重点扶持的高新技术企业的税率是 15%

18. 2024 年 9 月，许某转让一处商品房取得收入 120 万元(不含税)，该商品房买入时价格为 80 万元，发生合理的费用 1 万元。已知，财产转让所得个人所得税税率为 20%。计算张某当月转让商品房应缴纳个人所得税税额的下列算式中，正确的是(　　)。

A. (120−80−1)×20%　　B. (120−80)×20%

C. (120−1)×20%　　D. 120×20%

19. 根据个人所得税法律规定，对个人按市场价格出租的居民住房取得的所得暂减按(　　)的税率征收个人所得税。

A. 5%　　B. 10%

C. 15%　　D. 20%

20. 停业、复业登记适用于实行(　　)方式的纳税人因自身经营的需要暂停经营或者恢

34. 根据个人所得税法律规定，继续教育专项附加扣除包括(　　)。

A. 纳税人在中国境内接受学历(学位)继续教育的支出

B. 纳税人接受技能人员职业资格继续教育的支出

C. 纳税人接受专业技术人员职业资格继续教育的支出

D. 纳税人接受全日制博士研究生教育的支出

35. 根据我国《税收征收管理法》的规定，纳税担保的范围包括(　　)。

A. 税款　　B. 滞纳金

C. 实现税款、滞纳金的费用　　D. 罚款

三、判断题(15 个小题，每小题 1 分，共 15 分)

36. 某企业 7 月预付了下半年报刊杂志费 120 元，将这 120 元全部计入了 7 月份费用，符合了会计信息质量重要性要求。(　　)

37. 在我国，会计期间分为年度、季度、月份和旬。(　　)

38. 会计职业道德是对会计法律制度的重要补充，会计法律制度是对会计职业道德的最低要求。(　　)

39. “税金及附加”核算企业经营活动中应负担的消费税、城市维护建设税、教育费附加、增值税、所得税等。(　　)

40. 成本核算就是将企业发生的生产费用，按照一定的对象进行归集、分配，进而计算各对象的总成本和单位成本的过程。(　　)

41. 填制原始凭证，汉字大写金额数字到元位或角位为止的，后面必须写“正”或“整”字，分位后面不用写“正”或“整”字。(　　)

42. 财务会计报告由会计报表、会计报表附注和财务情况说明书组成，如有注册会计师出具的审计报告，也属于财务会计报告的一部分。(　　)

43. 因挪用公款、职务侵占等与会计职务有关的违法行为被依法追究刑事责任的人员，五年内不得再从事会计工作。(　　)

44. 注册会计师属于会计专业职务。(　　)

45. 减税、免税是对全部纳税人和征税对象采取减少征税或者免予征税的特殊规定。(　　)

46. 按固定期限纳税的增值税小规模纳税人可以选择一个月或者一个季度为纳税期限，一经选择一个会计年度内不得变更。(　　)

47. 纳税人发生应税销售行为因销售折让、中止或者退回的，应当扣减当期的销项税额或者销售额。(　　)

48. 转让财产收入是指企业转让固定资产、生物资产、无形资产、股权、债权等财产取得的收入。(　　)

49. 纳税人及其配偶在一个纳税年度内能同时分别享受住房贷款利息和住房租金专项附加扣除。（　　）

50. 居民个人取得综合所得，按年计算个人所得税，有扣缴义务人的，由扣缴义务人按月或者按次预扣预缴税款。（　　）

A. 1月1日至7月31日累计发生亏损10 000元

B. 1月1日至7月31日累计实现盈利10 000元

C. 7月份亏损10 000元

D. 7月份盈利10 000元

8. 下列各项中，不属于会计法律制度的是(　　)。

A. 会计法律

B. 会计行政法规

C. 会计部门规章

D. 河北省会计行业协会会员制度

9. 下列各项情况中，可以销毁会计档案的是(　　)。

A. 保管期满且无保存价值的会计档案

B. 保管期满正在项目建设期间的会计档案

C. 保管期满未结清的债权债务的会计凭证

D. 保管期满涉及未了事项的会计凭证

10. 某单位会计人员在填制记账凭证过程中发生了以下事项，正确的是(　　)。

A. 根据未经审核的原始凭证填制记账凭证

B. 根据若干张原始凭证进行汇总填制记账凭证

C. 期末结账的记账凭证未附原始凭证

D. 填制记账凭证时出现了错误，用补充登记法进行了更正

11. 根据《会计法》规定，下列情况中，不需要办理会计工作交接的是(　　)。

A. 会计顾某离职

B. 出纳李某因病住院

C. 会计张某外出培训归来

D. 会计主管高某出差一天

12. 下列会计法律制度中，由国务院制定的是(　　)。

A.《会计法》

B.《代理记账管理办法》

C.《企业会计准则》

D.《企业财务会计报告条例》

13. 下列各项中，属于伪造会计凭证行为的是(　　)。

A. A公司为客户虚开假发票一张，并按票面金额的15%收取好处费

B. 业务员陈某将住宿发票上的金额500元，用“消字灵”修改为800元报账

C. A企业出纳将一张报销凭证上的金额7 000元涂改为9 000元

D. 采购部门转来一张普通发票，购买方名称有误，出票单位已作更正并加盖出票单位公章

14. 纳税人发生视同销售货物行为，主管税务机关有权按照一定顺序核定其销售额，首先按照(　　)确定。

A. 纳税人最近时期销售同类货物的平均价格

B. 其他纳税人最近时期销售同类货物的平均价格

C. 组成计税价格

D. 产品的生产成本

15. 甲公司为增值税一般纳税人，2024 年 6 月从国外购买了一批机器配件。海关核定的关税完税价格为 150 万元，关税税率为 20%，已知增值税税率为 13%，甲公司该笔业务应缴纳增值税税额为(　　)。

A. 150×(1+20%)÷(1+13%)×13%=20.71(万元)

B. 150×(1+20%)×13%=23.4(万元)

C. 150÷(1+13%)×13%=17.26(万元)

D. 150×13%=19.5(万元)

16. 居民企业应缴纳所得税额的计算公式为(　　)。

A. 应纳税额=应纳税所得额×适用税率

B. 应纳税额=应纳税所得额×适用税率-减免税额-抵免税额

C. 应纳税额=收入总额×适用税率-减免税额-抵免税额

D. 应纳税额=收入总额×适用税率

17. 根据个人所得税法律制度的规定，下列所得中，属于“劳务报酬所得”的是(　　)。

A. 个人在单位任职取得的收入

B. 个人独立从事演出取得的收入

C. 个人因作品出版取得的收入

D. 个人出租房屋取得的收入

18. 中国公民王某是境内甲公司销售人员，王某有一个女儿，就读于小学二年级，由王某与妻子分别按扣除标准的 50%扣除。王某父母均年满 60 周岁，王某与姐姐平均分摊赡养老人专项附加扣除。王某每个月工资 15 000 元，每月专项扣除 3 000 元，1~5 月工资、薪金所得累计已预扣预缴个人所得税款 675 元。已知，工资、薪金所得个人所得税预扣率为 3%。下列计算王某 6 月份工资应预扣预缴个人所得税额正确的是(　　)。

A. (15 000×6-5 000×6-3 000×6-1 000×6-1 500×6)×3%-675=135(元)

B. (15 000×6-5 000×6-3 000×6-1 000×6-1 000×6)×3%-675=225(元)

C. (15 000×6-5 000×6-1 000×6-1 500×6)×3%-675=675(元)

C. 转让自然资源使用权

D. 销售建筑物

33.《企业所得税法》规定的企业所得税的税收优惠方式包括(　　)。

A. 免税　　B. 减税

C. 加计扣除　　D. 税额抵免

34. 根据企业所得税法律制度的规定，下列各项中属于不征税收入的有(　　)。

A. 财政拨款

B. 国债利息收入

C. 依法收取并纳入财政管理的行政事业性收费、政府性基金

D. 确实无法偿付的应付款项

35. 下列各项中，在计算个人所得税经营所得时，允许据实扣除的有(　　)。

A. 从业人员的工资

B. 补充养老保险

C. 财产保险费

D. 新产品的研发费用

三、判断题(15 个小题，每小题 1 分，共 15 分)

36. 会计是指以货币为主要计量单位，反映和监督一个单位经济活动的一种管理活动，是经济管理的重要组成部分。(　　)

37. 持续经营是会计分期的前提，在持续经营前提下，会计期间的划分是配合生产经营活动的自然现象，而不是人为的划分。(　　)

38. 对于尚未入账的未达账项，企业应根据银行存款余额调节表将未达账项入账。(　　)

39. 原始凭证应由会计人员填写，非会计人员不得填写，以保证会计凭证的正确性。(　　)

40. 备查账簿是各单位根据业务需要自行设置的账簿。(　　)

41.“在建工程”期末余额，应列入资产负债表“固定资产”项目。(　　)

42. 当年形成的会计档案，在会计年度终了后必须立即移交本单位档案管理机构统一保管。(　　)

43. 支付款项的原始凭证必须有收款单位和收款人的收款证明。(　　)

44. 会计机构负责人应当保证财务会计报告真实、完整。(　　)

45. 纳税人采取欺骗、隐瞒手段进行虚假纳税申报或者不申报，逃避缴纳税款的行为，属于骗税行为。(　　)

46. 依照法律、行政法规的规定应当设置账簿，但没有设置账簿的，税务机关有权核定

其应纳税额。 ( )

47. 购进的货物发生非正常损失，只需要转出购进货物的进项税额，相关的劳务和交通运输服务不需要转出。 ( )

48. 增值税一般纳税人发生销售折让时应按规定开具红字增值税专用发票。未按规定开具红字增值税专用发票的增值税额不得从销项税额中扣减。 ( )

49. 以经营租赁方式租入固定资产发生的租赁费支出，按照租赁期限平均扣除。 ( )

50. 税收保全措施适用于从事生产、经营的纳税人、扣缴义务人未按照规定的期限缴纳或者解缴税款，纳税担保人未按照规定的期限缴纳所担保的税款的情形。 ( )

方法是(　　)。

A. 将其从“待处理财产损溢”科目转入“管理费用”科目

B. 将其从“待处理财产损溢”科目转入“营业外支出”科目

C. 将其从“待处理财产损溢”科目转入“其他应收款”科目

D. 将其从“待处理财产损溢”科目转入“其他应付款”科目

9. 下列关于货币资金的表述中，正确的是(　　)。

A. 企业的货币资金包括库存现金、银行存款和其他货币资金

B. 银行汇票存款通过“银行存款”科目核算

C. 银行本票存款通过“应付票据”科目核算

D. 商业汇票通过“其他货币资金”科目核算

10. 某企业销售一批商品，增值税专用发票上注明的价款为 60 万元，适用的增值税税率为 13%，为购买方代垫运杂费 2 万元，款项尚未收回。该企业确认的应收账款为(　　)万元。

A. 60　　　　B. 62

C. 67. 8　　　　D. 69. 8

11. 根据新收入准则，企业销售商品时给予的现金折扣应如何处理？(　　)

A. 直接冲减销售收入

B. 作为财务费用，实际发生时计入当期损益

C. 按可变对价估计金额调整收入，确认为“预计负债”

D. 不作处理，实际发生时计入销售费用

12. 甲公司 2024 年 12 月 1 日销售一批商品给乙公司，开出的增值税专用发票上注明的售价为 200 万元，增值税税额为 26 万元，甲公司确认了收入。由于乙公司财务状况不佳，预计该账款很难收回。2024 年 12 月 31 日，该笔应收账款的账面价值应为(　　)万元。

A. 200　　　　B. 226

C. 0　　　　D. 26

13. 对于原材料发出业务，应由生产车间填制的原始凭证是(　　)。

A. 收料单　　　　B. 领料单

C. 入库单　　　　D. 出库单

14. 某企业外购材料，买价 50 000 元，运输费 3 000 元，装卸费 1 000 元，入库前挑选整理费 500 元，该材料的采购成本为(　　)元。

A. 50 000　　　　B. 53 000

C. 54 000 元　　　　D. 54 500

15. 企业原材料按实际成本计价，采用先进先出法核算。月初结存甲材料 200 公斤，单

位成本 10 元；本月购入甲材料 300 公斤，单位成本 12 元；本月发出甲材料 400 公斤。则发出甲材料的成本为(　　)元。

A. 4 400　　B. 4 600

C. 4 480　　D. 5 000

16. 原材料按实际成本计价收入核算时，收到普通发票账单，材料尚未到达，应做的会计分录是(　　)。

A. 借：原材料

贷：银行存款

B. 借：在途物资

贷：银行存款

C. 借：材料采购

贷：银行存款

D. 借：库存商品

贷：银行存款

17. 工业企业销售库存商品，确认收入时，应贷记的会计科目是(　　)。

A. 库存商品　　B. 主营业务收入

C. 其他业务收入　　D. 营业外收入

18. 企业存货清查发现盘盈，经批准后，应贷记的会计科目是(　　)。

A. 营业外收入　　B. 待处理财产损溢

C. 其他业务收入　　D. 管理费用

19. 下列不属于固定资产取得原始凭证的是(　　)。

A. 固定资产购买发票

B. 固定资产折旧计算表

C. 固定资产投资转入清单

D. 固定资产捐赠接收单

20. 甲企业为增值税一般纳税人，购入一台设备，取得的增值税专用发票上注明的买价 100 000 元，增值税 13 000 元；取得运输部门开具的增值税专用发票注明的运费 2 000 元，增值税 180 元。设备已交付使用，款项以银行存款支付。该设备的入账价值为(　　)元。

A. 100 000　　B. 102 000

C. 113 000　　D. 115 000

21. 企业购入需要安装的固定资产，在安装过程中发生的安装费应记入的会计科目是(　　)。

A. 固定资产　　B. 管理费用

负担的材料费用是(　　)元。

A. 4 000　　B. 5 000

C. 15 000　　D. 20 000

39. 期末按一定的标准分配结转制造费用时，应借记(　　)账户。

A. 制造费用　　B. 管理费用

C. 生产成本　　D. 在建工程

40. 下列材料的领用，可以直接记入“生产成本”账户的是(　　)。

A. 车间维修领用　　B. 生产产品领用

C. 行政部门领用　　D. 销售部门领用

41. 某工业企业“生产成本”账户期初余额为 19 000 元，本月实际发生直接材料费 8 000 元，直接人工费 20 000 元，分配转入的制造费用 9 000 元，月末结转完工产品成本 55 000 元，该账户的期末余额为(　　)。

A. 借方 1 000 元　　B. 贷方 1 000 元

C. 借方 9 300 元　　D. 贷方 8 700 元

42. 企业销售产品时，随同产品销售并单独计价的包装物，应计入(　　)。

A. 主营业务收入　　B. 管理费用

C. 销售费用　　D. 其他业务收入

43. 下列各项中，可以确认为收入的是(　　)。

A. 转让固定资产所有权取得的价款

B. 转让无形资产所有权取得的价款

C. 出售长期股权投资取得的价款

D. 出售原材料取得的价款

44. 下列各项中，不应计入其他业务收入的是(　　)。

A. 出售固定资产的净收益

B. 出租包装物取得的收入

C. 出租无形资产取得的收入

D. 销售材料取得的收入

45. A 公司 2024 年 9 月接受一项产品安装任务，采用完工百分比法确认劳务收入，预计安装期 8 个月，合同总收入 400 万元，合同预计总成本为 320 万元。至 2024 年底已预收款项 260 万元，余款在安装完成时收回。至 2024 年底实际发生成本 180 万元，预计还将发生成本 120 万元。该企业 2024 年度应确认的收入为(　　)万元。

A. 260　　B. 200

C. 240　　D. 225

46. 下列各项中，不属于利润表中单独列示的项目是(　　)。

A. 资产减值损失　　B. 投资收益

C. 主营业务收入　　D. 营业外支出

47. 企业在期末结账时，应将“所得税费用”科目的余额转入(　　)科目。

A. 本年利润

B. 利润分配——未分配利润

C. 应交税费——应交所得税

D. 营业外支出

48. 在我国，企业利润表的列报格式是(　　)。

A. 计算式　　B. 报告式

C. 单步式　　D. 账户式

49. 企业让渡无形资产使用权所计提的摊销额，一般应计入(　　)。

A. 主营业务成本　　B. 其他业务成本

C. 管理费用　　D. 销售费用

50. 下列各项中，不属于企业收入的是(　　)。

A. 销售商品收入

B. 提供劳务收入

C. 出售固定资产净收益

D. 让渡资产使用权收入

51. 企业对于已经发出但不符合收入确认条件的商品，其成本应贷记的科目是(　　)。

A. 在途物资　　B. 库存商品

C. 发出商品　　D. 主营业务成本

52. 下列各项中，不影响企业营业利润的是(　　)。

A. 转让固定资产净损失

B. 出售无形资产净收益

C. 罚款收入

D. 管理不善导致的存货盘亏净损失

53. 某企业 2024 年度利润总额为 245 万元，其中国债利息收入为 15 万元。当年营业收入 15000 万元，实际发生业务招待费 100 万元。假定该企业无其他纳税调整项目，适用的所得税税率为 25%。该企业 2024 年所得税费用为(　　)万元。

A. 61. 25　　B. 57. 50

C. 67. 50　　D. 45

54. 10 月初，某企业“本年利润”借方余额为 12 万元，“利润分配——未分配利润”科目贷

C. 车间厂房、设备的折旧费

D. 企业销售部门的折旧费

71. 对于工业企业而言，一般可以设置的成本项目包括(　　)。

A. 直接材料　　B. 直接人工

C. 燃料及动力　　D. 制造费用

72. 下列各项中，属于利润分配内容的有(　　)。

A. 计算应缴纳的所得税

B. 弥补以前年度亏损

C. 提取法定盈余公积

D. 向投资者分配利润

73. 不属于“本年利润”科目年末借方余额反映内容的有(　　)。

A. 全年发生的亏损

B. 累计未分配的利润

C. 累计未弥补的亏损

D. 全年实现的净利润

74. 企业取得的下列款项中，符合“收入”会计要素定义的有(　　)。

A. 出租固定资产收取的租金

B. 出售无形资产收取的价款

C. 出售投资性房地产取得的价款

D. 销售商品收取的增值税销项税额

75. 投资者缴付的出资额(　　)注册资本所占份额。

A. 可以大于　　B. 可以等于

C. 可以小于　　D. 只能等于

三、判断题(20 个小题，每小题 2 分，共 40 分)

76. 企业可以根据自身需要，随意变更会计政策和会计估计。(　　)

77. 所有的记账凭证都必须附有原始凭证。(　　)

78. 企业的库存现金限额由企业自行决定，不需要遵守银行规定。(　　)

79. 企业银行存款日记账与银行对账单余额不一致，一定是因为存在未达账项。(　　)

80. 企业在确认应收账款时，应按照扣除商业折扣和现金折扣后的金额入账。(　　)

81. 在备抵法下，企业已确认并转销的应收账款以后又收回的，应通过“坏账准备”科目核算。(　　)

82. 在先进先出法下，在物价持续上涨时，会高估企业当期利润。(　　)

83. 企业采用预收货款方式销售库存商品，在收到货款时确认收入。(　　)

84. 外购固定资产的增值税进项税额均应计入固定资产成本。 ( )

85. 固定资产折旧年限一经确定，不得变更。 ( )

86. 企业向职工食堂、职工医院、生活困难职工等支付职工福利费，应借记“应付职工薪酬——职工福利”科目。 ( )

87. 企业到期无力偿付的商业承兑汇票，应按其账面余额转入“资本公积”。 ( )

88. 产品成本由直接材料、直接人工、制造费用和期间费用四个成本项目构成。 ( )

89. 采购过程的运输费，如果是企业支付的计入采购成本，如果是销售方代垫的则计入销售费用。 ( )

90. 商业折扣是企业为促销而在商品价格上给予的价格扣除，应该按照折扣后的价格确认收入。 ( )

91. 企业接受固定资产捐赠，使企业资产增加的同时增加营业利润。 ( )

92. 利润表中“营业成本”项目，反映企业销售产品和提供劳务等主要经营业务的各项销售费用和实际成本。 ( )

93. 收入的增加一定会导致经济利益流入企业。 ( )

94. 企业需要偿还所有的所有者权益和负债。 ( )

95. 实收资本是企业收到投资者出资额超出其在注册资本(或股本)中所占份额的部分。 ( )

8. 银行汇票的出票金额可以用(　　)填写。

A. 圆珠笔　　　　B. 铅笔

C. 碳素墨水笔　　　　D. 以上都可以

9. 企业存出投资款时，应借记的科目是(　　)。

A. 其他货币资金——存出投资款

B. 交易性金融资产

C. 长期股权投资

D. 银行存款

10. 某企业赊销商品一批，商品标价 10 000 元，增值税税率为 13%，企业销售商品时代垫运费 200 元，则应收账款的入账金额为(　　)元。

A. 10 000　　　　B. 11 300

C. 11 500　　　　D. 10 200

11. 下列关于应收票据核算的表述，正确的是(　　)。

A. 企业取得应收票据时，按票据的票面金额入账

B. 带息应收票据的利息收入应冲减财务费用

C. 应收票据贴现时，实际收到的金额与票面金额的差额计入营业外收支

D. 商业承兑汇票到期无法收回时，应将其转入应收账款

12. 下列关于预付账款的说法，正确的是(　　)。

A. 预付账款属于负债类科目

B. 预付账款是企业预先支付给供应商的款项，所以一定不会发生坏账

C. 企业预付账款业务不多时，可以不设置“预付账款”科目，直接通过“应付账款”科目核算

D. 预付账款的期末余额一定在借方

13. 企业采购材料，取得的增值税专用发票属于(　　)。

A. 一次凭证　　　　B. 累计凭证

C. 记账凭证　　　　D. 汇总凭证

14. 下列费用中，应计入外购材料采购成本的是(　　)。

A. 采购人员的差旅费

B. 行政管理部门的办公费

C. 采购过程中发生的保险费

D. 运输途中的不合理损耗

15. 原材料按实际成本计价核算时，购入材料验收入库，应借记的会计科目是(　　)。

A. 在途物资　　　　B. 原材料

C. 材料采购　　D. 库存商品

16. 原材料按实际成本计价核算时，发出材料的计价方法不包括(　　)。

A. 先进先出法　　B. 后进先出法

C. 加权平均法　　D. 个别计价法

17. 某企业采用月末一次加权平均法计算发出存货成本。月初存货数量为 100 件，单价 52 元；本月购入存货 200 件，单价 55 元；本月发出存货 200 件。则月末存货成本为(　　)元。

A. 5 000　　B. 5 250

C. 5 400　　D. 5 500

18. 原材料按实际成本计价核算时，“原材料”账户的借方登记(　　)。

A. 入库原材料的实际成本

B. 发出原材料的实际成本

C. 入库原材料的计划成本

D. 发出原材料的计划成本

19. 甲公司为增值税一般纳税人，购入一台生产设备，取得的增值税专用发票上注明的买价 150 000 元，增值税 19 500 元；发生运杂费 5 000 元，安装费 10 000 元，设备安装完毕交付使用。该生产设备的入账价值为(　　)元。

A. 150 000　　B. 165 000

C. 174 500　　D. 184 500

20. 平均年限法又称(　　)。

A. 直线法　　B. 工作量法

C. 双倍余额递减法　　D. 年数总和法

21. 某设备原值 80 000 元，预计净残值率为 5%，预计使用年限为 10 年。采用平均年限法计算的年折旧率为(　　)。

A. 5%　　B. 9.5%

C. 10%　　D. 20%

22. 下列固定资产中，应计提折旧的是(　　)。

A. 已提足折旧仍继续使用的设备

B. 单独计价入账的土地

C. 季节性停用的生产设备

D. 提前报废的固定资产

23. 销售部门使用的固定资产计提的折旧，应借记(　　)。

A. 管理费用　　B. 其他业务成本

C. 制造费用　　D. 销售费用

A. 50 000　　B. 55 000

C. 50 500　　D. 55 500

41. 下列各项中不是制造费用分配方法的是(　　)。

A. 生产工时比例法　　B. 生产工资比例法

C. 机器工时比例法　　D. 约当产量比例法

42. 在填制销售发票时，下列哪项不属于必须填写的内容？(　　)

A. 购货单位名称　　B. 销售商品名称

C. 销售数量和单价　　D. 销售部门负责人签字

43. 企业销售商品给甲公司，商品已发出，收到甲公司签发的商业承兑汇票一张，应借记的会计科目是(　　)。

A. 银行存款　　B. 应收账款

C. 应收票据　　D. 预收账款

44. 下列哪项不属于销售退回的核算内容？(　　)

A. 冲减当期销售收入　　B. 冲减已结转的主营业务成本

C. 调整销售费用　　D. 冲减应交增值税(销项税额)

45. 某建筑企业主营业务范围是提供建筑服务，下列各项中，属于其他业务收入的是(　　)。

A. 利息收入　　B. 提供建筑服务收入

C. 出租脚手架收入　　D. 投资收益

46. 某企业销售商品一批，增值税专用发票上注明的价款为 50 000 元，增值税额为 6 500 元。商品已经发出，收到一张面值为 56 500 元的商业汇票。关于该笔业务的会计处理，正确的是(　　)。

A. 借：应收票据　　56 500
　　贷：主营业务收入　　50 000
　　　　应交税费——应交增值税(销项税额)　　6 500

B. 借：应收票据　　50 000
　　贷：主营业务收入　　50 000

C. 借：应收票据　　56 500
　　贷：应收账款　　56 500

D. 借：应收账款　　56 500
　　贷：主营业务收入　　50 000
　　　　应交税费——应交增值税(销项税额)　　6 500

47. 某企业销售商品时，对于现金折扣的处理方法是(　　)。

A. 计入合同负债
B. 作为销售费用
C. 直接减少收入
D. 作为管理费用

48. 企业销售产品时开具的增值税专用发票属于(　　)。

A. 外来原始凭证
B. 自制原始凭证
C. 累计凭证
D. 汇总凭证

49. 下列属于营业利润构成要素的是(　　)。

A. 营业外收入
B. 所得税费用
C. 主营业务成本
D. 营业外支出

50. 下列项目中，不计入营业利润的是(　　)。

A. 资产减值损失
B. 销售费用
C. 营业外支出
D. 其他业务收入

51. 企业发生的罚款支出应计入(　　)。

A. 管理费用
B. 营业外支出
C. 销售费用
D. 主营业务成本

52. 甲公司 2024 年主营业务收入 800 万元，其他业务收入 200 万元，主营业务成本 500 万元，其他业务成本 100 万元，税金及附加 50 万元，销售费用 30 万元，管理费用 40 万元，财务费用 20 万元，营业利润为(　　)万元。

A. 360
B. 400
C. 450
D. 500

53. 乙公司本期公允价值变动损失 20 万元，投资收益 30 万元，资产减值损失 15 万元，营业利润的影响金额为(　　)万元。

A. −5
B. +10
C. −35
D. +30

54. 下列项目中，影响利润总额但不影响营业利润的是(　　)。

A. 主营业务收入
B. 营业外支出
C. 财务费用
D. 其他业务成本

55. 丙公司 2024 年利润总额 200 万元，所得税费用 50 万元，年初未分配利润 30 万元，本年净利润为(　　)万元。

A. 150
B. 200
C. 230
D. 250

56. 下列科目中，期末应转入“本年利润”贷方的是(　　)。

A. 主营业务成本
B. 销售费用
C. 其他业务收入
D. 营业外支出

70. 下列各项中，属于制造业企业产品成本项目的有(　　)。

A. 直接人工　　B. 直接材料

C. 制造费用　　D. 燃料及动力

71. 下列属于管理费用核算范围的有(　　)。

A. 董事会会费　　B. 筹建期间的开办费

C. 印花税　　D. 行政人员差旅费

72. 企业销售原材料一批，价款为50 000元，增值税税率为13%，款项已收存银行。该批原材料的成本为30 000元。下列会计分录正确的是(　　)。

A. 借：银行存款　56 500

　　贷：主营业务收入　50 000

　　　　应交税费——应交增值税(销项税额)　6 500

B. 借：银行存款　56 500

　　贷：其他业务收入　50 000

　　　　应交税费——应交增值税(销项税额)　6 500

C. 借：其他业务成本　30 000

　　贷：原材料　30 000

D. 借：主营业务成本　30 000

　　贷：原材料　30 000

73. 下列项目中，属于营业利润构成要素的有(　　)。

A. 营业收入　　B. 税金及附加

C. 资产减值损失　　D. 营业外收入

74. 下列影响利润总额的项目有(　　)。

A. 投资收益　　B. 所得税费用

C. 营业外支出　　D. 公允价值变动收益

75. 下列不会导致企业所有者权益总额发生变化的有(　　)。

A. 盈余公积转增资本　　B. 接受非流动资产捐赠

C. 资本公积转增资本　　D. 接受投资者追加投资

三、判断题(20个小题，每小题2分，共40分)

76. 记账凭证可以根据每一张原始凭证填制，或者根据若干张同类原始凭证汇总填制，也可以将不同内容和类别的原始凭证汇总填制在一张记账凭证上。(　　)

77. 利润表是反映企业在一定会计期间经营成果的报表，属于静态报表。(　　)

78. 企业的库存现金按规定一般由出纳人员进行保管和收付。(　　)

79. 银行汇票存款和银行本票存款在“银行存款”科目核算。(　　)

80. 应收账款是企业因销售商品、提供劳务等经营活动，应向购货单位或接受劳务单位收取的款项。 ( )

81. 企业在赊销商品时，若商品的控制权已转移给购货方，但尚未收到款项，应确认应收账款。 ( )

82. 填制材料采购的原始凭证时，金额大小写不一致，以大写金额为准。 ( )

83. 存货清查时，盘盈的存货直接计入营业外收入。 ( )

84. 购入需要安装的固定资产，安装费应记入“在建工程”科目。 ( )

85. 累计折旧是固定资产的备抵科目，余额在贷方。 ( )

86. 企业采购材料已入库但款项尚未支付时，贷记“应付票据”科目。 ( )

87. 企业生产工人的社会保险费应计入当期管理费用。 ( )

88. 企业采用计划成本进行直接材料日常核算的，期末应当将耗用直接材料的计划成本调整为实际成本。 ( )

89. 期间费用是指企业日常活动发生的不能计入特定核算对象成本而应计入当期损益的费用。 ( )

90. 已确认收入和结转成本又发生销售退回业务的，无论退回的商品是否已经验收入库，都要冲减销售成本。 ( )

91. 收入是企业在日常活动中形成的经济利益净流入，不包括代收的增值税。 ( )

92. 企业利润是指企业在一定会计期间的经营成果，包括收入减去费用后的净额、直接计入当期利润的利得和损失等。 ( )

93. 企业当年利润总额为 100 万元，弥补亏损 20 万元后，提取法定盈余公积的基数为 80 万元。 ( )

94. 所有者权益是企业资产扣除权益后由所有者享有的剩余权益。 ( )

95. 在企业持续经营情况下，投资者一般不得收回投资。 ( )

D. 企业每日的现金结存数可以超过库存现金限额

7. 下列关于库存现金收款业务处理的说法，正确的是(　　)。

A. 收到现金时，直接将现金放入保险柜，事后再补做凭证

B. 现金收款凭证可以不经过审核直接记账

C. 收到现金后，应及时开具收款收据

D. 收款业务完成后，无须登记现金日记账

8. 企业在进行银行存款收付业务时，下列说法错误的是(　　)。

A. 签发支票应使用碳素墨水或墨汁填写

B. 银行存款付款凭证在付款后无须传递给会计部门

C. 银行存款收款凭证应附相关原始凭证

D. 不得出租、出借银行账户

9. 商业汇票的付款期限最长不得超过(　　)。

A. 1 个月　　B. 3 个月

C. 6 个月　　D. 1 年

10. 下列各项中，应通过“其他应收款”科目核算的是(　　)。

A. 销售商品应收取的款项

B. 支付的工程投标保证金

C. 销售原材料应收取的款项

D. 提供劳务应收取的款项

11. 甲公司向乙公司预付货款 50 000 元用于购买原材料，后因乙公司破产，甲公司无法收到所购原材料，也无法收回预付的货款，则甲公司应(　　)。

A. 将预付账款转为应收账款，并计提坏账准备

B. 将预付账款转为其他应收款，并计提坏账准备

C. 将预付账款直接核销

D. 继续挂账，不作处理

12. 企业收回职工预借的差旅费时，应(　　)。

A. 借记“库存现金”，贷记“其他应收款”

B. 借记“管理费用”，贷记“其他应收款”

C. 借记“其他应收款”，贷记“库存现金”

D. 借记“其他应收款”，贷记“管理费用”

13. 企业采购材料时，用于记录采购业务详细内容，作为记账依据的原始凭证是(　　)。

A. 收款凭证　　B. 付款凭证

C. 转账凭证　　D. 收料单

14. 审核原材料收入原始凭证时，不需要审核的内容是(　　)。

A. 材料的名称和规格　　B. 材料的数量和单价

C. 材料的领用部门　　D. 原始凭证的签章是否齐全

15. 某企业为增值税一般纳税人，外购一批材料，取得的增值税专用发票上注明的买价50 000元，增值税额6 500元；取得运费专用发票注明的运费2 000元，增值税额180元；运输途中的合理损耗300元；入库前的挑选整理费500元。该批材料的采购成本为(　　)元。

A. 52 500　　B. 59 030

C. 52 300　　D. 52 800

16. 某企业月初“原材料”账户余额为20 000元，本月购入材料的实际成本为30 000元，本月发出材料的实际成本为25 000元，则月末“原材料”账户的余额为(　　)元。

A. 15 000　　B. 25 000

C. 35 000　　D. 45 000

17. 某增值税小规模纳税人企业采用实际成本计价核算原材料，本月购入甲材料100千克，含税单价50元，货款已付，材料已验收入库。该业务的会计分录为(　　)。

A. 借：原材料——甲材料　　5 000
　　贷：银行存款　　5 000

B. 借：在途物资——甲材料　　5 000
　　贷：银行存款　　5 000

C. 借：原材料——甲材料　　5 000
　　贷：在途物资——甲材料　　5 000

D. 借：在途物资——甲材料　　5 000
　　贷：应付账款　　5 000

18. 企业存货清查中，发现存货盘亏，经批准后，应由责任人赔偿的部分应借记的会计科目是(　　)。

A. 管理费用　　B. 营业外支出

C. 其他应收款　　D. 待处理财产损溢

19. 增值税一般纳税人企业购入固定资产时，取得的原始凭证是(　　)。

A. 固定资产折旧计算表　　B. 领料单

C. 增值税专用发票　　D. 银行对账单

20. 乙公司为增值税一般纳税人，购入汽车一辆，买价200 000元，增值税26 000元，车辆购置税20 000元，款项已付。该汽车的入账价值为(　　)元。

A. 200 000　　B. 220 000

C. 226 000　　D. 246 000

A. 借：管理费用　　7 500

　　贷：应交税费——应交消费税　　7 500

B. 借：税金及附加　　7 500

　　贷：应交税费——应交消费税　　7 500

C. 借：主营业务成本　　7 500

　　贷：应交税费——应交消费税　　7 500

D. 借：营业外支出　　7 500

　　贷：应交税费——应交消费税　　7 500

38. 某企业采用计划成本进行材料的日常核算，月初结存材料的计划成本为 80 万元，实际成本为 100 万元，当月购入一批材料，实际成本为 110 万元，计划成本为 120 万元，当月生产产品领用材料计划成本为 100 万元，则记入“生产成本”科目的实际成本为(　　)万元。

A. 105　　B. 95

C. 115　　D. 85

39. 商业汇票贴现利息应计入(　　)。

A. 财务费用　　B. 管理费用

C. 销售费用　　D. 制造费用

40. 关于“制造费用”账户，下列说法错误的是(　　)。

A. 属于成本类账户

B. 用来归集和分配企业生产车间为生产产品而发生的所有费用

C. 贷方登记分配转入“生产成本”账户借方，由各种产品负担的制造费用

D. 期末该账户一般没有余额

41. 某企业为增值税一般纳税人，5 月 2 日采购 A 材料 2 000 件，取得的增值税专用发票注明价款 400 000，增值税额 52 000 元，销售合同约定现金折扣条件为 2/10，1/20，n/30(计算现金折扣时不考虑增值税)，则 5 月 15 日付款记入“财务费用”的金额是(　　)元。

A. 4 520　　B. 3 600

C. 4 068　　D. 4 000

42. 企业销售商品时，对于发生的销售折让，正确的会计处理方法是(　　)。

A. 冲减当期销售收入　　B. 冲减当期销售成本

C. 冲减当期财务费用　　D. 冲减当期管理费用

43. 某企业销售一批商品，增值税专用发票上注明的价款为 50 000 元，增值税额为 6 500 元。商品已经发出，但尚未收到货款。企业为了及早收回货款而在合同中规定的现金折扣条件为 2/10，1/20，n/30。销售时，该企业确认的应收账款总额为(　　)元。

A. 50 000　　B. 6 500

C. 56 500　　D. 50 000

44. 某企业销售一批商品，增值税专用发票上注明的价款为100 000元，增值税额为13 000元。商品已发出，款项已收到并存入银行。该企业应贷记的会计科目是(　　)。

A. 应收账款　　B. 银行存款

C. 主营业务收入　　D. 预收账款

45. 某企业销售一批商品，增值税专用发票上注明的价款为50 000元，增值税额为6 500元。商品已经发出，但尚未收到货款。该企业确认的应收账款总额为(　　)元。

A. 50 000　　B. 6 500

C. 56 500　　D. 50 000

46. 企业用盈余公积弥补亏损，最终会导致企业(　　)。

A. 未分配利润增加　　B. 盈余公积增加

C. 本年利润增加　　D. 留存收益减少

47. 下列各项中，不属于销售业务核算内容的是(　　)。

A. 确认销售收入　　B. 结转销售成本

C. 收取销售款项　　D. 计算并缴纳企业所得税

48. 某企业销售一批商品，增值税专用发票上注明的价款为100 000元，增值税额为13 000元。商品已经发出，款项尚未收到。该企业确认的应收账款总额为(　　)元。

A. 100 000　　B. 113 000

C. 11 300　　D. 100 000

49. 丁公司2024年营业收入1 500万元，营业成本900万元，税金及附加80万元，销售费用50万元，管理费用60万元，财务费用20万元，营业外收入30万元，营业外支出10万元，所得税税率25%。净利润为(　　)万元。

A. 307.5　　B. 300

C. 315　　D. 330

50. 下列关于“本年利润”科目表述正确的是(　　)。

A. 期末余额一定在贷方　　B. 结转后无余额

C. 只核算营业利润　　D. 属于资产类科目

51. 下列不属于营业利润构成的是(　　)。

A. 公允价值变动收益　　B. 资产减值损失

C. 营业外收入　　D. 财务费用

52. 企业期末结转后，余额应转入“本年利润”的科目是(　　)。

A. 生产成本　　B. 制造费用

C. 主营业务收入　　D. 库存商品

C. 贷记“资本公积”科目 33 万元

D. 贷记“资本公积”科目 20 万元

65. 下列各项中，不属于留存收益的是(　　)。

A. 资本溢价　　B. 未分配利润

C. 任意盈余公积　　D. 法定盈余公积

二、多项选择题(10 个小题，每小题 5 分，共 50 分)

66. 下列各项中，会引起企业货币资金总额发生增减变动的有(　　)。

A. 从银行提取现金　　B. 用银行存款偿还债务

C. 用银行存款购买股票　　D. 收到投资者投入的货币资金

67. 常见的发出存货成本计价方法有(　　)。

A. 先进先出法　　B. 加权平均法

C. 移动加权平均法　　D. 个别计价法

68. 企业外购固定资产时，可能涉及的会计科目有(　　)。

A. 固定资产

B. 在建工程

C. 应交税费——应交增值税(进项税额)

D. 应付账款

69. 企业有一笔短期借款，月末计提本月利息时需填制“短期借款利息计提表”，则计算利息需要考虑的因素有(　　)。

A. 短期借款本金　　B. 借款年利率

C. 借款期限　　D. 银行存款年利率

70. 企业发生下列经济业务，在“生产成本”借方核算的是(　　)。

A. 生产产品领用原材料　　B. 月末分配车间生产人员的工资

C. 月末产品完工入库　　D. 生产车间固定资产修理费用

71. 下列各项中，应计入管理费用的有(　　)。

A. 行政部门的差旅费　　B. 企业支付的年度财务审计费

C. 业务招待费　　D. 筹建期间的人员工资

72. 某企业销售商品一批，成本为 80 000 元，售价为 100 000 元，增值税税率为 13%。商品已发出，但尚未收到货款。下列说法正确的是(　　)。

A. 应确认主营业务收入 100 000 元

B. 应确认应收账款 113 000 元

C. 应结转主营业务成本 80 000 元

D. 应确认预收账款 100 000 元

73. 根据《企业会计准则》规定，下列属于营业外收入的有(　　)。

A. 接受捐赠　　B. 提供劳务

C. 罚款收入　　D. 出售固定资产净收益

74. 下列项目中，影响营业利润的有(　　)。

A. 销售费用　　B. 信用减值损失

C. 利息收入　　D. 营业外支出

75. 下列各项中，不会使资本公积发生增减变动的有(　　)。

A. 资本公积转增资本　　B. 固定资产处置净收益

C. 企业实现的净利润　　D. 投资者超过注册资本的投入资金

三、判断题(20个小题，每小题2分，共40分)

76. 企业对于已经发生的交易或者事项，应当及时进行会计确认、计量和报告，不得提前或者延后。(　　)

77. 采用科目汇总表账务处理程序时，科目汇总表不仅可以起到试算平衡的作用，还可以反映账户之间的对应关系。(　　)

78. 企业收到的银行汇票，应通过“其他货币资金”科目核算。(　　)

79. 一般存款账户可以办理现金支取业务。(　　)

80. 其他应收款主要包括应收的各种赔款、罚款，应收出租包装物租金，应向职工收取的各种垫付款项等。(　　)

81. 应收票据是指企业因销售商品、提供劳务等而收到的商业汇票，包括银行汇票和商业承兑汇票。(　　)

82. 原始凭证上的材料规格型号填写错误，可以直接在凭证上进行涂改。(　　)

83. 采购材料支付的包装物押金应计入外购材料采购成本。(　　)

84. 年数总和法的折旧额随使用年限增加而递减。(　　)

85. 当月增加的固定资产，当月开始计提折旧。(　　)

86. “应付票据”核算企业购买材料、商品和接受劳务供应等而开出承兑的银行汇票。(　　)

87. 如果企业所购的材料已经验收入库，但是没有收到发票账单，在会计期末，企业也不应该作任何会计处理。(　　)

88. 如果企业只生产一种产品，生产过程投入的成本可全部作为直接成本。(　　)

89. 制造业企业车间为管理发生的办公费，应作为管理费用核算。(　　)

90. 商业折扣按扣除后的金额确认收入，现金折扣在发生时计入销售费用。(　　)

91. 转让专利所有权取得的收入属于让渡资产使用权收入。(　　)

92. 企业出售固定资产的净收益应计入营业外收入，影响营业利润。(　　)

8. 支票上的大写金额“￥10 005.80”应写成(　　)。

A. 人民币壹万零伍元捌角整

B. 人民币壹万零零伍元捌角

C. 人民币壹万零伍元零捌角整

D. 人民币一万零五元八角整

9. 银行汇票的出票人是(　　)。

A. 申请人　　B. 付款人

C. 银行　　D. 收款人

10. 企业预付账款不多的情况下，可以将预付的款项通过(　　)科目核算。

A. 应收账款　　B. 应付账款

C. 预收账款　　D. 其他应付款

11. 下列各项中，不属于工业企业其他应收款核算内容的是(　　)。

A. 应收保险公司的赔款

B. 应收出租包装物的租金

C. 应向购货方收取的代垫运杂费

D. 应向职工收取的各种垫付款项

12. 企业采用备抵法核算坏账损失，对于其他应收款计提坏账准备时，应借记的科目是(　　)。

A. 资产减值损失　　B. 管理费用

C. 信用减值损失　　D. 营业外支出

13. 材料采购业务中，用于记录供货方发货信息的原始凭证是(　　)。

A. 入库单　　B. 收料单

C. 银行结算凭证　　D. 发货单

14. 企业收到供应商开具的发票，发票上的数量与实际收到的材料数量不符，该发票(　　)。

A. 可以直接入账　　B. 经采购人员签字后可入账

C. 应退回供应商重新开具　　D. 按发票数量入账

15. 下列各项中，不应计入外购材料采购成本的是(　　)。

A. 买价　　B. 运输途中的合理损耗

C. 入库后的挑选整理费　　D. 运杂费

16. 某企业为增值税一般纳税人，购入甲材料 200 千克，买价 10 000 元，增值税 1 300 元，运输途中发生损耗 5 千克，其中合理损耗 2 千克，非合理损耗 3 千克，该批材料的采购成本为(　　)元。

A. 10 000　　B. 9 850

C. 11 300　　D. 9 700

17. 企业采用实际成本法核算原材料，“在途物资”科目核算的内容是(　　)。

A. 已验收入库材料的实际成本

B. 尚未验收入库材料的实际成本

C. 计划成本与实际成本的差异

D. 发出材料的实际成本

18. 企业采用移动加权平均法计算发出存货成本，当物价持续上涨时，该方法会导致(　　)。

A. 期末存货成本偏低，当期利润偏低

B. 期末存货成本偏低，当期利润偏高

C. 期末存货成本偏高，当期利润偏高

D. 期末存货成本偏高，当期利润偏低

19. 外购固定资产的增值税专用发票上注明的增值税额，在符合抵扣条件时，应(　　)。

A. 计入固定资产成本　　B. 作为进项税额抵扣

C. 计入管理费用　　D. 计入销售费用

20. 甲公司为增值税一般纳税人，购入一台需要安装的设备，取得的增值税专用发票上注明的价款 60 000 元，增值税 7 800 元，款项已通过商业汇票支付。该业务应编制的会计分录为(　　)。

A. 借：固定资产	60 000	
应交税费——应交增值税(进项税额)	7 800	
贷：应付票据		67 800
B. 借：固定资产	67 800	
贷：应付票据		67 800
C. 借：在建工程	60 000	
应交税费——应交增值税(进项税额)	7 800	
贷：应付票据		67 800
D. 借：在建工程	67 800	
贷：应付票据		67 800

21. 某企业一项固定资产原值为 100 000 元，预计使用年限为 5 年，预计净残值为 4 000 元。采用平均年限法计算的年折旧额为(　　)。

A. 19 200　　B. 20 000

C. 24 000　　D. 25 000

38. 甲公司4月初库存原材料500千克，单位成本100元/千克，4月1日购入原材料2 000千克，单位成本105元/千克，本月发出材料1 500千克，其中生产产品耗用1 100千克，车间一般耗用200千克，销售部门耗用200千克。发出材料按月末一次加权平均法计算。则本月材料费用中计入产品成本的是(　　)元。

A. 156 000　　B. 114 400

C. 134 000　　D. 135 200

39. 下列各项中，企业应通过“税金及附加”科目核算的是(　　)。

A. 应交的房产税　　B. 应交的企业所得税

C. 代扣的个人所得税　　D. 应交的增值税

40. 某公司A产品本月完工产品数量300件，在产品数量50件；在产品单位定额成本为：直接材料300元，直接人工100元，制造费用120元。A产品本月月初在产品和本月耗用直接材料成本共计106 000元，直接人工成本64 000元，制造费用86 000元。按定额成本计算在产品成本，则本月完工产品成本为(　　)元。

A. 230 000　　B. 241 000

C. 233 500　　D. 245 000

41. 某公司1月份发生的业务有：预付行政部门第一季度的报刊费300元(包括本月)，发生业务招待费6 000元，报销采购人员差旅费5 400元，车间发生办公费500元，则该月的期间费用为(　　)元。

A. 12 200　　B. 11 700

C. 12 000　　D. 11 500

42. 企业提供一项安装服务，合同总收入50万元，预计总成本30万元。截至月末，发生成本18万元，预计还需发生成本12万元。按完工百分比法，应确认的收入为(　　)万元。

A. 15　　B. 30

C. 45　　D. 50

43. 下列各项中，属于销售业务原始凭证的是(　　)。

A. 折旧计算表　　B. 差旅费报销单

C. 产品出库单　　D. 银行对账单

44. 某企业销售一批商品，成本60 000元，增值税专用发票上注明的价款为100 000元，增值税额为13 000元。商品已经发出，对方在验收时发现质量有问题，经协商同意给予对方10%的销售折让。下列会计处理正确的是(　　)。

A. 借：主营业务收入　　100 000

　　应交税费——应交增值税(销项税额)　　13 000

　　贷：应收账款　　113 000

B. 借：主营业务收入　　100 000

　　应交税费——应交增值税(销项税额)　　13 000

　　贷：应收账款　　113 000

C. 借：主营业务成本　　60 000

　　贷：库存商品　　60 000

D. 借：库存商品　　60 000

　　贷：主营业务成本　　60 000

45. 某企业销售一批商品，成本为50 000元，售价为70 000元，增值税税率为13%。商品已发出，收到一张不带息商业汇票。该票据的到期值为(　　)元。

A. 50 000　　B. 70 000　　C. 79 100　　D. 70 000

46. 某企业销售一批商品，增值税专用发票上注明的价款为100 000元，增值税额为13 000元。商品已发出，买方已验收入库，但款项尚未收到。该企业确认的应收账款总额为(　　)元。

A. 100 000　　B. 113 000　　C. 113 000　　D. 100 000

47. 企业上月销售的商品因质量问题本月被退回，原售价5 000元，增值税650元，已收到退货，应编制的会计分录为(　　)。

A. 借：主营业务收入　　5 000

　　应交税费——应交增值税(销项税额)　　650

　　贷：银行存款　　5 650

　借：库存商品　　3 000

　　贷：主营业务成本　　3 000

B. 借：主营业务收入　　5 000

　　贷：银行存款　　5 000

　借：库存商品　　3 000

　　贷：主营业务成本　　3 000

C. 借：银行存款　　5 650

　　贷：主营业务收入　　5 000

　　　应交税费——应交增值税(销项税额)　　650

　借：主营业务成本　　3 000

　　贷：库存商品　　3 000

D. 借：应收账款　　5 650

　　贷：主营业务收入　　5 000

　　　应交税费——应交增值税(销项税额)　　650

64. 甲有限责任公司(为增值税一般纳税人)注册资本为1 000 000元，设立时收到乙公司投入的不需要安装的设备一台，合同约定该设备的价值为200 000元，增值税进项税额为26 000元(由投资方支付税款并提供增值税专用发票)。合同约定的价值与公允价值一致，乙公司享有甲公司注册资本20%的份额。不考虑其他因素，下列各项中，关于甲公司接受乙公司投资的会计处理正确的是(　　)。

A. 借：固定资产　　226 000
　　贷：实收资本　　200 000
　　　　资本公积　　26 000

B. 借：固定资产　　200 000
　　应交税费——应交增值税(进项税额)　　26 000
　　贷：实收资本　　200 000
　　　　资本公积　　26 000

C. 借：固定资产　　200 000
　　应交税费——应交增值税(进项税额)　　26 000
　　贷：实收资本　　226 000

D. 借：固定资产　　226 000
　　贷：实收资本　　226 000

65. 2023年1月1日，甲、乙合伙注册一家P有限责任公司(简称P公司)。经过两年的运营，P公司2025年1月1日所有者权益总额为1 200万元。为了扩大投资，2025年引入丙投资，丙注资后P公司注册资本增加到1 000万元。已知丙以现金方式投入了400万元，占P公司20%的股份。不考虑其他因素，P公司接受丙投资后，丙所占P公司注册资本的份额为(　　)万元。

A. 200　　B. 280

C. 300　　D. 320

二、多项选择题(10个小题，每小题5分，共50分)

66. 企业发生的下列事项中，会影响“其他货币资金”科目余额的有(　　)。

A. 向证券公司划出存出投资款　　B. 用银行本票购买办公用品

C. 销售商品收到商业汇票　　D. 将银行存款存入银行信用卡专户

67. 企业销售一批产品，不含税售价20 000元，增值税2 600元，用转账支票代购货方垫付运费2 000元，购货方用银行承兑汇票结算所有款项，下列账务处理正确的有(　　)。

A. 借：应收账款　24 600　　B. 借：应收票据　24 600

C. 贷：主营业务收入　20 000　　D. 贷：银行存款　2 000

68. 某设备原值10万元，预计净残值1万元，预计使用年限5年，采用平均年限法计提折旧。下列说法正确的有(　　)。

A. 年折旧额为 1.8 万元　　B. 月折旧额为 1 500 元

C. 年折旧率为 18%　　D. 月折旧率为 1.5%

69. 甲企业为增值税一般纳税人，购买一批材料，取得了增值税专用发票，开出银行承兑汇票结算款项，材料已经验收入库，存货按实际成本法核算，应编制的会计分录为(　　)。

A. 借记“原材料”科目

B. 借记“应交税费——应交增值税(进项税额)”科目

C. 贷记“应付票据”科目

D. 贷记“应交税费——应交增值税(进项税额转出)”科目

70. 企业产品生产业务涉及的主要账户包括(　　)。

A. 制造费用　　B. 应付职工薪酬

C. 主营业务成本　　D. 累计折旧

71. 下列费用中，属于管理费用核算范围的有(　　)。

A. 技术转让费　　B. 车间固定资产修理费

C. 排污费　　D. 行政人员福利费

72. 企业发生的销售退回，可能涉及的会计科目有(　　)。

A. 主营业务收入　　B. 应收账款

C. 主营业务成本　　D. 应付账款

73. 企业利润分配的内容包括(　　)。

A. 弥补以前年度亏损　　B. 提取法定盈余公积

C. 向投资者分配利润　　D. 提取任意盈余公积

74. 下列关于一般企业亏损弥补的说法，正确的有(　　)。

A. 可用税前利润连续弥补 5 年　　B. 可用税后利润弥补

C. 可用盈余公积弥补　　D. 超过 5 年未弥补的亏损不得弥补

75. 所有者权益不能单独确认、计量，要依附于(　　)。

A. 收入的确认、计量　　B. 利润的确认、计量

C. 资产的确认、计量　　D. 负债的确认、计量

三、判断题(20 个小题，每小题 2 分，共 40 分)

76. 银行存款日记账应定期与银行对账单核对，至少每月核对一次。　(　　)

77. 企业的固定资产折旧方法一经确定，不得随意变更。　(　　)

78. 企业可以根据自身需要，随意开设多个基本存款账户。　(　　)

79. 企业购买商品时，用银行汇票支付货款，应贷记“其他货币资金——银行汇票存款”科目。　(　　)

A. 待处理财产损溢　　B. 管理费用

C. 其他应收款　　D. 营业外支出

9. 银行存款余额调节表的编制基础是(　　)。

A. 银行存款日记账余额与银行对账单余额

B. 银行存款总账余额与银行对账单余额

C. 银行存款日记账余额与银行存款总账余额

D. 银行存款总账余额与银行存款明细账余额

10. 企业收到一张商业承兑汇票，应借记的科目是(　　)。

A. 应收账款　　B. 应收票据

C. 银行存款　　D. 其他货币资金

11. 某企业预付账款期初余额为 10 000 元，本期发生预付账款 5 000 元，收到所购物资发票金额为 8 000 元，则预付账款的期末余额为(　　)元。

A. 7 000　　B. 7 960

C. 6 000　　D. 6 960

12. 下列关于其他应收款的说法中，错误的是(　　)。

A. 其他应收款应按实际发生额入账

B. 其他应收款属于企业的流动资产

C. 企业应定期对其他应收款进行检查，预计其可能发生的坏账损失

D. 其他应收款的核算内容不包括存出保证金

13. 领料单通常是(　　)。

A. 一次凭证　　B. 累计凭证

C. 汇总凭证　　D. 通用凭证

14. 一般纳税人企业购入材料发生的下列费用中，应计入材料采购成本的是(　　)。

A. 市内零星运杂费　　B. 采购人员差旅费

C. 增值税进项税额　　D. 进口关税

15. 某企业为增值税一般纳税人，购入甲材料 400 千克，买价 20 000 元，增值税 2 600 元，运输途中发生合理损耗 4 千克，入库前的挑选整理费用为 200 元，则该批材料的单位采购成本为(　　)元。

A. 50　　B. 50. 5

C. 51. 01　　D. 57

16. 某企业采用实际成本法核算原材料，上月购入的一批材料本月到达并验收入库，该批材料的实际成本为 5 000 元，上月已付款，该企业应编制的会计分录为(　　)。

A. 借：原材料　　5 000

　　贷：在途物资　　5 000

B. 借：在途物资　　5 000

　　贷：原材料　　5 000

C. 借：原材料　　5 000

　　贷：应付账款　　5 000

D. 借：在途物资　　5 000

　　贷：应付账款　　5 000

17. 某企业月初库存甲商品 100 件，单位成本 50 元；本月购入甲商品 200 件，单位成本 55 元；本月销售甲商品 150 件。采用先进先出法计算本月销售甲商品的成本为(　　)。

A. 7 500　　B. 8 000

C. 8 250　　D. 7 750

18. 某企业期末对存货进行清查，发现库存商品短缺一批，成本为 2 000 元。经查明，属于保管员过失，应由保管员赔偿 1 000 元，其余损失由企业承担。批准后，该企业应编制的会计分录为(　　)。

A. 借：其他应收款　　1 000

　　管理费用　　1 000

　　贷：待处理财产损溢——待处理流动资产损溢　　2 000

B. 借：其他应收款　　1 000

　　营业外支出　　1 000

　　贷：待处理财产损溢——待处理流动资产损溢　　2 000

C. 借：管理费用　　2 000

　　贷：待处理财产损溢——待处理流动资产损溢　　2 000

D. 借：营业外支出　　2 000

　　贷：待处理财产损溢——待处理流动资产损溢　　2 000

19. 企业外购固定资产时，支付的保险费应计入(　　)。

A. 固定资产成本　　B. 管理费用

C. 销售费用　　D. 财务费用

20. 某企业为一般纳税人，购入一台需要安装的设备，取得的增值税专用发票上注明的买价 50 000 元，增值税 6 500 元，运杂费 2 000 元，安装过程中领用原材料一批，成本 3 000 元，增值税税率 13%。设备安装完成并交付使用。该设备的入账价值为(　　)。

A. 50 000　　B. 55 000

C. 58 900　　D. 65 400

C. 分步法　　　　D. 定额法

37. (　　)会导致财务费用减少。

A. 计提当月短期借款利息

B. 取得银行存款利息收入

C. 发生外币汇兑损失

D. 支付银行承兑汇票手续费

38. 某企业发出材料计价采用月末一次加权平均法，6 月 1 日结存 A 材料 200 件，单位成本 35 元，本月购入 A 材料 800 件，单位成本 42.5 元，当月发出 A 材料 600 件，全部用于生产产品，则该笔业务中记入“生产成本”科目的金额是(　　)元。

A. 24 600　　　　B. 25 000

C. 26 000　　　　D. 23 000

39. 下列关于“税金及附加”的表述中，正确的是(　　)。

A. 该科目核算企业经营活动中发生的所有税费

B. 印花税不通过该科目核算

C. 期末应将余额转入“本年利润”科目

D. 增值税进项税额应记入该科目

40. 某企业某年发生的费用有：车间管理人员工资 68 万元，车间生产设备计提折旧 80 万元，销售机构办公设备计提折旧 15 万元，行政管理部门办公费 10 万元。则该企业当年应该记入“制造费用”科目的金额为(　　)元。

A. 173　　　　B. 158

C. 148　　　　D. 163

41. 某企业 2 月计提短期借款利息 30 000 元，计提长期借款利息 45 000 元(该借款用于工程)，收取银行存款利息 20 000 元，发生银行手续费 5 000 元，该企业 2 月应计入财务费用的金额为(　　)元。

A. 60 000　　　　B. 100 000

C. 15 000　　　　D. 35 000

42. 企业销售商品时给予客户 10%的商业折扣，同时约定现金折扣 2/10，n/30。下列说法正确的是(　　)。

A. 商业折扣和现金折扣均影响收入确认金额

B. 商业折扣影响收入，现金折扣计入财务费用

C. 两者均计入财务费用

D. 两者均不影响收入

43. 企业销售商品采用预收款方式的，在(　　)确认收入。

A. 收到预付款时

B. 发出商品时

C. 签订合同时

D. 收到全部款项时

44. 某企业本月销售甲产品 100 件，售价 80 元/件，采用先进先出法核算。月初结存甲产品 50 件，单价 75 元/件；本月购入甲产品 150 件，单价 85 元/件。则本月主营业务成本为(　　)元。

A. 8 000

B. 7 500

C. 8 500

D. 8 250

45. 下列属于产品销售业务自制原始凭证的是(　　)。

A. 购货方开具的商业汇票

B. 销售方开具的增值税专用发票

C. 银行出具的收款回单

D. 运输公司开具的运费发票

46. 某企业 2023 年 8 月 4 日销售一批商品，增值税专用发票上注明价款 200 000 元，增值税 26 000 元。企业为了及早收回货款而在合同中规定的现金折扣条件为：2/10，1/20，n/30。假定计算现金折扣时不考虑增值税。如果买方在 8 月 18 日付清货款，该企业实际收到的款项为(　　)元。

A. 223 740

B. 222 000

C. 224 000

D. 226 000

47. 企业销售一批产品，货款尚未收到，应贷记的科目是(　　)。

A. 主营业务收入

B. 应收账款

C. 银行存款

D. 库存商品

48. 某企业 2023 年 5 月 10 日销售一批商品，成本为 80 000 元，售价为 100 000 元，增值税税率为 13%。商品已发出，款项尚未收到。该企业 5 月份应结转的主营业务成本为(　　)元。

A. 80 000

B. 100 000

C. 113 000

D. 13 000

49. 利润表中“营业利润”项目的计算依据是(　　)。

A. 收入-费用+利得-损失

B. 主营业务收入-主营业务成本

C. 营业收入-营业成本-期间费用±投资/公允价值变动收益

D. 利润总额-所得税费用

50. 下列科目中，不会影响营业利润的是(　　)。

A. 公允价值变动损益

B. 资产减值损失

C. 营业外收入

D. 财务费用

B. 为特定项目专门购入或制造的存货

C. 珠宝、名画等贵重物品

D. 存货品种繁多、收发频繁的企业

68. 下列属于平均折旧法的有(　　)。

A. 平均年限法　　B. 工作量法

C. 双倍余额递减法　　D. 年数总和法

69. 下列有关应付票据的表述，正确的有(　　)。

A. 应付票据按承兑人不同分为银行承兑汇票和商业承兑汇票

B. 应付票据按照是否带息分为带息应付票据和不带息应付票据两种

C. 对于不带息商业汇票，应在票据到期时，按票面金额结转

D. 对于企业不能如期支付的银行承兑汇票，承兑银行需向持票人付款，并将出票人尚未支付的汇票金额转作逾期贷款处理

70. 下列各项费用中，属于“制造费用”的有(　　)。

A. 车间机物料消耗　　B. 车间管理人员工资

C. 车间折旧费　　D. 生产车间办公费

71. 下列各项中，应计入税金及附加的有(　　)。

A. 合同签订时缴纳的印花税

B. 销售商品应交的城市维护建设税

C. 销售商品应交的增值税

D. 销售应税消费品应交的消费税

72. 下列各项中，属于工业企业其他业务收入的有(　　)。

A. 销售原材料收入

B. 出租固定资产租金收入

C. 出售无形资产净收益

D. 转让长期股权投资收益

73. 下列属于利润分配内容的有(　　)。

A. 提取法定盈余公积　　B. 分配股票股利

C. 弥补以前年度亏损　　D. 计提职工福利费

74. 下列业务中，可能减少企业当期利润的有(　　)。

A. 计提存货跌价准备

B. 确认交易性金融资产公允价值上升

C. 支付税收滞纳金

D. 收到政府补助

75. 会引起留存收益总额发生增减变化的项目是(　　)。

A. 宣告分派现金股利　　B. 盈余公积补亏

C. 盈余公积转增资本　　D. 资本公积转增资本

三、判断题(20 个小题，每小题 2 分，共 40 分)

76. 记账凭证的编号可以采用顺序编号法，也可以采用分数编号法或其他编号方法。(　　)

77. 企业在进行会计核算时，对于一些次要的会计事项，可以适当简化处理，不必严格遵循会计准则。(　　)

78. 银行存款余额调节表是调整企业银行存款日记账账面余额的原始凭证。(　　)

79. 企业的货币资金包括库存现金、银行存款和其他货币资金，不包括现金等价物。(　　)

80. 应收账款的入账价值包括销售商品或提供劳务的价款、增值税以及代购货单位垫付的包装费、运杂费等。(　　)

81. 企业预收账款业务不多时，可以不设置“预收账款”科目，直接将预收的款项记入“应收账款”科目的贷方。(　　)

82. 企业外购材料，按实际成本计价，无论材料是否验收入库，都先通过“材料采购”科目核算。(　　)

83. 先进先出法下，期末存货成本最接近市场价格。(　　)

84. 外购固定资产的增值税进项税额均应计入固定资产成本。(　　)

85. 融资租入的固定资产由出租方计提折旧。(　　)

86. 增值税小规模纳税人购买存货发生的增值税进项税额应计入存货成本。(　　)

87. 企业为职工支付的工会经费，应通过“应付职工薪酬”科目核算。(　　)

88. 企业生产车间发生的固定资产日常修理费用应确认为制造费用。(　　)

89. 企业发生的与专设销售机构相关的固定资产修理费用属于期间费用。(　　)

90. 企业采用托收承付方式销售商品，应在商品发出并办妥托收手续时确认收入。(　　)

91. 企业对外提供运输服务取得的收入属于让渡资产使用权收入。(　　)

92. 利润表中的“营业收入”项目应根据“主营业务收入”和“其他业务收入”科目的发生额合计填列。(　　)

93. 企业提取的法定盈余公积达到注册资本的 50%时，可以不再提取。(　　)

94. 在溢价发行股票的情况下，公司发行股票的溢价收入，直接冲减当期的财务费用。(　　)

95. 企业以资本公积转增资本会导致实收资本增加，从而导致企业所有者权益总额增加。(　　)

8. 企业开出转账支票 1 680 元购买办公用品，编制记账凭证时，误记金额为 1 860 元，科目及方向无误并已记账，应采用的更正方法是(　　)。

A. 补充登记法　　B. 红字冲销法

C. 划线更正法　　D. 重新编制记账凭证

9. 企业将款项汇往外地开立采购专用账户时，应借记的会计科目是(　　)。

A. 材料采购　　B. 其他货币资金

C. 预付账款　　D. 在途物资

10. 某企业“应收账款”总账科目月末借方余额为 400 万元，其中：“应收账款——甲公司”明细科目借方余额为 350 万元，“应收账款——乙公司”明细科目借方余额为 50 万元；“预收账款”总账科目月末贷方余额为 300 万元，其中：“预收账款——A 公司”明细科目贷方余额为 500 万元，“预收账款——B 公司”明细科目借方余额为 200 万元。不考虑其他因素，该企业月末资产负债表中“应收账款”项目的金额为(　　)万元。

A. 400　　B. 600

C. 550　　D. 700

11. 应收票据贴现时，企业实际收到的金额与应收票据账面价值的差额应计入(　　)。

A. 管理费用　　B. 财务费用

C. 营业外收支　　D. 其他业务收支

12. 企业因采购商品而预付的款项，在编制资产负债表时，应列示在(　　)项目中。

A. 应收账款　　B. 应付账款

C. 预付款项　　D. 预收款项

13. 企业采购材料时，支付的运输途中的过路费，应计入(　　)。

A. 管理费用　　B. 销售费用

C. 材料采购成本　　D. 财务费用

14. 某企业外购 A、B 两种材料，A 材料买价 30 000 元，B 材料买价 20 000 元，共同发生运杂费 1 000 元，按买价比例分配运杂费，A 材料应分配的运杂费为(　　)元。

A. 400　　B. 600

C. 1 000　　D. 500

15. 原材料按实际成本计价核算时，发出材料的实际成本，不可能采用的计价方法是(　　)。

A. 先进先出法　　B. 后进先出法

C. 加权平均法　　D. 个别计价法

16. 材料验收入库和货款结算同时完成时，涉及的账户不包括(　　)。

A. 应交税费——应交增值税(进项税额)

B. 原材料

C. 银行存款

D. 在途物资

17. 库存商品账户的性质是(　　)。

A. 资产类　　B. 负债类

C. 所有者权益类　　D. 损益类

18. 某企业采用月末一次加权平均法计算发出存货成本。月初库存材料 1 000 千克，每千克 10 元；本月购入材料 2 000 千克，每千克 12 元。则本月材料的加权平均单价为(　　)元。

A. 11　　B. 11.33

C. 12　　D. 10

19. 固定资产是指企业为生产商品、提供劳务、出租或经营管理而持有的、使用年限超过(　　)的有形资产。

A. 半年　　B. 一个会计年度

C. 两个会计年度　　D. 五年

20. 企业购入需要安装的固定资产直接交付安装时，应借记的账户是(　　)。

A. 固定资产　　B. 工程物资

C. 在建工程　　D. 材料采购

21. 某公司为增值税一般纳税人，购入一台不需要安装的设备，增值税专用发票注明的价格为 80 000 元，增值税 10 400 元，取得运输部门增值税专用发票注明运费 3 000 元，增值税 270 元，款项已用银行存款全部付清。该设备的入账价值为(　　)元。

A. 80 000　　B. 83 000

C. 90 400　　D. 93 670

22. 平均年限法下，年折旧率的计算公式为(　　)。

A. 年折旧率＝(1－预计净残值率)÷预计使用年限×100%

B. 年折旧率＝预计净残值率÷预计使用年限×100%

C. 年折旧率＝(1＋预计净残值率)÷预计使用年限×100%

D. 年折旧率＝预计使用年限÷(1－预计净残值率)×100%

23. 某公司采用平均年限法对固定资产计提折旧。3 月份根据“固定资产折旧计算表”确定的一车间应分配的折旧额为 1 800 000 元，二车间应分配的折旧额为 2 200 000 元，厂管理部门应分配的折旧额为 700 000 元。该企业应贷记“累计折旧”(　　)元。

A. 1 800 000　　B. 2 200 000

C. 700 000　　D. 4 700 000

24. 固定资产处置时，应通过(　　)账户核算。

B. 借：销售费用　　50 000

应交税费——应交增值税(进项税额)　　3 000

贷：银行存款　　53 000

C. 借：管理费用　　53 000

贷：银行存款　　53 000

D. 借：销售费用　　53 000

贷：银行存款　　53 000

40. 某企业4月初在产品成本3万元。4月份发生如下费用：生产产品耗用材料6万元，车间一般耗用材料1万元，生产工人工资2万元，车间管理人员工资1万元，行政管理部门人员工资1.5万元，车间发生其他各项费用共计1.5万元。月末在产品成本3万元，该企业4月份完工产品的生产成本为(　　)万元。

A. 8　　B. 9.5

C. 16　　D. 11.5

41. 甲企业某年“财务费用”科目核算内容如下：短期借款利息支出90万元，收到流动资金存款利息1万元，支付银行承兑汇票手续费15万元。不考虑其他因素，该年度甲企业应计入财务费用的金额为(　　)万元。

A. 104　　B. 90

C. 105　　D. 106

42. 下列关于销售退回业务核算的说法正确的是(　　)。

A. 只需要冲减销售收入，不需要冲减销售成本

B. 冲减销售收入的同时，要冲减销售成本

C. 销售退回不影响企业的利润

D. 销售退回只需要在备查簿中登记

43. 审核产品销售业务原始凭证时，发现金额大小写不一致，正确的处理方式是(　　)。

A. 由经办人员更正并签字

B. 由出具单位更正并加盖公章

C. 退回出具单位重开

D. 按大写金额入账

44. 下列各项中，属于企业“收入”的是(　　)。

A. 出售固定资产取得的净收益

B. 销售商品取得的价款

C. 接受投资者投入的设备

D. 出租包装物收取的押金

45. 企业销售商品时代垫的运杂费，应记入(　　)科目。

A. 应收账款　　B. 销售费用

C. 其他应收款　　D. 管理费用

46. 企业销售一批产品，已开具增值税专用发票，款项已存入银行，该业务应填制(　　)。

A. 收款凭证　　B. 付款凭证

C. 转账凭证　　D. 累计凭证

47. 下列关于现金折扣的说法正确的是(　　)。

A. 现金折扣是企业为促进销售而给予购货方的价格扣除

B. 现金折扣应在销售商品时直接扣除

C. 现金折扣应计入销售费用

D. 现金折扣应在实际发生时计入财务费用

48. 企业销售产品领用不单独计价的包装物，其成本应计入(　　)。

A. 主营业务成本　　B. 其他业务成本

C. 销售费用　　D. 管理费用

49. 下列关于净利润的计算公式，正确的是(　　)。

A. 净利润=营业利润-所得税费用

B. 净利润=利润总额+营业外收入-营业外支出

C. 净利润=利润总额-所得税费用

D. 净利润=营业利润+营业外收入-营业外支出

50. 下列项目中，属于营业成本的是(　　)。

A. 主营业务成本和其他业务成本

B. 主营业务成本和营业外支出

C. 其他业务成本和期间费用

D. 主营业务成本和税金及附加

51. 下列科目中，期末应转入“本年利润”借方的是(　　)。

A. 主营业务收入　　B. 其他业务收入

C. 营业外收入　　D. 管理费用

52. 应采购材料存在质量问题，收到供应商的赔偿款，应计入(　　)。

A. 主营业务收入　　B. 其他业务收入

C. 营业外收入　　D. 投资收益

53. 下列关于营业利润的表述，错误的是(　　)。

A. 营业利润是企业利润的主要来源

B. 营业利润不包括营业外收支

B. 借记“银行存款”科目 90 000

C. 贷记“股本”科目 90 000

D. 贷记“资本公积”科目 58 100

二、多项选择题(10 个小题，每小题 5 分，共 50 分)

66. 企业在银行开立的账户中，可以办理现金缴存和现金支取的有(　　)。

A. 基本存款账户

B. 一般存款账户

C. 专用存款账户

D. 临时存款账户(除验资户)

67. 下列情况中，会导致存货盘亏的有(　　)。

A. 计量错误导致少记发出存货数量

B. 自然损耗

C. 收发计量错误导致多记购入存货数量

D. 记账时多记发出存货数量

68. 双倍余额递减法和年数总和法这两种计算固定资产累计折旧的方法的共同点有(　　)。

A. 每期折旧额相等

B. 不需要考虑净残值

C. 属于加速折旧法

D. 前期计提折旧额高，后期计提折旧额低

69. 企业计提职工薪酬时，可能涉及的会计科目有(　　)。

A. 应付职工薪酬　　B. 生产成本

C. 制造费用　　D. 管理费用

70. 构成产品成本，但不能分清应由何种产品负担的费用应(　　)。

A. 作为间接费用处理　　B. 直接计入当期损益

C. 期末分配计入产品成本　　D. 直接计入产品成本

71. 下列各项中，应计入财务费用的有(　　)。

A. 短期借款利息　　B. 财务部门办公费

C. 资本化利息　　D. 承兑汇票手续费

72. 产品销售业务涉及的原始凭证有(　　)。

A. 销售发票　　B. 出库单

C. 收款收据　　D. 银行进账单

73. 企业发生的下列支出中，允许在计算应纳税所得额时加计扣除的有(　　)

A. 研发费用　　　　B. 残疾人工资

C. 广告宣传费　　　　D. 业务招待费

74. 利润表中“营业成本”项目包括(　　)。

A. 主营业务成本　　　　B. 其他业务成本

C. 税金及附加　　　　D. 销售费用

75. 下列事项中，引起所有者权益减少的有(　　)。

A. 以盈余公积金弥补亏损　　　　B. 经批准减资

C. 以资本公积金转增股本　　　　D. 宣告现金股利

三、判断题(20 个小题，每小题 2 分，共 40 分)

76. 会计核算应当划分会计期间，分期结算账目和编制财务会计报告，会计期间分为年度、半年度、季度和月度。(　　)

77. 企业的会计档案包括会计凭证、会计账簿、财务会计报告和其他会计资料等。(　　)

78. 企业的外埠存款账户在采购结束后有余额的，应将余额转回企业的基本存款账户。(　　)

79. 企业支付的银行承兑汇票手续费应计入管理费用。(　　)

80. 企业收到承兑的商业汇票，无论是否带息，均按票据的票面金额入账。(　　)

81. 企业的应收款项包括应收账款、应收票据、预付账款、其他应收款等。(　　)

82. 根据《企业会计准则》相关规定，存货盘盈经批准后，应冲减“管理费用”。(　　)

83. 移动加权平均法计算工作量较大，对收发货较频繁的企业不适用。(　　)

84. 企业的固定资产因自然灾害等产生的净损失应计入资产处置损益。(　　)

85. 固定资产盘盈应作为当期收益处理，记入“营业外收入”账户。(　　)

86. “短期借款”科目的借方登记取得短期借款的本金金额，贷方登记偿还借款的本金金额，余额在借方，反映企业尚未偿还的短期借款本息。(　　)

87. 企业代扣代缴的个人所得税，不通过“应交税费”科目进行核算。(　　)

88. 不设“燃料和动力”成本项目的企业，其生产消耗的燃料可记入“直接材料”成本项目。(　　)

89. 企业在交易过程中发生的汇兑损益及相关的手续费应计入财务费用。(　　)

90. 企业确认收入时，必须满足“款项已收到”的条件。(　　)

91. 现金折扣的计算基数均不考虑增值税。(　　)

92. “公允价值变动损益”科目期末应转入“本年利润”科目，结转后该科目无余额。(　　)

93. 企业发生的销售退回，均应冲减当期的营业收入和营业成本。(　　)

企业已付、银行未付 3 000 元。则企业银行存款的实有数额为(　　)元。

A. 32 000　　B. 35 000

C. 37 000　　D. 38 000

9. 企业收到退回的银行汇票多余款项时，应贷记的科目是(　　)。

A. 其他货币资金——银行汇票　　B. 银行存款

C. 营业外收入　　D. 财务费用

10. 企业租入包装物支付的押金，应通过(　　)科目核算。

A. 应收账款　　B. 其他应收款

C. 预付账款　　D. 应付账款

11. 企业将持有的不带息商业汇票向银行贴现，贴现利息应计入(　　)。

A. 管理费用　　B. 财务费用

C. 营业外支出　　D. 其他业务成本

12. 企业采用预付款方式采购物资，在预付款项时，应根据实际支付的金额，借记(　　)科目。

A. 原材料　　B. 物资采购

C. 预付账款　　D. 在途物资

13. 企业外购材料，发生的运输途中的超定额损耗，应(　　)。

A. 计入材料采购成本

B. 计入管理费用

C. 由责任人赔偿或计入营业外支出等

D. 计入销售费用

14. 某企业为增值税一般纳税人，购入原材料 750 千克，收到的增值税专用发票注明价款为 4 500 万元，增值税 585 万元；发生运输费用 9 万元，并取得增值税专用发票；包装费 3 万元，途中保险费用 2.7 万元。原材料运达后，验收入库数量为 748 千克，经查明短缺部分为运输途中发生的合理损耗。则该批原材料入账价值为(　　)万元。

A. 4 511.70　　B. 4 513.35

C. 4 514.07　　D. 4 514.70

15. 甲企业与乙企业签订购销合同销售产品一批，乙企业预付货款 100 000 元，一个月后甲企业将产品发往乙企业，开出的增值税专用发票上注明价款 200 000 元，增值税 26 000 元，该批货物成本 144 000 元。当日乙企业以银行存款支付剩余货款。以下说法不正确的是(　　)。

A. 收到乙企业预付货款时应贷记预收账款

B. 甲企业应在发出商品时确认收入 200 000 元

C. 收到乙企业预付货款时应确认收入 100 000 元

D. 甲企业应在收到剩余货款时借记预收账款

16. 企业结转存货销售成本时，对于已计提存货跌价准备，应借记(　　)科目。

A. 存货跌价准备　　B. 主营业务成本

C. 资产减值损失　　D. 库存商品

17. 材料已验收入库但货款尚未结算，未收到发票等账单时，月末应(　　)。

A. 按合同价或暂估价入账　　B. 不作处理

C. 按实际成本入账　　D. 以上都不对

18. 某企业在财产清查中发现一批 A 材料毁损，实际成本 50 000 元，购进该批材料时的增值税进项税额为 6 500 元。经查发现系管理不善造成的，应由个人赔偿 20 000 元。不考虑其他因素，毁损 A 材料对该企业营业利润金额的影响为(　　)。

A. 增加 30 000 元　　B. 减少 30 000 元

C. 减少 36 500 元　　D. 增加 36 500 元

19. 企业外购不需要安装的生产经营用固定资产，应借记的账户是(　　)。

A. 在建工程　　B. 工程物资

C. 固定资产　　D. 材料采购

20. 下列固定资产中，不需要计提折旧的是(　　)。

A. 季节性停用的固定资产

B. 大修理停用的固定资产

C. 已提足折旧继续使用的固定资产

D. 融资租入的固定资产

21. 某公司为增值税一般纳税人，购入一台需要安装的设备，取得专用增值税发票上注明的设备买价为 60 000 元，增值税 7 800 元，支付的运输费 2 500 元，增值税 225 元，安装设备时，领用材料物资价值 2 000 元(不含税)，支付工资 3 500 元。该设备安装完毕后的入账价值为(　　)元。

A. 60 000　　B. 68 000

C. 70 325　　D. 78 125

22. 甲公司为增值税一般纳税人，2025 年 3 月 15 日开始建造一条生产线，为建造该生产线领用自产产品 10 000 元，该部分自产产品的市场售价为 20 000 元；领用外购的原材料一批，该批原材料的购入成本为 5 000 元，购入时的增值税为 650 元；应付建造该生产线人员的工资 4 000 元；用银行存款支付其他费用 1 000 元。2025 年 6 月 30 日，该生产线完工，达到预定可使用状态。该条生产线的入账价值为(　　)元。

A. 21 700　　B. 20 000

37. 下列各项中，企业应计入销售费用的是(　　)。

A. 商标法权案发生的诉讼费

B. 专设销售机构固定资产的管理费或折旧费

C. 行政管理部门负担的工会经费

D. 向中介机构支付的咨询费

38. 某企业发出原材料采用月末一次加权平均法核算。5 月 1 日，A 材料结存 200 千克，每千克实际成本为 100 元；2 月 10 日购入 A 材料 300 千克，每千克实际成本为 110 元；2 月 25 日生产产品领用 A 材料 300 千克，车间一般耗用 A 材料 100 千克。则“制造费用”的借方发生额为(　　)元。

A. 31 800　　　　B. 42 400

C. 10 600　　　　D. 11 000

39. 甲公司销售商品实际缴纳增值税 40 万、消费税 10 万元，适用的城市维护建设税税率为 7%，教育费附加为 3%。假定不考虑其他因素，甲公司当月应列入“税金及附加”科目的金额为(　　)万元。

A. 50　　　　B. 40

C. 15　　　　D. 10

40. 某企业月初在产品成本为 15 000 元，本月发生的生产费用总计 135 000 元，本月产品完工 500 件，未完工 100 件，期末在产品按单位定额成本确定，其定额成本为 80 元，则本月完工入库产品的单位成本为(　　)元。

A. 300　　　　B. 284

C. 432　　　　D. 254

41. 丁公司期末盘点存货，发现因管理不善导致一批原材料盘亏，成本为 10 000 元，增值税进项税额为 1 300 元。经批准，由责任人赔偿 2 000 元，则其余损失计入管理费用，则“管理费用”科目的金额为(　　)元。

A. 8 000　　　　B. 9 300

C. 11 300　　　　D. 6 700

42. 企业销售退回的产品已验收入库，该产品成本为 3 000 元，应编制的会计分录为(　　)。

A. 借：主营业务成本　　3000

　　贷：库存商品　　3000

B. 借：库存商品　　3000

　　贷：主营业务成本　　3000

C. 借：其他业务成本　　3000

　　贷：库存商品　　3000

D. 借：库存商品　　3000

　　贷：其他业务成本　　3000

43. 企业销售一批产品，开出的增值税专用发票上注明价款 80 000 元，增值税10 400元，代垫运杂费 500 元，款项尚未收到。该企业应收账款的入账价值为(　　)元。

A. 80 000　　B. 90 400

C. 80 500　　D. 90 900

44. 企业销售一批产品，售价 20 000 元，增值税税率 13%，给予购货方 2%的现金折扣(假定计算现金折扣时不考虑增值税)，款项尚未收到。应收账款的入账金额为(　　)元。

A. 20 000　　B. 22 600

C. 22 148　　D. 22 400

45. 企业销售一批产品，已发出商品但不符合收入确认条件，应将发出商品的成本转入(　　)科目。

A. 主营业务成本　　B. 其他业务成本

C. 发出商品　　D. 库存商品

46. 企业采用预收款方式销售商品，收到预收款时应贷记的科目是(　　)。

A. 主营业务收入　　B. 预收账款

C. 应收账款　　D. 其他应收款

47. 企业销售一批产品，售价 15 000 元，增值税税率 13%，由于质量问题，给予购货方 10%的销售折让，折让已开具红字增值税专用发票。该企业应冲减的销售收入为(　　)元。

A. 1 500　　B. 1 695

C. 13 500　　D. 13 155

48. 企业结转已销售产品的成本，应借记的科目是(　　)。

A. 主营业务收入　　B. 主营业务成本

C. 库存商品　　D. 其他业务成本

49. 某企业当期营业收入 100 万元，营业成本 60 万元，税金及附加 5 万元，销售费用 3 万元，管理费用 4 万元，财务费用 2 万元，投资收益 10 万元，营业外收入 12 万元，营业外支出 6 万元，则企业当期利润总额为(　　)万元。

A. 36　　B. 40

C. 42　　D. 50

50. 下列关于“营业外支出”的表述，正确的是(　　)。

A. 影响营业利润

B. 属于日常活动支出

C. 期末结转至“本年利润”借方

C. 应付账款　　　　D. 生产设备

二、多项选择题(10 个小题，每小题 5 分，共 50 分)

66. 下列关于其他货币资金的表述，正确的有(　　)。

A. 外埠采购结束后，将多余的资金转回时，应借记“其他货币资金”科目，贷记“外埠存款”科目

B. 银行汇票存款的收款人可以将银行汇票背书转让

C. 银行本票存款不可以背书转让

D. 信用卡存款账户的存款余额不得超过中国人民银行规定的限额

67. 材料采购业务涉及的原始凭证有(　　)。

A. 增值税专用发票　　　　B. 运输费发票

C. 收料单　　　　D. 领料单

68. 企业计提固定资产折旧时，可能借记的账户有(　　)。

A. 制造费用　　　　B. 管理费用

C. 其他业务成本　　　　D. 在建工程

69. 下列各项中，应通过“应交税费”科目核算的有(　　)。

A. 销售产品应交的增值税

B. 购买印花税票缴纳的印花税

C. 企业代扣代缴的个人所得税

D. 企业应缴纳的教育费附加

70. 材料发出的核算，可能涉及的账户有(　　)。

A. 原材料　　　　B. 材料采购

C. 生产成本　　　　D. 制造费用

71. 下列不应计入管理费用的有(　　)。

A. 销售商品的包装费

B. 生产车间的水电费

C. 销售商品的商业折扣

D. 行政管理部门的折旧费

72. 下列关于其他业务收入和其他业务成本核算的说法正确的有(　　)。

A. 其他业务收入是企业除主营业务活动以外的其他经营活动实现的收入

B. 其他业务成本是为取得其他业务收入而发生的成本

C. 出租固定资产的租金收入属于其他业务收入

D. 销售材料的成本属于其他业务成本

73. 在利润表中，“营业利润”项目下方的项目有(　　)。

A. 营业外收入　　B. 所得税费用

C. 资产处置收益　　D. 净利润

74. 企业变更存货计价方法，将先进先出法改为加权平均法，可能导致(　　)。

A. 当期利润变化　　B. 资产负债表存货价值变化

C. 影响所有者权益　　D. 收入变化

75. 经股东会批准，甲公司按股东原出资比例(1∶1)将资本公积300万元转增资本。甲公司以资本公积转增资本的会计处理正确的是(　　)。

A. 借记"资本公积"科目300万元

B. 贷记"盈余公积"科目300万元

C. 借记"实收资本"科目300万元

D. 贷记"实收资本"科目300万元

三、判断题(20个小题，每小题2分，共40分)

76. 企业的会计核算应当以权责发生制为基础，凡是当期已经实现的收入和已经发生或应当负担的费用，不论款项是否收付，都应当作为当期的收入和费用；凡是不属于当期的收入和费用，即使款项已在当期收付，也不应当作为当期的收入和费用。(　　)

77. 原始凭证金额有错误的，应当由出具单位重开，不得在原始凭证上更正。(　　)

78. 库存现金的限额由企业自行确定，一般为3~5天的日常零星开支需要量。(　　)

79. 企业的银行存款日记账和银行对账单都属于会计账簿。(　　)

80. 企业对于无法收回的应收账款，经批准后作为坏账损失处理，会导致企业资产减少。(　　)

81. 企业在确定应收账款减值损失时，只能采用备抵法。(　　)

82. 一般纳税人购入材料时支付的增值税进项税额，无论是否能抵扣，都应计入材料采购成本。(　　)

83. 月末一次加权平均法平时无法从账上及时提供发出和结存存货的单价及金额，不利于加强对存货的管理。(　　)

84. 企业当月减少的固定资产，当月照提折旧，下月停止计提。(　　)

85. 企业对固定资产进行更新改造时，无须停止计提折旧。(　　)

86. 企业收到的押金应通过"其他应收款"科目核算。(　　)

87. 企业发生的工资和福利费，应根据人员的类别分别记入各有关的成本费用账户。(　　)

88. 制造费用的分配方法有多种，主要有生产工人工资、生产工人工时、机器工时等。(　　)

89. 随同商品出售，单独计价的包装物成本计入销售费用。(　　)

C. 同城、异地均可使用

D. 只能用于单位之间的结算

8. 信用卡结算凭证上的持卡人签名(　　)。

A. 可以由他人代签

B. 必须由持卡人本人签名

C. 可以不签

D. 可以用盖章代替

9. 企业收到现金捐赠，应贷记的会计科目是(　　)。

A. 主营业务收入　　B. 其他业务收入

C. 营业外收入　　D. 资本公积

10. 企业在对应收账款进行减值测试时，估计其未来现金流量现值低于其账面价值的差额应记入(　　)科目。

A. 信用减值损失　　B. 管理费用

C. 资产减值损失　　D. 营业外支出

11. 企业因销售商品而收到的应收票据，在到期前如果需要资金，可以(　　)。

A. 背书转让　　B. 提前支取

C. 作废重开　　D. 直接销毁

12. 甲企业预付给乙企业的货款，在乙企业发货后，甲企业应进行的账务处理是(　　)。

A. 借记“预付账款”，贷记“银行存款”

B. 借记“原材料”等，贷记“预付账款”

C. 借记“应付账款”，贷记“预付账款”

D. 借记“原材料”等，贷记“银行存款”

13. 存货应当按照(　　)进行初始计量。

A. 可变现净值　　B. 成本

C. 公允价值　　D. 重置成本

14. 物价持续上升时，采用先进先出法计算发出存货成本，会导致(　　)。

A. 高估企业当期利润和库存存货价值

B. 低估企业当期利润和库存存货价值

C. 高估企业当期利润，低估库存存货价值

D. 低估企业当期利润，高估库存存货价值

15. 某企业为增值税一般纳税人，采购一批材料，取得的增值税专用发票上注明的买价10 000元，增值税 1 300 元，途中发生运输费 500 元，装卸费 200 元，保险费 100 元，该批材料的采购成本为(　　)元。

A. 10 000　　B. 10 800

C. 11 300　　D. 12 100

16. 某企业采用先进先出法计算发出存货成本，10月份A材料收发存情况如下：期初结存2 000千克，单价25元；5日购入1 000千克，单价26元；8日发出2 500千克；13日购入1 000千克，单价27元。10月份结存材料的成本为(　　)元。

A. 40 000　　B. 39 250

C. 39 500　　D. 39 665

17. 企业销售产品后，结转产品成本时，应借记“主营业务成本”账户，贷记(　　)账户。

A. 库存商品　　B. 生产成本

C. 原材料　　D. 制造费用

18. 下列属于存货清查涉及的原始凭证是(　　)。

A. 收料单　　B. 领料单

C. 实存账存对比表　　D. 限额领料单

19. 企业购入固定资产时，取得的增值税专用发票属于(　　)。

A. 自制原始凭证　　B. 外来原始凭证

C. 记账凭证　　D. 累计凭证

20. 计提固定资产折旧的方法中，可以先不用考虑固定资产残值的方法是(　　)。

A. 平均年限法　　B. 工作量法

C. 双倍余额递减法　　D. 年数总和法

21. 某企业2024年6月21日自行建造的生产线投入使用，该生产线建造成本370万元，预计使用5年，预计净残值为10万元。若采用年数总和法计提折旧，2024年该设备应计提的折旧额为(　　)元。

A. 120　　B. 60

C. 70　　D. 74

22. 投资者投入的固定资产的合同或协议的约定价值大于投资单位账面原值的，以(　　)作为固定资产的入账价值。

A. 合同或协议约定价值　　B. 投资单位账面原值

C. 投资单位账面净值　　D. 重置价值

23. 某企业10月初固定资产原值1 000 000元，10月份增加固定资产120 000元，减少固定资产320 000元。若月折旧率为1%，则10月份应计提固定资产折旧额是(　　)元。

A. 8 000　　B. 1 200

C. 10 000　　D. 11 200

24. 某公司以14万元的价格出售一栋闲置厂房，该厂房账面原始价值为30万元，已提折

B. 管理费用借方

C. 营业外支出借方

D. 营业外收入贷方

38. 分配车间管理人员的工资时，借方记入的账户是(　　)。

A. 管理费用　　B. 制造费用

C. 生产成本　　D. 库存商品

39. 下列各项中，企业应计入销售费用的是(　　)。

A. 因产品质量原因给予的销售折让

B. 计提应收款项的坏账准备

C. 行政管理人员报销的差旅费

D. 专设销售机构发生的固定资产维修费

40. 甲企业为生产 A、B 两种产品耗用某材料 3 000 千克，每千克 20 元。本月投产 A 产品 200 件，B 产品 500 件。A 产品的材料消耗定额为 5 千克，B 产品的材料消耗定额为 4 千克。该企业按照产品的定额消耗量比例分配材料费用。本月 A 产品应分配的材料费用为(　　)元。

A. 40 000　　B. 30 000

C. 42 000　　D. 20 000

41. 某企业 6 月份销售应税消费品确认应交增值税 20 万元、消费税 30 万元、城市维护建设税 3.5 万元、教育费附加 1.5 万元。该企业 6 月份利润表“税金及附加”项目本期金额为(　　)万元。

A. 55　　B. 25

C. 50　　D. 35

42. 下列关于收入核算的表述，错误的是(　　)。

A. 企业代第三方收取的款项应作为负债处理，不确认收入

B. 销售商品涉及商业折扣的，应当按照扣除商业折扣后的金额确认收入

C. 企业销售商品相关的已发生或将发生的成本不能可靠计量的，不应确认收入

D. 采用支付手续费方式委托代销商品的，委托方应在发出商品时确认收入

43. 企业销售产品时，随同产品出售单独计价的包装物收入应计入(　　)。

A. 主营业务收入　　B. 其他业务收入

C. 销售费用　　D. 营业外收入

44. 企业销售退回上月已确认收入的产品，该业务应(　　)。

A. 冲减本月的销售收入　　B. 冲减上月的销售收入

C. 不作账务处理　　D. 调整年初未分配利润

45. 企业销售一批产品，售价40 000元，增值税税率13%，购货方以银行本票支付货款。该企业应借记的科目是(　　)。

A. 银行存款　　B. 应收账款

C. 应收票据　　D. 其他货币资金

46. 企业为销售产品发生的广告费应计入(　　)。

A. 主营业务成本　　B. 其他业务成本

C. 销售费用　　D. 管理费用

47. 企业销售一批产品，售价60 000元，增值税税率13%，销售过程中发生运输费200元，由销售方承担，款项已用银行存款支付。该企业确认的销售收入为(　　)元。

A. 60 000　　B. 67 800

C. 59 800　　D. 68 000

48. 企业销售一批产品，已开具增值税专用发票，但产品尚未发出，此时(　　)。

A. 应确认销售收入　　B. 不应确认销售收入

C. 应确认销售成本　　D. 应同时确认收入和成本

49. 丙公司2024年营业收入1 200万元，营业成本700万元，管理费用80万元，销售费用50万元，财务费用20万元，投资收益10万元，营业利润为(　　)万元。

A. 340　　B. 350

C. 360　　D. 370

50. 下列项目中，既影响营业利润又影响利润总额的是(　　)。

A. 营业外收入　　B. 主营业务成本

C. 所得税费用　　D. 营业外支出

51. 戊公司2024年主营业务收入600万元，发生销售折让50万元(冲减收入)，主营业务成本300万元，管理费用40万元，营业利润为(　　)万元。

A. 210　　B. 250

C. 290　　D. 310

52. 下列项目中，属于营业利润构成要素的是(　　)。

A. 营业外收入　　B. 所得税费用

C. 资产处置收益　　D. 其他综合收益

53. 企业当年利润总额为100万元，所得税税率为25%，则净利润是(　　)万元。

A. 25　　B. 75

C. 100　　D. 125

54. 企业当年实现净利润500万元，年初未分配利润-100万元，法定盈余公积提取比例为10%。则可供分配的利润为(　　)万元。

二、多项选择题(10 个小题，每小题 5 分，共 50 分)

66. 以下关于银行存款账户的说法，正确的有(　　)。

A. 基本存款账户可以办理日常转账结算和现金收付

B. 一般存款账户可以办理现金缴存，但不得办理现金支取

C. 专用存款账户用于办理各项专用资金的收付

D. 临时存款账户用于办理临时机构以及企业临时经营活动发生的资金收付

67. 下列项目中，不应计入存货成本的有(　　)。

A. 一般纳税人购进货物时的增值税进项税额

B. 入库后的挑选整理费

C. 不能归属于使存货达到目前场所和状态的其他支出

D. 在生产过程中为达到下一个生产阶段所必需的仓储费用

68. 计提固定资产折旧应考虑的因素有(　　)。

A. 预计净残值　　B. 预计使用寿命

C. 折旧方法　　D. 累计折旧

69. 下列关于应付账款的说法正确的有(　　)。

A. 企业预付账款业务不多时，可以不设置"预付账款"科目，直接通过"应付账款"科目核算企业的预付账款

B. 在所购货物已经验收入库，但发票账单尚未到达，月末暂估入账时应该贷记"应付账款"科目

C. 企业在购入资产时形成的应付账款账面价值不包括购入商品时产生的增值税进项税额

D. 确实无法支付的应付账款，直接转入"营业外收入"科目

70. 工资分配的核算，可能涉及的账户有(　　)。

A. 生产成本　　B. 管理费用

C. 应付职工薪酬　　D. 制造费用

71. 下列各项中，应通过"税金及附加"科目核算的有(　　)。

A. 销售商品应交的消费税

B. 销售商品应交的增值税

C. 使用土地应交的城镇土地使用税

D. 销售矿产品应交的资源税

72. 下列各项中，属于企业确认收入时必须同时满足的条件有(　　)。

A. 合同各方已批准该合同并承诺将履行各自义务

B. 企业因向客户转让商品而有权取得的对价很可能收回

C. 该合同明确了合同各方与所转让商品相关的权利和义务

D. 该合同具有商业实质

73. 下列行为可能虚增企业利润的有(　　)。

A. 少提坏账准备　　B. 虚增应收账款

C. 推迟确认费用　　D. 提前确认收入

74. 企业留存收益包括(　　)。

A. 法定盈余公积　　B. 任意盈余公积

C. 未分配利润　　D. 资本公积

75. 下列各项中，能够引起企业留存收益总额发生变动的有(　　)。

A. 本年度实现的净利润

B. 提取法定盈余公积

C. 向投资者宣告分配现金股利

D. 提取任意盈余公积

三、判断题(20 个小题，每小题 2 分，共 40 分)

76. 资产负债表是反映企业在某一特定日期财务状况的报表，属于动态报表。(　　)

77. 会计人员在编制记账凭证时，必须以审核无误的原始凭证为依据。(　　)

78. 库存现金日记账应采用订本式账簿，由出纳人员根据审核后的收付款凭证，逐日逐笔顺序登记。(　　)

79. 其他应收款也属于货币资金的核算范围。(　　)

80. 已确认为坏账的应收账款，意味着企业放弃了其追索权。(　　)

81. 带息应收票据应于期末计提利息，计提的利息增加应收票据的账面价值，同时冲减财务费用。(　　)

82. 对存货计提跌价准备符合企业会计信息质量要求的谨慎性原则。(　　)

83. 存货盘盈一般是由于收发计量或核算差错造成的，所以应冲减管理费用。(　　)

84. 接受捐赠的固定资产发生安装费用，要计入固定资产的入账价值。(　　)

85. 按双倍余额递减法计提的折旧额在任何会计期间都大于按平均年限法计提的折旧额。(　　)

86. 应付票据科目的借方登记开出、承兑汇票的面值，贷方登记支付票据的金额，余额在借方，反映企业尚未到期的商业汇票的票面金额。(　　)

87. 增值税小规模纳税人企业购进货物和接受应税劳务时支付的增值税，记入“应交税费——应交增值税(进项税额)”科目核算。(　　)

88. 生产完工的产品入库结转产品成本时，应借记“主营业务成本”，贷记“生产成本”。(　　)

C. 银行代收款项，企业尚未接到收款通知

D. 银行代付款项，企业尚未接到付款通知

8. 现金日记账应(　　)结出余额，并与库存现金实存数核对。

A. 每日　　B. 每周

C. 每月　　D. 每季度

9. 企业到银行提取现金，应编制的记账凭证是(　　)。

A. 现金收款凭证　　B. 现金付款凭证

C. 银行存款收款凭证　　D. 银行存款付款凭证

10. 企业职工预借差旅费，应借记的科目是(　　)。

A. 管理费用　　B. 销售费用

C. 其他应收款　　D. 应收账款

11. 企业收到一张带息应收票据，面值为 50 000 元，票面利率为 6%，期限为 3 个月，则该票据的到期值为(　　)元。

A. 50 750　　B. 51 500

C. 50 000　　D. 50 250

12. 企业采用备抵法核算坏账损失，收回已转销的坏账时，应编制的会计分录是(　　)。

A. 借记“应收账款”科目，贷记“坏账准备”科目；同时借记“银行存款”科目，贷记“应收账款”科目

B. 借记“银行存款”科目，贷记“坏账准备”科目

C. 借记“应收账款”科目，贷记“坏账准备”科目

D. 借记“银行存款”科目，贷记“应收账款”科目

13. 以下关于收料单的说法，正确的是(　　)。

A. 收料单应在材料采购时提前填制

B. 收料单是企业内部自制的原始凭证

C. 收料单只需填写材料的数量，无需填写金额

D. 收料单是记录材料发出业务的原始凭证

14. 关于外购材料采购成本构成，下列说法正确的是(　　)。

A. 运输途中的合理损耗不计入成本

B. 进口关税不计入成本

C. 采购过程中的包装费计入成本

D. 采购人员的工资计入成本

15. 采用实际成本计价，企业发出原材料时，不可能涉及的会计科目是(　　)。

A. 生产成本　　B. 制造费用

C. 管理费用　　D. 财务费用

16. 某企业原材料按实际成本计价，月初结存材料成本为 10 000 元，本月购入材料成本 20 000 元，本月发出材料成本 15 000 元，则月末结存材料成本为(　　)元。

A. 5 000　　B. 10 000

C. 15 000　　D. 20 000

17. 下列关于移动加权平均法的说法，错误的是(　　)。

A. 每次进货后都要计算加权平均单价

B. 能够及时反映存货的结存成本

C. 计算工作量较小

D. 不适用于存货收发频繁的企业

18. 某企业采用月末一次加权平均法计算发出存货成本，月初库存 A 材料 1 000 千克，总成本 11 500 元；本月购入 A 材料 2 000 千克，总成本 24 500 元。本月发出 A 材料 1 800 千克，则月末库存 A 材料的总成本为(　　)元。

A. 13 800　　B. 14 400

C. 15 000　　D. 21 600

19. 下列关于外购固定资产成本的说法，正确的是(　　)。

A. 外购固定资产成本不包括专业人员服务费

B. 相关税费包括可以从销项税额中抵扣的增值税进项税额

C. 固定资产成本=买价+进口关税+运输费+装卸费+安装费+场地整理费+专业人员服务费等

D. 场地整理费不计入固定资产成本

20. 某企业一项固定资产原值为 40 000 元，预计使用年限为 5 年，预计净残值为 1 000 元，按平均年限法计算的年折旧额为(　　)元。

A. 7 800　　B. 8 000

C. 8 200　　D. 8 400

21. 某企业一项固定资产原值 100 万元，预计使用年限 10 年，预计净残值率 5%，在采用双倍余额递减法计提折旧的情况下，计提折旧时的年折旧率为(　　)。

A. 20%　　B. 33.33%

C. 40%　　D. 50%

22. 固定资产清理完成后，因出售、转让等原因产生的固定资产处置净收益，应计入(　　)。

A. 营业外收入　　B. 资产处置损益

C. 其他业务收入　　D. 主营业务收入

37. 下列关于管理费用会计处理表述不正确的是(　　)。

A. 无法查明原因的现金短缺应计入管理费用

B. 转销确实无法支付的应付账款应冲减管理费用

C. 行政管理部门负担的工会经费应计入管理费用

D. 盘盈的存货应冲减管理费用

38. 生产车间管理人员的社会保险费应计入(　　)。

A. 管理费用　　B. 制造费用

C. 生产成本　　D. 销售费用

39. 通过“财务费用”科目核算的是(　　)。

A. 广告费　　B. 业务招待费

C. 银行手续费　　D. 固定资产折旧费

40. 某企业期初在产品成本为 5 000 元，本月完工入库产品成本为 15 000 元，期末在产品成本为 7 100 元，则本月发生的生产费用合计为(　　)元。

A. 12 900　　B. 17 100

C. 27 100　　D. 20 000

41. 某企业 5 月发生有关经济业务如下，签订合同支付印花税 1 000 元，支付商品展览费 40 000 元，支付销售商品保险费 10 600 元，支付车间生产设备维修费 14 000 元。不考虑其他因素，下列各项中，该企业相关会计科目处理正确的是(　　)。

A. 借记“销售费用”科目 54 000 元

B. 借记“税金及附加”科目 1 000 元

C. 借记“销售费用”科目 10 600 元

D. 借记“管理费用”科目 14 000 元

42. 企业采用分期收款方式销售商品，发出商品时应(　　)。

A. 确认销售收入

B. 结转销售成本

C. 借记“发出商品”科目

D. 借记“应收账款”科目

43. 企业销售一批原材料，售价 25 000 元，增值税税率 13%，购货方以一张期限为 3 个月的银行承兑汇票支付货款。该经济业务的会计分录不涉及的科目是(　　)。

A. 其他业务收入

B. 应交税费——应交增值税(销项税额)

C. 应收票据

D. 银行存款

44. 企业销售一批产品，售价 12 000 元，增值税税率 13%，给予购货方 10%的商业折扣。该企业确认的销售收入为(　　)元。

A. 12 000　　B. 13 560

C. 10 800　　D. 12 312

45. 企业销售一批产品，售价 35 000 元，增值税税率 13%，购货方开出一张商业承兑汇票。该企业应编制的记账凭证类型是(　　)。

A. 收款凭证　　B. 付款凭证

C. 转账凭证　　D. 通用记账凭证

46. 企业销售退回的产品，若增值税税额已在销售时确认，应同时(　　)。

A. 冲减增值税销项税额

B. 冲减增值税进项税额

C. 增加增值税销项税额

D. 增加增值税进项税额

47. 企业销售一批产品，售价 18 000 元，增值税税率 13%，销售过程中发生装卸费 300 元，由购货方承担，款项尚未收到。该企业应收账款的入账金额为(　　)元。

A. 18 000　　B. 20 340

C. 20 640　　D. 18 300

48. 下列不属于企业收入核算范围的是(　　)。

A. 销售商品收入

B. 提供劳务收入

C. 出售固定资产净收益

D. 让渡资产使用权收入

49. 丁公司本期发生销售退回，冲减主营业务收入 50 万元(已确认收入)，主营业务成本 30 万元，该事项对营业利润的影响是(　　)。

A. 减少 20 万元　　B. 减少 50 万元

C. 减少 30 万元　　D. 无影响

50. 庚公司 2024 年其他业务收入 200 万元，其他业务成本 150 万元，对应的税金及附加 10 万元，营业利润增加(　　)万元。

A. 40　　B. 50

C. 60　　D. 70

51. 下列项目不影响营业利润的是(　　)。

A. 财务费用　　B. 营业外收入

C. 投资收益　　D. 资产减值损失

C. 银行本票存款　　D. 信用卡存款

67. 企业采购过程中发生的存货短缺，不应计入存货采购成本的有(　　)。

A. 运输途中的合理损耗

B. 供货单位责任造成的存货短缺

C. 运输单位责任造成的存货短缺

D. 意外事故造成的存货短缺

68. 下列固定资产中，需要计提折旧的有(　　)。

A. 融资租入的固定资产

B. 经营租出的固定资产

C. 未使用的固定资产

D. 季节性停用的固定资产

69. 企业发生的一笔业务为贷记“应付票据”科目，则该科目涉及的原始凭证可能有(　　)。

A. 银行汇票　　B. 商业承兑汇票

C. 银行本票　　D. 银行承兑汇票

70. 根据“发料凭证汇总表”编制会计分录时，可以在借方登记的账户有(　　)。

A. 生产成本　　B. 制造费用

C. 管理费用　　D. 销售费用

71. 下列各项中，不应确认为财务费用的有(　　)。

A. 企业筹建期间的开办费

B. 销售产品发生的现金折扣

C. 销售商品发生的商业折扣

D. 支付的银行承兑汇票手续费

72. 企业销售商品时，可能影响收入确认金额的因素有(　　)。

A. 商业折扣　　B. 现金折扣

C. 销售退回　　D. 交易价格分摊

73. 下列属于营业利润计算中“加项”的有(　　)。

A. 公允价值变动收益　　B. 投资收益

C. 资产处置收益　　D. 所得税费用

74. 下列属于利润表“财务费用”项目的有(　　)。

A. 利息支出　　B. 利息收入

C. 手续费　　D. 汇兑损益

75. 下列各项中，企业应通过“资本公积”科目核算的有(　　)。

A. 投资者实际出资额超出其在企业注册资本中所占份额

B. 盈余公积转增资本

C. 股份有限公司折价发行股票时折价的金额

D. 股份有限公司溢价发行股票扣除交易费用后的股本溢价

三、判断题(20 个小题，每小题 2 分，共 40 分)

76. 结账前，必须将本期内所发生的各项经济业务全部登记入账。 (　　)

77. 企业发生的各项经济业务，都必须取得或填制原始凭证，并及时送交会计机构。 (　　)

78. 其他货币资金的性质与银行存款相同，都属于企业的货币资金。 (　　)

79. 企业采用托收承付结算方式销售商品，应在发出商品并办妥托收手续时确认收入，同时确认银行存款的增加。 (　　)

80. 带追索权的应收票据贴现后，贴现企业应在资产负债表中披露该或有负债。 (　　)

81. 企业已计提坏账准备的应收账款，当实际发生坏账时，应借记“坏账准备”科目，贷记“应收账款”科目。 (　　)

82. 采用实际成本计价，月末尚未收到发票账单的入库材料，不应进行账务处理。 (　　)

83. 企业存货盘亏，属于一般经营损失，经批准后应计入营业外支出。 (　　)

84. 与固定资产有关的修理费用等后续支出，不满足固定资产确认条件的，应在发生时计入当期损益。 (　　)

85. 企业出售固定资产产生的净损益计入营业外支出。 (　　)

86. 应付账款附有现金折扣的，企业应按照应付总金额扣除现金折扣后的金额入账。 (　　)

87. 银行承兑汇票到期，企业无力支付票款，应将应付票据账面余额转作短期借款。 (　　)

88. 企业生产部门领用的原材料，应按该原材料的成本记入“生产成本”账户。 (　　)

89. 购入存货过程中发生的运输费用，应记入“管理费用”。 (　　)

90. 企业出租固定资产取得的租金收入，应在实际收到租金时确认为收入。 (　　)

91. 企业销售商品发生的手续费、佣金等支出，应记入“销售费用”科目。 (　　)

92. 企业发生的财务费用，在利润表中应单独列示为一个项目。 (　　)

93. 企业计算利润总额时，应包括营业利润、营业外收入和营业外支出，以及所得税费用。 (　　)

94. 有限责任公司在设立时投入的非货币性资产的价值与实收资本一致，不存在资本公

B. 承付期满的当日

C. 发出承付通知的次日

D. 发出承付通知的当日

7. 企业银行存款日记账余额为 18 000 元，银行对账单余额为 17 000 元，经过未达账项调节后余额相等，调节后的余额为 16 000 元，则企业在银行的实有存款是(　　)元。

A. 18 000　　B. 17 000

C. 16 000　　D. 无法确定

8. 企业在现金清查中，发现现金短缺，按管理权限报经批准后，应根据不同情况分别转入(　　)等科目。

A. 管理费用、其他应收款

B. 财务费用、其他应收款

C. 管理费用、营业外支出

D. 财务费用、营业外支出

9. 下列关于其他货币资金的表述，错误的是(　　)。

A. 其他货币资金是企业除现金、银行存款以外的其他各种货币资金

B. 其他货币资金的存放地点和用途与现金、银行存款不同

C. 其他货币资金包括商业汇票

D. 企业应设置“其他货币资金”科目核算其他货币资金

10. 甲公司 2024 年 12 月 1 日应收账款余额为 200 万元，坏账准备余额为 10 万元。12 月 5 日，向乙公司销售一批商品，开具的增值税专用发票上注明的价款为 50 万元，增值税为 6.5 万元，款项尚未收到。12 月 20 日，收回上年已作坏账转销的应收账款 5 万元，存入银行。12 月 31 日，经减值测试，应收账款的预计未来现金流量现值为 230 万元。不考虑其他因素，甲公司 2024 年 12 月 31 日应计提的坏账准备金额为(　　)万元。

A. -5　　B. 0

C. 5　　D. 15

11. 下列关于应收票据的说法，错误的是(　　)。

A. 商业汇票的付款期限最长不超过 6 个月

B. 企业可以将自己持有的商业汇票背书转让

C. 应收票据属于企业的流动资产

D. 应收票据贴现时，贴现利息应计入应收账款

12. 下列各项中，会导致企业预付账款账面价值发生增减变动的是(　　)。

A. 企业收到所购物资，按发票金额冲减预付账款

B. 企业收到供应商退回的多余预付款项

C. 企业计提预付账款减值准备

D. 以上都是

13. 生产上经常需用并规定有定额消耗的各种材料，在领用时应填制(　　)。

A. 限额领料单　　B. 领料单

C. 领料登记簿　　D. 退料单

14. 采用实际成本计价，企业采购材料入库不可能涉及的会计科目是(　　)。

A. 原材料　　B. 在途物资

C. 材料采购　　D. 应交税费

15. 某企业采用实际成本法核算原材料，2025 年 6 月 1 日结存乙材料 200 千克，单位成本 30 元；6 月 8 日购入乙材料 500 千克，单位成本 25 元；6 月 20 日购入乙材料 300 千克，单位成本 28 元；6 月 25 日发出乙材料 600 千克。若采用先进先出法计算发出材料成本，则 6 月发出乙材料的总成本为(　　)元。

A. 15 300　　B. 15 500

C. 16 000　　D. 16 500

16. 发出存货成本计价方法中，能使期末存货成本接近现行市场价格的是(　　)。

A. 先进先出法　　B. 加权平均法

C. 移动加权平均法　　D. 个别计价法

17. 甲公司在财产清查中发现盘亏 A 材料 600 千克，实际单位成本 150 元，经查属于一般经营损失。假定不考虑相关税费，批准处理后，应借记(　　)。

A. 管理费用 90 000 元

B. 营业外支出 90 000 元

C. 待处理财产损溢 90 000 元

D. 其他应收款 90 000 元

18. 某企业为增值税一般纳税人，本月购进原材料 200 千克，价款 6 000 元，增值税为 780 元，发生保险费 480 元，入库后的挑选整理费 130 元。验收入库时发现数量短缺 10%，经查明属于运输途中的合理损耗。则该批原材料的实际单位成本为每千克(　　)元。

A. 32. 4　　B. 33. 33

C. 35. 28　　D. 36

19. 甲公司 2025 年 1 月 1 日购入一台机器设备用于生产，该设备原始价值为 12 万元，预计使用年限 6 年，预计净残值率为 4%，按直线法计提折旧，该设备的月折旧额约为(　　)元。

A. 1 533　　B. 1 600

C. 1 700　　D. 1 800

A. 经营活动的借款利息

B. 发生的税收滞纳金

C. 聘请中介机构的费用

D. 发生的产品广告费

34. 生产成本属于(　　)会计要素。

A. 资产　　B. 负债

C. 所有者权益　　D. 费用

35. 某企业随同商品出售不单独计价的包装物成本，应计入(　　)。

A. 主营业务成本　　B. 管理费用

C. 其他业务成本　　D. 销售费用

36. 下列费用应计入产品成本的是(　　)。

A. 车间办公费

B. 厂部办公费

C. 销售机构办公设备折旧费

D. 离退休人员的工资

37. 超过所得税税前扣除标准的业务招待费应记入(　　)科目。

A. 营业外支出　　B. 其他业务支出

C. 管理费用　　D. 其他业务成本

38. 企业根据本月“工资费用分配汇总表”分配所列生产人员薪酬时，应借记的会计科目是(　　)。

A. 主营业务成本　　B. 制造费用

C. 生产成本　　D. 应付职工薪酬

39. 下列各项中，企业不应通过“财务费用”科目核算的是(　　)。

A. 短期借款的利息费用

B. 支付银行承兑汇票的手续费

C. 外币应收账款产生的汇兑损益

D. 财务部门发生的办公费用

40. 某企业本月完工甲产品 600 件，乙产品 400 件，共耗用直接人工费用 12 万元，采用工时比例法分配甲产品和乙产品直接人工费用。甲产品生产工时 6 000 小时，乙产品生产工时 4 000 小时。甲产品负担的直接工人费用是(　　)万元。

A. 7. 2　　B. 3

C. 4. 8　　D. 9

41. 某月企业发生行政管理部门工资 50 万元，销售商品时发生的运输费价税合计 3 万元，银行承兑汇票手续费 2 万元，购买印花税票 0.2 万元，则该月计入管理费用的金额是(　　)万元。

A. 55　　B. 50

C. 50.2　　D. 55.2

42. 企业销售商品时给予购货方的商业折扣，应(　　)。

A. 计入销售费用

B. 冲减主营业务收入

C. 按扣除商业折扣后的金额确认收入

D. 按原价确认收入

43. 下列会计要素中，反映企业财务状况的是(　　)。

A. 主营业务收入　　B. 其他业务成本

C. 应付账款　　D. 投资收益

44. 下列各项中，属于让渡资产使用权收入的是(　　)。

A. 出售原材料收入　　B. 出租包装物租金收入

C. 出售固定资产收入　　D. 接受捐赠收入

45. 采用预收款方式销售商品，收入确认的时间是(　　)。

A. 收到预收款时　　B. 签订销售合同时

C. 发出商品时　　D. 商品到达购货方时

46. 企业销售商品时代垫的运杂费，应计入(　　)。

A. 应收账款　　B. 销售费用

C. 其他应收款　　D. 管理费用

47. 下列关于收入确认的表述，错误的是(　　)。

A. 销售商品相关的经济利益很可能流入企业是收入确认的条件之一

B. 提供劳务交易的结果能够可靠估计的，应采用完工百分比法确认收入

C. 企业已将商品所有权上的主要风险和报酬转移给购货方是收入确认的必要条件

D. 售后回购业务应确认为销售收入

48. 企业采用托收承付方式销售商品，办妥托收手续时未满足收入确认条件，此时应借记的会计科目是(　　)。

A. 主营业务收入　　B. 发出商品

C. 应收账款　　D. 合同负债

49. 戊公司 2024 年其他业务收入 150 万元，其他业务成本 100 万元，管理费用 30 万元营业利润增加(　　)万元。

A. 20　　B. 50

64. 下列各项中，不会使企业所有者权益总额发生变化的是(　　)。

A. 接受投资者投入固定资产

B. 盈余公积转增资本

C. 接受投资者投入原材料一批

D. 向股东宣告分配现金股利

65. 甲、乙公司均为增值税一般纳税人，适用的增值税税率为13%，甲公司接受乙公司投入生产设备一台，账面价值50 000元，投资协议约定价值60 000元，假定投资协议约定的价值与公允价值相符，该项投资没有产生资本溢价。甲公司实收资本应增加的金额为(　　)元。

A. 50 000　　B. 60 000

C. 56 500　　D. 67 800

二、多项选择题(10个小题，每小题5分，共50分)

66. 企业在进行库存现金清查时，发现现金短缺，在批准处理后应借记的科目可能有(　　)。

A. 待处理财产损溢　　B. 库存现金

C. 管理费用　　D. 其他应收款

67. 盘亏的存货在处理时，在按管理权限报经批准后应分别记入(　　)账户。

A. 原材料　　B. 其他应收款

C. 管理费用　　D. 营业外支出

68. 企业对固定资产进行日常修理时，可能涉及的会计分录有(　　)。

A. 借：管理费用

　贷：银行存款

B. 借：管理费用

　贷：原材料

C. 借：销售费用

　贷：应付职工薪酬

D. 借：固定资产

　贷：累计折旧

69. 下列各项中，属于“应付职工薪酬”科目核算的有(　　)。

A. 工会经费　　B. 企业医务人员的工资

C. 住房公积金　　D. 辞退福利

70. 生产是一个较复杂的过程，从投入生产到入库会涉及很多原始凭证，则属于该过程的原始凭证有(　　)。

A. 领料单　　B. 职工薪酬分配表

C. 固定资产折旧计提表　　D. 制造费用分配表

71. 下列各项中，资产的净损失报经批准应计入管理费用的有(　　)。

A. 管理不善造成的库存商品毁损

B. 自然灾害造成的包装物毁损

C. 属于一般经营损失的原材料毁损

D. 无法查明原因的现金短缺

72. 企业销售商品时，可能通过“主营业务成本”科目核算的有(　　)。

A. 销售商品的实际成本

B. 提供劳务发生的直接人工

C. 销售材料的成本

D. 出租包装物的摊销

73. 下列可能减少营业利润的业务有(　　)。

A. 计提存货跌价准备

B. 支付税收滞纳金

C. 发生公益性捐赠支出

D. 确认交易性金融资产公允价值下跌

74. 下列属于企业利润来源的有(　　)。

A. 主营业务利润　　B. 其他业务利润

C. 投资收益　　D. 资产处置利得

75. 下列各项中，构成企业留存收益的有(　　)。

A. 实收资本

B. 未分配利润

C. 资本公积——其他资本公积

D. 盈余公积

三、判断题(20 个小题，每小题 2 分，共 40 分)

76. 企业的总账、明细账和日记账都应每年更换一次。(　　)

77. 记账凭证填制完经济业务事项后，如有空行，应当自金额栏最后一笔金额数字下的空行处至合计数上的空行处划线注销。(　　)

78. 企业银行存款日记账与银行对账单余额不一致，可能是因为存在未达账项或记账错误。(　　)

79. 企业存入证券公司的资金应通过“其他货币资金——存出投资款”科目核算。(　　)

80. 应收款项在资产负债表上应按其账面价值列示。(　　)

81. 企业采用直接转销法核算坏账损失时，在实际发生坏账时，直接将坏账损失计入当

C. 营业外收入　　D. 其他业务收入

8. 企业支付职工工资，应借记的会计科目是(　　)。

A. 库存现金　　B. 应付职工薪酬

C. 管理费用　　D. 制造费用

9. 委托收款结算凭证上的委托日期应填写(　　)。

A. 实际委托银行收款的日期

B. 付款人付款的日期

C. 收到款项的日期

D. 随意填写的日期

10. 企业将一张已持有3个月、面值为20万元、年利率为6%、期限为6个月的商业汇票向银行贴现，贴现率为8%，则贴现利息为(　　)万元。

A. 0.24　　B. 0.41

C. 0.8　　D. 0.32

11. 企业销售商品时代垫的运杂费应记入(　　)科目。

A. 应收账款　　B. 预付账款

C. 其他应收款　　D. 应付账款

12. 下列各项中，不会影响应收账款账面价值的是(　　)。

A. 计提坏账准备　　B. 确认坏账损失

C. 收回已转销的坏账　　D. 收回应收账款

13. 采购过程中发生的运输途中的合理损耗应(　　)。

A. 计入管理费用

B. 向过失人索取赔偿

C. 计入存货采购成本

D. 先记入"待处理财产损溢"

14. 材料采购退货时，需填制的原始凭证是(　　)。

A. 入库单　　B. 退货单

C. 销售发票　　D. 借款单

15. 在实际成本计价法下，核算企业货款已付尚未验收入库的各种物资采购成本的账户是(　　)。

A. 原材料　　B. 在途物资

C. 材料采购　　D. 库存商品

16. 某企业为增值税小规模纳税人，购买一批原材料，取得增值税普通发票注明的价款0 000元，增值税3 900元；支付运输费1 000元，装卸费500元，采购人员差旅费2 000元。

该批材料的实际采购成本为(　　)元。

A. 31 500　　B. 33 500

C. 33 620　　D. 35 400

17. 某企业采用先进先出法计算发出材料成本。10 月 1 日 A 材料结存 200 千克，单价 300 元；10 月 8 日购入 A 材料 350 千克，单价 310 元；10 月 20 日购入 A 材料 400 千克，单价 290 元；10 月 30 日领用 A 材料 500 千克。10 月份领用 A 材料的成本为(　　)元。

A. 145 000　　B. 150 000

C. 153 000　　D. 155 000

18. 若存货盘亏属于定额内自然损耗，经批准后应计入(　　)。

A. 管理费用　　B. 营业外支出

C. 其他应收款　　D. 生产成本

19. 不符合固定资产定义的是(　　)。

A. 以生产经营、管理为目的

B. 使用时间超过一个会计年度

C. 未来经济利益具有很大的不确定性

D. 属于有形资产

20. 接受捐赠的固定资产，按捐赠方提供的有关凭据上表明的金额加上应当支付的相关税费作为入账价值，应贷记的账户是(　　)。

A. 实收资本　　B. 资本公积

C. 营业外收入　　D. 固定资产

21. 某企业一项固定资产原值为 50 000 元，预计使用年限为 5 年，预计净残值为 2 000 元，按双倍余额递减法计提折旧，第 2 年应提折旧额为(　　)元。

A. 20 000　　B. 12 000

C. 7 200　　D. 4 400

22. 某公司一台生产用机床使用期满进行报废处理，其账面原价为 79 000 元，已提折旧 70 000 元，已提减值准备 6 000 元；清理过程中，发生清理费用 100 元，回收残料价值 2 000 元，已入材料库(不考虑有关税费)。以下说法正确的是(　　)。

A. 固定资产转入清理时，应借记“固定资产清理”9 000

B. 固定资产报废回收的残料价值，应借记“固定资产清理”2 000

C. 结转损益时应借记“资产处置损益”2 900

D. 结转损益时应借记“营业外支出”1 100

23. 固定资产的可收回金额低于其账面价值时，应计提固定资产减值准备，借记的账户是(　　)。

37. 企业收到银行存款利息，应贷记(　　)科目。

A. 主营业务收入　　B. 投资收益

C. 财务费用　　D. 营业外收入

38. 分配生产工人的职工薪酬时，借方记入的账户是(　　)。

A. 生产成本　　B. 制造费用

C. 管理费用　　D. 应付职工薪酬

39. 下列各项中，应列入利润表“管理费用”的是(　　)。

A. 计提的坏账准备

B. 出租无形资产的摊销额

C. 支付中介机构的咨询费

D. 处置固定资产的净损失

40. 某企业某车间月初在产品成本为 4 000 元，本月生产产品耗用材料 80 000 元，生产工人工资及福利费 16 000 元，该车间管理人员工资及福利费 8 000 元，车间水电费用 8 000 元，月末在产品生产成本 8 800 元，厂部预付半年报刊费 2 400 元(含本月)，则该车间本月完工产品生产成本总额为(　　)元。

A. 112 400　　B. 116 400

C. 107 200　　D. 107 800

41. 某企业为增值税一般纳税人，某年发生的各项税费如下：应交增值税 600 万元，销售应税消费品的消费税 200 万元，应交城市维护建设税 56 万元，应交教育费附加 24 万元，应交所得税 200 万元。该企业应记入“税金及附加”科目的金额为(　　)万元。

A. 880　　B. 680

C. 280　　D. 200

42. 下列各项中，应计入主营业务收入的是(　　)。

A. 销售原材料收入

B. 出租固定资产租金收入

C. 出售无形资产净收益

D. 销售商品收入

43. 企业提供劳务交易结果不能可靠估计，已发生的劳务成本预计全部不能得到补偿，应(　　)。

A. 按已发生成本确认收入

B. 按预计能够收回的金额确认收入

C. 将已发生成本计入当期损益，不确认收入

D. 不作账务处理

44. 企业销售商品因质量问题给予购货方的销售折让，应(　　)。

A. 冲减销售当期的销售收入

B. 冲减折让当期的销售收入

C. 计入营业外支出

D. 计入销售费用

45. 收入确认的核心时点是(　　)。

A. 签订合同时　　B. 客户取得商品控制权时

C. 收到货款时　　D. 开始生产商品时

46. 企业销售商品收到银行承兑汇票，应借记的科目是(　　)。

A. 银行存款　　B. 应收票据

C. 应收账款　　D. 其他货币资金

47. 下列各项中，属于工业企业其他业务收入的是(　　)。

A. 销售产成品收入　　B. 销售原材料收入

C. 出售固定资产净收益　　D. 接受捐赠收入

48. 下列关于收入与利得的表述，正确的是(　　)。

A. 收入与利得均计入所有者权益

B. 收入是日常活动形成的，利得是非日常活动形成的

C. 收入与利得均计入当期利润

D. 收入与利得均会导致所有者权益减少

49. 某公司 2024 年净利润 120 万元，所得税费用 30 万元，利润总额为(　　)万元。

A. 120　　B. 150

C. 180　　D. 200

50. 下列科目中，期末(非年末)结转后余额在借方的是(　　)。

A. 本年利润(盈利)

B. 本年利润(亏损)

C. 利润分配——未分配利润

D. 主营业务收入

51. 企业发生的违约金支出应计入(　　)。

A. 管理费用　　B. 营业外支出

C. 销售费用　　D. 财务费用

52. 某企业本期营业收入 100 万元，营业成本 60 万元，税金及附加 5 万元，管理费用 1[illegible] 万元，投资收益 5 万元，营业外收入 20 万元，营业外支出 15 万元，则营业利润为(万元。

B. 盈余公积转增资本

C. 资本公积转增资本

D. 投资者超过注册资本额的投入资本

65. 2025 年 1 月 1 日，甲公司“利润分配——未分配利润”科目贷方余额为 500 万元，当年该公司实现净利润 1 500 万元，按净利润的 10%提取法定盈余公积。不考虑其他因素，甲公司 2025 年提取法定盈余公积的金额为(　　)万元。

A. 200　　B. 150

C. 100　　D. 50

二、多项选择题(10 个小题，每小题 5 分，共 50 分)

66. 企业银行存款日记账余额与银行对账单余额不一致，可能的原因有(　　)。

A. 企业存在未达账项

B. 银行存在未达账项

C. 企业记错账

D. 银行记错账

67. 下列关于存货的说法正确的有(　　)。

A. 存货应当按照成本进行初始计量

B. 外购存货的成本包括购买价款、相关税费、运输费等

C. 企业可采用先进先出法等方法确定发出存货的实际成本

D. 存货清查时，盘盈的存货经批准后应冲减管理费用

68. 企业取得固定资产的方式有(　　)。

A. 外购　　B. 自行建造

C. 投资者投入　　D. 接受捐赠

69. 下列各项中，工业企业应通过“其他应付款”科目核算的有(　　)。

A. 为职工垫付的水电费

B. 应付租入包装物的租金

C. 应付短期租入设备的租金

D. 应缴纳的教育费附加

70. 下列属于生产过程中发生的费用有(　　)。

A. 车间机器设备的折旧费

B. 材料采购费用

C. 生产工人工资

D. 车间照明用电费

71. 下列各项中，应计入期间费用的有(　　)。

A. 销售商品发生的销售退回

B. 销售商品发生的装卸费

C. 销售商品发生的商业折扣

D. 委托代销商品支付的手续费

72. 企业销售商品时，可能影响应收账款入账金额的有(　　)。

A. 商业折扣　　B. 现金折扣

C. 增值税销项税额　　D. 代垫运杂费

73. 企业用盈余公积弥补亏损时，可能涉及的会计科目有(　　)。

A. 盈余公积　　B. 利润分配

C. 未分配利润　　D. 资本公积

74. 企业宣告向股东分配现金股利时，涉及的科目有(　　)。

A. 应付股利　　B. 利润分配——应付现金股利

C. 盈余公积　　D. 本年利润

75. A 有限公司(简称 A 公司)收到 B 企业作为资本投入的不需要安装的机器设备一台，该设备的原价为 100 万元，已提折旧 60 万元，投资合同约定该设备价值为 50 万元，增值税税额 6.5 万元，占注册资本 40 万元，则下列关于 A 公司会计处理的表述正确的有(　　)。

A. A 公司固定资产的入账价值为 40 万元

B. A 公司固定资产的入账价值为 50 万元

C. A 公司应当确认的资本公积为 16.5 万元

D. A 公司应当确认的资本公积为 10 万元

三、判断题(20 个小题，每小题 2 分，共 40 分)

76. 会计凭证传递是指从原始凭证的填制或取得时起，到会计凭证归档保管止，在单位内部有关部门和人员之间按规定的路线进行传递和处理的程序。　(

77. 企业的财务报表应当由企业负责人、主管会计工作的负责人、会计机构负责人(会计主管人员)签名并盖章。　(

78. 库存现金清查中发现现金溢余，经批准后应冲减管理费用。　(

79. 企业可以用银行存款账户代其他单位和个人存入或支取现金。　(

80. 应收款项的减值损失一经确认，在以后会计期间不得转回。　(

81. 企业计提坏账准备的方法由企业自行确定，但一经确定，不得随意变更。　(

82. 采用先进先出法时，在物价持续上升时，期末存货成本接近于市价，而发出成本偏低，会高估企业当期利润和库存存货价值。　(

83. 存货清查时，对于存货的盘盈、盘亏，应填写存货盘点报告，及时查明原因，按照规定程序报批处理。　(

票据利息为(　　)万元。

A. 4　　　　B. 2

C. 1　　　　D. 0.5

7. 企业预付给供应商的货款，应借记的科目是(　　)。

A. 应收账款　　　　B. 预付账款

C. 应付账款　　　　D. 其他应收款

8. 甲公司向乙公司销售商品，不含税价款100万元，增值税13万元，现金折扣条件为2/10，n/30。甲公司预计乙公司很可能在10天内付款。假定不考虑增值税，甲公司应确认的收入金额为(　　)万元。

A. 100　　　　B. 98

C. 113　　　　D. 111

9. 甲公司向乙公司销售一批商品，商品已发出但不符合销售收入确认条件，甲公司下列会计处理正确的是(　　)。

A. 借记“应收账款”科目

B. 借记“预收账款”科目

C. 借记“发出商品”科目

D. 借记“主营业务成本”科目

10. 企业在现金清查中发现现金溢余，在报经批准后，以下处理正确的是(　　)。

A. 属于无法查明原因的现金溢余，计入其他业务收入

B. 属于应支付给有关人员或单位的现金溢余，计入应付账款

C. 属于无法查明原因的现金溢余，计入营业外收入

D. 属于应支付给有关人员或单位的现金溢余，计入其他业务收入

11. 下列关于银行存款余额调节表作用的表述，正确的是(　　)。

A. 作为登记银行存款日记账的依据

B. 作为调整银行存款账面余额的原始凭证

C. 用来核对企业和银行的记账有无错误，并作为记账依据

D. 用来核对企业和银行的记账有无错误，不能作为记账依据

12. 对于库存现金清查中发现的现金溢余，属于应支付给有关人员或单位的，经批准后应贷记(　　)科目。

A. 营业外收入　　　　B. 其他应付款

C. 待处理财产损溢　　　　D. 其他应收款

13. 存货采购过程中，因遭受意外灾害发生的损失，应先计入(　　)。

A. 采购成本　　　　B. 管理费用

C. 待处理财产损溢　　D. 营业外支出

14. 委托加工存货收回后直接用于对外销售，受托方代收代缴的消费税应计入(　　)。

A. 应交税费——应交消费税

B. 委托加工物资成本

C. 管理费用

D. 营业税金及附加

15. 企业发出材料用于生产产品，应借记(　　)科目。

A. 生产成本　　B. 制造费用

C. 管理费用　　D. 销售费用

16. 工业企业产品生产完成验收入库时，应借记“库存商品”科目，贷记(　　)科目。

A. 生产成本　　B. 制造费用

C. 主营业务成本　　D. 原材料

17. 以下关于存货会计处理的表述，不正确的是(　　)。

A. 因自然灾害造成的存货净损失，计入营业外支出

B. 由于收发计量错误引起的存货盘亏，计入管理费用

C. 一般纳税人进口原材料缴纳的增值税，计入相关原材料的成本

D. 由相关责任人承担的存货亏损，计入其他应收款

18. 某企业为增值税一般纳税人，购入原材料 200 千克，单价 300 元，增值税 7 800 元，运杂费 500 元，增值税 45 元，以上均取得增值税专用发票。运输途中发生合理损耗 2 千克，不合理损耗 3 千克。该批原材料入账的实际单位成本是(　　)元。

A. 305. 6　　B. 317. 26

C. 302. 5　　D. 310. 26

19. 下列资产中，不属于固定资产的是(　　)。

A. 机器设备　　B. 运输工具

C. 土地使用权　　D. 房屋建筑物

20. 以下对于“累计折旧”账户的表述，不正确的是(　　)。

A. 该账户属于资产类备抵账户

B. 企业每月计提固定资产折旧

C. 计提折旧时记入该账户的借方

D. 期末余额在贷方，反映期末固定资产的累计折旧额

21. 企业接受投资者投入的固定资产，合同约定价值不公允时，应按(　　)入账。

A. 合同约定价值　　B. 公允价值

C. 账面价值　　D. 重置成本

A. 3 000　　　　B. 5 000

C. 8 000　　　　D. 6 000

38. 某企业原材料采用计划成本进行日常核算，计划单位成本为 10 元/千克。本月生产产品领用材料 4 500 千克，生产车间一般耗用材料 1 500 千克，在建的某项工程领用材料 1 000千克，该笔业务的会计分录为(　　)。

A. 借：生产成本　　60 000
　　　在建工程　　10 000
　　　贷：原材料　　70 000

B. 借：制造费用　　60 000
　　　在建工程　　10 000
　　　贷：原材料　　70 000

C. 借：生产成本　　45 000
　　　制造费用　　15 000
　　　在建工程　　10 000
　　　贷：原材料　　70 000

D. 借：生产成本　　45 000
　　　制造费用　　15 000
　　　在建工程　　10 000
　　　贷：材料成本差异　　70 000

39. 企业发生的与专设销售部门相关的固定资产维修费属于(　　)。

A. 销售费用　　　　B. 管理费用

C. 其他业务成本　　　　D. 财务费用

40. 下列关于完工产品入库的表述，正确的是(　　)。

A. 只结转直接材料成本

B. 需结转全部生产成本

C. 不涉及制造费用结转

D. 完工后立即确认收入

41. 下列各项中，应计入企业管理费用的是(　　)。

A. 销售商品过程中发生的保险费

B. 出售无形资产净损益

C. 生产车间机器设备的折旧费

D. 财务人员的薪酬

42. 下列各项中，会导致企业当期营业收入减少的是(　　)

A. 发生销售退回

B. 确认提供劳务收入

C. 收到出租包装物租金

D. 出售原材料取得收入

43. 企业转让商标使用权取得的收入，应计入(　　)。

A. 主营业务收入　　B. 其他业务收入

C. 营业外收入　　D. 资产处置损益

44. 企业当年实现利润总额 200 万元，所得税税率为 25%。当年发生公益性捐赠支出 30 万元，税法允许扣除限额为利润总额的 12%。则当年应纳税所得额为(　　)万元。

A. 200　　B. 206

C. 230　　D. 234

45. 下列各项中，不应计入其他业务收入的是(　　)。

A. 出租包装物收入　　B. 出售原材料收入

C. 出租固定资产收入　　D. 出售无形资产收入

46. 企业销售商品发生销售退回(不属于资产负债表日后事项)，在已确认收入的情况下，应冲减的会计科目是(　　)。

A. 以前年度损益调整　　B. 本年利润

C. 主营业务收入　　D. 库存商品

47. 下列各项中，属于让渡资产使用权收入的是(　　)。

A. 出售专利权收入　　B. 出租房屋租金收入

C. 出售原材料收入　　D. 取得的政府补助

48. 企业销售商品收到购货方签发的商业汇票，应贷记的科目是(　　)。

A. 主营业务收入　　B. 应收账款

C. 应收票据　　D. 其他货币资金

49. 企业发生的下列费用中，应记入“财务费用”的是(　　)。

A. 银行承兑汇票手续费　　B. 销售商品保险费

C. 行政人员差旅费　　D. 固定资产折旧费

50. 乙公司 2024 年主营业务收入 1 000 万元，主营业务成本 600 万元，其他业务收入 20 万元，其他业务成本 100 万元，管理费用 50 万元，财务费用 30 万元，营业外收入 20 万元所得税税率 25%。净利润为(　　)。

A. 270 万元　　B. 300 万元

C. 330 万元　　D. 360 万元

51. 企业接受现金捐赠应记入(　　)科目。

A. 企业开出支票，银行尚未支付

B. 企业送存支票，银行尚未入账

C. 银行代收款项，企业尚未接到收款通知

D. 银行代付款项，企业尚未接到付款通知

67. 以下说法正确的是(　　)。

A. 采购途中发生的合理损耗会使存货的单位成本提高

B. 入库前发生的不合理损耗应计入存货成本

C. 入库后发生的挑选整理费应计入管理费用

D. 采购人员的差旅费应计入管理费用

68. 下列应计入外购固定资产成本的有(　　)。

A. 购买价款

B. 专业人员服务费

C. 使固定资产达到预定可使用状态前所发生的运输费

D. 可抵扣的增值税进项税额

69. 下列关于应付账款的表述，正确的有(　　)。

A. 应付账款一般按应付金额入账，而不按到期应付金额的现值入账

B. 企业确实无法支付的应付账款，应按其账面余额，借记“应付账款”科目，贷记“营业外收入”科目

C. 企业开出商业汇票抵付应付账款时，应借记“应付账款”科目，贷记“应付票据”科目

D. 如果购入的资产形成一笔应付账款，带有现金折扣条件，则应付账款按发票上记载的应付金额扣除现金折扣后的金额入账

70. 下列费用中，属于生产车间直接费用的有(　　)。

A. 为制造产品领用的材料

B. 车间修理设备领用的材料

C. 车间管理人员工资

D. 生产产品工人的工资

71. 下列各项中，应计入财务费用的有(　　)。

A. 银行承兑汇票手续费

B. 财务部门人员的工资

C. 外币应收账款汇兑损失

D. 商业汇票贴现发生的贴现利息

72. 下列各项中，应确认为企业主营业务收入的有(　　)。

A. 工业企业销售原材料收入

B. 汽车制造企业销售自产汽车收入

C. 软件企业销售自行开发软件收入

D. 商品流通企业销售商品收入

73. 下列项目中，会导致税前会计利润与应纳税所得额差异的有(　　)。

A. 国债利息收入　　B. 应收账款

C. 业务招待费超支　　D. 应付账款

74. 下列各项中，影响年末未分配利润的有(　　)。

A. 当年净利润　　B. 提取的任意盈余公积

C. 盈余公积补亏　　D. 向投资者分配股利

75. 下列各项中，能够引起企业留存收益总额发生变动的有(　　)。

A. 本年度实现的净利润

B. 提取法定盈余公积

C. 向投资者宣告分配现金股利

D. 提取任意盈余公积

三、判断题(20个小题，每小题2分，共40分)

76. 对于涉及“库存现金”和“银行存款”之间的相互划转业务，为了避免重复记账，一般只编制收款凭证，不编制付款凭证。(　　)

77. 会计人员在审核原始凭证时，对于不真实、不合法的原始凭证，有权不予接受，并向单位负责人报告。(　　)

78. 现金清查中发现的现金短缺，经批准后全部计入管理费用。(　　)

79. 企业的银行存款账户分为基本存款账户、一般存款账户、专用存款账户和临时存款账户，每个账户都有不同的用途。(　　)

80. 企业将应收账款出售给银行，无论银行是否具有追索权，均应终止确认应收账款。

(　　)

81. 采用备抵法核算坏账损失，能够使企业的财务报表更真实地反映其财务状况和经营成果。(　　)

82. 月末一次加权平均法计算简单，能随时反映存货的结存情况。(　　)

83. 存货采购过程中发生的市内零星货物运杂费应计入存货采购成本。(　　)

84. 自行建造固定资产达到预定可使用状态时，应将“在建工程”科目余额转入“固定资产”科目。(　　)

85. 采用双倍余额递减法计提折旧，最后两年应改为直线法计提折旧。(　　)

86. 应付票据到期结清时，应在应付票据备查簿内予以注销相关内容。(　　)

8. 现金清查中，无法查明原因的现金溢余，经批准后应贷记的科目是(　　)。

A. 其他业务收入　　B. 营业外收入

C. 管理费用　　D. 销售费用

9. 编制银行存款余额调节表时，下列未达账项中，会使银行对账单余额小于企业银行存款日记账余额的是(　　)。

A. 企业已收，银行未收

B. 企业已付，银行未付

C. 银行已收，企业未收

D. 银行已付，企业未付

10. 企业对于确实无法收回的应收账款，应借记的会计科目是(　　)。

A. 管理费用　　B. 营业外支出

C. 坏账准备　　D. 资产减值损失

11. 一张面值为 50 万元、年利率为 6%、期限为 3 个月的商业汇票，其到期值为(　　)万元。

A. 50　　B. 50.75　　C. 51.5　　D. 53

12. 企业预付账款明细账的贷方余额反映的是(　　)。

A. 应付账款　　B. 预付账款

C. 应收账款　　D. 其他应付款

13. 下列各项中，不属于存货的是(　　)。

A. 原材料　　B. 工程物资

C. 库存商品　　D. 在产品

14. 企业外购存货时，下列费用中不应计入采购成本的是(　　)。

A. 运输途中的合理损耗

B. 入库后的仓储费

C. 入库前的挑选整理费用

D. 装卸费

15. 企业采用月末一次加权平均法核算发出存货成本，本月期初存货数量为 200 件，单价为 15 元；本月购入存货数量为 300 件，单价为 18 元。则本月存货的加权平均单价为(　　)元。

A. 15　　B. 16　　C. 16.8　　D. 18

16. 企业采用移动加权平均法核算发出存货成本，本月 1 日结存存货 100 千克，单价 11 元；5 日购入存货 200 千克，单价 12.5 元；10 日发出存货 150 千克。则 10 日发出存货的成本为(　　)元。

A. 1 500　　B. 1 650　　C. 1 800　　D. 1 950

17. 企业采用个别计价法确定发出存货成本，适用于(　　)的存货。

A. 数量较多　　B. 收发频繁

C. 不能替代使用　　D. 单价较低

18. 企业进行存货清查时，发现盘盈一批原材料，经查明属于收发计量错误导致。经批准后，应贷记的科目是(　　)。

A. 待处理财产损溢　　B. 管理费用

C. 营业外收入　　D. 其他业务收入

19. 某企业 2024 年 12 月购入一台设备，原值为 50 000 元，预计使用年限为 5 年，预计净残值为 2 000 元。采用年数总和法计算 2025 年的折旧额为(　　)元。

A. 16 000　　B. 12 800　　C. 9 600　　D. 6 400

20. 企业购入一台需要安装的设备，取得的增值税专用发票上注明的设备买价为 50 000 元，增值税为 6 500 元，支付的运输费为 1 000 元，增值税为 90 元，安装设备时领用原材料价值 1 500 元，支付安装人员工资 2 000 元。该设备的入账价值为(　　)元。

A. 54 500　　B. 55 590　　C. 50 000　　D. 56 500

21. 某企业采用平均年限法对固定资产计提折旧。该企业一项固定资产原值为 80 000 元，预计使用年限为 5 年，预计净残值为 2 000 元，则该固定资产的年折旧率为(　　)。

A. 19. 5%　　B. 20%　　C. 19%　　D. 21%

22. 企业出租固定资产取得的租金收入，应计入(　　)。

A. 主营业务收入　　B. 其他业务收入

C. 营业外收入　　D. 投资收益

23. 企业处置固定资产时，“固定资产清理”账户的借方登记的内容不包括(　　)。

A. 固定资产转入清理的净值

B. 清理过程中发生的清理费用

C. 出售固定资产取得的价款

D. 清理完毕后结转的净收益

24. 企业对固定资产进行盘点，发现盘亏一台设备，原值为 80 000 元，已计提折旧 30 000元，经查明属于管理不善导致，应由过失人赔偿 10 000 元。则应计入营业外支出的金额为(　　)元。

A. 40 000　　B. 50 000　　C. 60 000　　D. 80 000

25. 下列经济业务需要计算增值税销项税额的是(　　)。

A. 将自产产品用于集体福利

B. 采购生产所用的原材料

A. 董事会成员的津贴　　B. 签订合同缴纳的印花税

C. 销售产品保险费　　D. 银行存款利息

40. 假设某企业只生产一种产品，本期为生产该产品发生直接材料费用 160 万元，直接人工费用 30 万元，制造费用 40 万元，企业行政管理费用 20 万元，本期结转完工产品成本为 200 万元，期末“生产成本”科目的余额为 50 万元，则该企业“生产成本”科目的期初余额为(　　)万元。

A. 0　　B. 20　　C. 30　　D. 50

41. 下列选项中，不应当记入“销售费用”科目中的是(　　)。

A. 购入存货过程中发生的运输费用

B. 为宣传新产品发生的广告费

C. 销售部门的计算机维修费用

D. 产品促销费用

42. 企业销售商品确认收入后，当月又发生的销售折让，正确的处理方法是(　　)。

A. 直接冲减销售当期的收入

B. 作为资产减值损失处理

C. 计入营业外支出

D. 冲减财务费用

43. 下列各项中，会引起企业营业收入增加的是(　　)。

A. 接受投资者投入资本

B. 出售固定资产净收益

C. 转让商标使用权取得收入

D. 取得政府补助

44. 某企业 2024 年 10 月销售一批商品，增值税专用发票上注明价款 30 000 元，增值税 3 900元，现金折扣条件为 1/10，n/30(假定计算折扣不考虑增值税)。购货方于第 8 天付款，该企业实际收到的款项为(　　)元。

A. 33 900　　B. 33 600　　C. 32 760　　D. 30 000

45. 下列关于收入与费用配比原则的表述，正确的是(　　)。

A. 收入与费用应在同一会计期间确认

B. 收入与费用无须对应配比

C. 只确认收入，不确认相关费用

D. 只确认费用，不确认相关收入

46. 根据收入准则，收入确认的核心条件是(　　)。

A. 款项已收到　　B. 商品已发出

C. 履约义务已履行　　D. 合同已签订

47. 含商业折扣的销售，收入计量基础是(　　)。

A. 原价扣除商业折扣后的金额

B. 商业折扣不得扣除

C. 商品标价金额

D. 实际收到的全部款项

48. 甲公司销售商品标价 1 000 元，给予10%商业折扣，适用增值税税率13%，销项税额为(　　)元。

A. 117　　B. 130　　C. 105.3　　D. 90

49. 下列各项中，属于营业外收入的是(　　)。

A. 出租固定资产租金

B. 存货盘盈

C. 投资者投入资本

D. 确实无法支付的应付账款

50. 企业当年利润总额为 500 万元，其中包含国债利息收入 50 万元(免税)，则应纳税所得额为(　　)万元。

A. 450　　B. 500　　C. 550　　D. 400

51. 丙公司 2024 年实现净利润 200 万元，年初未分配利润为 0，按 10%提取法定盈余公积，可分配给投资者的利润为(　　)万元。

A. 180　　B. 190　　C. 200　　D. 220

52. 下列项目中，不影响利润总额的是(　　)。

A. 营业外收入　　B. 所得税费用

C. 资产处置收益　　D. 销售费用

53. 企业销售商品时，代垫的运杂费应计入(　　)。

A. 其他应收款　　B. 应收账款

C. 预付账款　　D. 其他应付款

54. 企业年末结账后，“利润分配——未分配利润”科目的贷方余额表示(　　)。

A. 历年累计未弥补的亏损

B. 历年累计未分配的利润

C. 本年实现的未分配利润

D. 本年实现的未弥补亏损

55. 企业当年净利润为 100 万元，按 15%提取任意盈余公积，则年末未分配利润增加(　　)万元。

B. 盈余公积转增资本

C. 提取盈余公积

D. 接受投资者投资

二、多项选择题(10 个小题，每小题 5 分，共 50 分)

66. 下列关于货币资金内部控制的说法，正确的有(　　)。

A. 企业应当建立货币资金业务的岗位责任制

B. 出纳人员不得兼任稽核、会计档案保管和收入、支出、费用、债权债务账目的登记工作

C. 企业应当定期和不定期地进行现金盘点

D. 企业应当加强银行预留印鉴的管理

67. 库存商品包括(　　)。

A. 库存产成品

B. 外购商品

C. 存放在门市部准备出售的商品

D. 发出展览的商品

68. 下列属于固定资产按经济用途分类的有(　　)。

A. 生产经营用固定资产

B. 非生产经营用固定资产

C. 自有固定资产

D. 融资租入固定资产

69. 下列各项中，应记入“应付职工薪酬”科目的有(　　)。

A. 解除与职工的劳动关系时给予的职工补偿

B. 为职工支付的培训费

C. 为职工支付的养老保险

D. 为职工进行健康检查支付的体检费

70. 下列各项职工薪酬中能够计入产品成本的有(　　)。

A. 车间生产工人薪酬

B. 车间管理人员薪酬

C. 专设销售机构人员薪酬

D. 企业管理部门人员薪酬

71. 下列各项中，属于企业管理费用的有(　　)。

A. 财务部门的人员工资

B. 生产部门固定资产的折旧费

C. 管理部门的办公费

D. 销售机构的办公费

72. 下列各项中，会导致企业应收账款减少的有(　　)。

A. 收回已确认收入的应收账款

B. 确认坏账损失

C. 销售商品时采用商业汇票结算

D. 销售商品时代垫的运杂费

73. 企业发生以前年度损益调整事项时，可能涉及的会计科目有(　　)。

A. 以前年度损益调整

B. 利润分配——未分配利润

C. 盈余公积

D. 税金及附加

74. 下列属于利润分配的内容有(　　)。

A. 弥补以前年度亏损

B. 提取法定盈余公积

C. 向投资者分配现金股利

D. 提取任意盈余公积

75. 某公司由甲、乙投资者分别出资 100 万元设立，为扩大经营规模，该公司的注册资本由 200 万元增加到 250 万元，丙企业以现金出资 100 万元享有公司 20%的注册资本。不考虑其他因素，该公司接受丙企业出资相关科目的会计处理结果正确的有(　　)。

A. 贷记“实收资本”科目 100 万元

B. 借记“银行存款”科目 100 万元

C. 贷记“资本公积”科目 50 万元

D. 贷记“盈余公积”科目 100 万元

三、判断题(20 个小题，每小题 2 分，共 40 分)

76. 企业应当按照交易或者事项的经济实质进行会计确认、计量和报告，不应仅以交易或者事项的法律形式为依据。 (

77. 企业在财产清查中发现的盘盈、盘亏，应于期末结账前处理完毕，如果其后批准处理的金额与已处理的金额不一致，应按其差额调整会计报表相关项目的年初数。 (

78. 企业可以坐支现金，只要事后向银行说明情况即可。 (

79. 企业取得银行本票时，应借记“其他货币资金——银行本票”科目，贷记“银行存款”科目。 (

80. 企业采用账龄分析法计提坏账准备时，账龄越长，计提坏账准备的比例越高。

(

A. 库存现金属于企业的流动资产

B. 企业的库存现金限额由企业自行决定

C. 企业可以坐支现金，不需要经过批准

D. 库存现金的总账由出纳人员登记

8. 企业因采购材料签发并承兑商业汇票一张，应贷记的会计科目是(　　)。

A. 银行存款　　B. 应付账款

C. 应付票据　　D. 其他货币资金

9. 库存现金清查时，对于现金溢余，如果属于应支付给有关人员或单位的，在进行账务处理时，贷记(　　)科目。

A. 其他应付款　　B. 应付账款

C. 其他业务收入　　D. 营业外收入

10. 某企业年初“坏账准备”科目的贷方余额为 20 万元，本年收回上年已确认为坏账的应收账款 5 万元，经减值测试并确定“坏账准备”科目年末贷方余额应为 30 万元。不考虑其他因素，该企业年末应计提的坏账准备为(　　)万元。

A. 5　　B. 10

C. 15　　D. 30

11. 应收票据在取得时的入账价值应为(　　)。

A. 票据面值　　B. 票据到期值

C. 票据面值加应计利息　　D. 票据贴现额

12. 企业预付账款的核算范围不包括(　　)。

A. 预付的购货款　　B. 预付的工程款

C. 预付的包装物押金　　D. 预付的材料款

13. 下列各项中，不应计入外购存货成本的是(　　)。

A. 购买价款　　B. 进口关税

C. 入库后的仓储费　　D. 运输途中的合理损耗

14. 企业采用移动加权平均法核算发出存货成本，本月 1 日结存存货 150 千克，单价 12 元；5 日购入存货 250 千克，单价 14 元；10 日发出存货 200 千克。则 10 日发出存货的成本为(　　)元。

A. 2 400　　B. 2 800

C. 2 650　　D. 2 700

15. 企业进行存货清查时，发现盘亏一批存货，经查明属于一般经营损失。经批准后，应借记的科目是(　　)。

A. 待处理财产损溢　　B. 管理费用

C. 营业外支出　　D. 其他应收款

16. 企业结转已销售存货成本时，应借记的科目是(　　)。

A. 生产成本　　B. 制造费用

C. 主营业务成本　　D. 库存商品

17. 企业购入一批原材料，取得的增值税普通发票上注明的价款为 20 000 元，增值税 2 600元，运输途中发生合理损耗 500 元，入库前发生挑选整理费 1 000 元。该批原材料的入账价值为(　　)元。

A. 20 500　　B. 21 000

C. 21 500　　D. 23 600

18. 企业在存货清查中发现盘盈存货，按同类存货的市场价格确定其成本为 1 000 元。经批准后，应贷记(　　)科目。

A. 待处理财产损溢　　B. 其他业务收入

C. 营业外收入　　D. 管理费用

19. 下列各项中，属于固定资产的是(　　)。

A. 为生产商品而持有的原材料

B. 使用寿命不超过一年的设备

C. 企业的办公楼

D. 用于出租的库存商品

20. 企业购入一台生产设备，购买价款为 100 万元，支付的运输费为 2 万元，装卸费为 1 万元，安装调试费为 3 万元，该固定资产的入账价值为(　　)万元。

A. 100　　B. 102

C. 103　　D. 106

21. 采用双倍余额递减法计提折旧的固定资产，在其折旧年限到期前两年内，将固定资产净值扣除预计净残值后的余额(　　)。

A. 全部提完

B. 平均摊销

C. 按双倍余额递减法继续计提

D. 不再计提

22. 某机器设备原值为 60 000 元，预计使用年限为 5 年，预计净残值率为 5%，采用工作量法计提折旧，预计生产产品总产量为 30 000 件，本月生产 200 件，则本月应计提折旧额为(　　)元。

A. 380　　B. 400

C. 420　　D. 440

则该企业11月份应记入“销售费用”科目的金额为(　　)万元。

A. 3　　B. 5

C. 10　　D. 13

38. 产品完工入库时，应贷记的会计科目是(　　)。

A. 生产成本　　B. 库存商品

C. 制造费用　　D. 主营业务成本

39. 企业计提短期借款利息时应当借记的会计科目是(　　)。

A. 管理费用　　B. 营业外收入

C. 财务费用　　D. 销售费用

40. 某企业生产A、B两种产品的水费消耗定额分别为4工时和5工时。6月份生产A产品400件，B产品500件，共支付水费13 120元。该企业按定额消耗量比例分配水费，当月产品应分配的水费为(　　)元。

A. 5 120　　B. 8 000

C. 6 560　　D. 6 240

41. 期末企业对存货进行盘点，发现盘盈了一批原材料，审批后应计入(　　)。

A. 销售费用贷方　　B. 管理费用借方

C. 管理费用贷方　　D. 营业外收入贷方

42. 下列项目记入“营业外收入”的是(　　)。

A. 销售多余材料收入　　B. 无法支付的应付账款

C. 出租固定资产收入　　D. 商品销售收入

43. 企业计算消费税时，应借记的科目是(　　)。

A. 主营业务成本　　B. 税金及附加

C. 应交税费——应交消费税　　D. 销售费用

44. 乙公司2024年签订装修合同，总金额800万元，预计总成本600万元。当年实际发成本240万元，完工进度40%，应确认收入为(　　)万元。

A. 240　　B. 320

C. 480　　D. 800

45. 下列交易中，不确认收入的是(　　)。

A. 预收客户货款未发货

B. 发出商品符合收入确认条件

C. 收到代销清单

D. 提供劳务完成进度70%

46. 某商场开展“满1 000减200”促销活动，属于(　　)。

A. 商业折扣　　　　B. 现金折扣

C. 销售退回　　　　D. 销售折让

47. 下列各项中，符合收入定义的是(　　)。

A. 出租办公楼收取的租金　　　　B. 出售无形资产净收益

C. 接受捐赠收入　　　　D. 代收的消费税

48. 下列各项中，不影响企业利润总额的是(　　)。

A. 资产减值损失　　　　B. 公允价值变动损益

C. 所得税费用　　　　D. 营业外支出

49. 企业购买商品时发生的现金折扣应计入(　　)。

A. 财务费用　　　　B. 销售费用

C. 管理费用　　　　D. 营业外支出

50. 某企业当月营业利润为100万元，营业外收入20万元，营业外支出15万元，则利润总额为(　　)万元。

A. 105　　　　B. 120

C. 135　　　　D. 115

51. 某企业年初未分配利润贷方余额为200万元，本年利润总额为800万元，本年所得税费用为300万元，按净利润的10%提取法定盈余公积，提取任意盈余公积25万元，向投资者分配利润25万元。该企业年末未分配利润贷方余额为(　　)万元。

A. 600　　　　B. 650

C. 675　　　　D. 700

52. 某企业利润表中"财务费用"项目金额为5万元，其中利息支出8万元，利息收入万元，则该企业实际利息支出为(　　)万元。

A. 5　　　　B. 8

C. 3　　　　D. 11

53. 下列各项中，不影响企业利润总额的是(　　)。

A. 销售商品收入　　　　B. 税收滞纳金

C. 固定资产盘盈　　　　D. 销售材料收入

54. 下列各项中，会导致营业利润减少的是(　　)。

A. 确认商品销售收入

B. 计提管理部门固定资产折旧

C. 收到客户违约罚款

D. 收到银行利息

55. 企业发生的公益性捐赠支出，在年度利润总额(　　)以内的部分，准予税前扣除。

D. 除非发生减资、清算或分派现金股利，企业不需要偿还所有者权益

二、多项选择题(10 个小题，每小题 5 分，共 50 分)

66. 关于库存现金的清查，下列说法正确的有(　　)。

A. 库存现金应每日清点一次

B. 库存现金清查时，出纳人员必须在场

C. 清查人员应认真审核库存现金收付凭证和有关账簿

D. 清查结果应编制库存现金盘点报告表

67. 当存在(　　)情形时，企业应计提存货跌价准备。

A. 存货市场价格持续下跌，并且在可预见的未来无回升的希望

B. 企业使用该项原材料生产的产品的成本大于产品的销售价格

C. 因企业所提供的商品或劳务过时或消费者偏好改变而使市场的需求发生变化，导致市场价格逐渐下跌

D. 企业因产品更新换代，原有库存原材料已不适应新产品的需要，而该原材料的市场价格又低于其账面成本

68. 影响固定资产折旧的因素有(　　)。

A. 固定资产的原价

B. 固定资产的预计净残值

C. 固定资产的使用寿命

D. 固定资产的减值准备

69. 下列各项中，不应通过“应交税费”科目核算的有(　　)。

A. 企业缴纳的企业所得税

B. 购买印花税票缴纳的印花税

C. 企业代扣代缴的个人所得税

D. 占用耕地缴纳的耕地占用税

70. 下列各项中，应该记入“制造费用”科目的有(　　)。

A. 生产车间管理人员的薪酬

B. 厂部管理人员的工资

C. 生产用机器设备的折旧

D. 厂部的办公费

71. 下列各项中，企业应通过“销售费用”科目核算的有(　　)。

A. 随同产品出售不单独计价包装物成本

B. 销售商品发生的保险费

C. 专设的销售网点的折旧费

D. 销售商品代垫的运杂费

72. 下列各项中，会影响企业当期营业利润的有(　　)。

A. 销售商品收入　　B. 提供劳务收入

C. 出售固定资产净收益　　D. 销售原材料收入

73. 下列项目中，属于计算营业利润时需扣除的费用有(　　)。

A. 财务费用　　B. 税金及附加

C. 销售费用　　D. 所得税费用

74. 可能影响净利润的业务有(　　)。

A. 以前年度亏损未弥补　　B. 税收优惠减免

C. 资产减值损失转回　　D. 支付税收滞纳金

75. 某公司2025年度实现净利润100万元，本年提取法定盈余公积10万元，宣告发放现金股利30万元。不考虑其他因素，下列有关该公司利润分配的会计处理不正确的有(　　)。(注：金额均以万元为单位)

A. 提取法定盈余公积时：

借：利润分配——提取法定盈余公积　10

　贷：盈余公积　10

B. 宣告发放现金股利时：

借：利润分配——应付现金股利或利润　30

　贷：应付股利　30

C. 结转实现净利润时：

借：利润分配——未分配利润　100

　贷：本年利润　100

D. 将"利润分配"科目所属其他明细科目余额结转至"利润分配——未分配利润"明细科目时：

借：利润分配——提取法定盈余公积　10

　　　　　——应付现金股利或利润　30

　贷：利润分配——未分配利润　40

三、判断题(20个小题，每小题2分，共40分)

76. 会计人员在记账后发现记账凭证所记会计科目无误，只是所记金额大于应记金额应采用红字更正法进行更正。(　　)

77. 企业应当按照国家统一的会计制度规定的会计科目进行会计核算，不得自行增设减少或合并会计科目。(　　)

78. 银行存款日记账的余额与银行对账单的余额不一致时，肯定是存在未达账项。(　　)

A. 企业银行存款日记账的账面余额

B. 银行对账单的余额

C. 企业实际可动用的银行存款数额

D. 企业应在会计报表中反映的银行存款数额

9. 填写电汇凭证时，汇款人名称和账号应填写(　　)的相关信息。

A. 付款人　　B. 收款人

C. 银行　　D. 代理行

10. 企业销售商品收到一张银行承兑汇票，应贷记的科目是(　　)。

A. 主营业务收入　　B. 应收账款

C. 应收票据　　D. 其他业务收入

11. 某企业因自然灾害毁损一批材料，该批材料的实际成本为 20 000 元，保险公司应赔偿 15 000 元。则该企业应计入其他应收款的金额为(　　)元。

A. 20 000　　B. 15 000

C. 5 000　　D. 0

12. 下列关于现金折扣税会差异的说法，正确的是(　　)。

A. 会计与税法均按扣除折扣后的金额确认收入

B. 税法按扣除折扣前的金额确认收入，会计按可变对价调整收入

C. 会计与税法均在实际发生时确认财务费用

D. 税会无差异，无须纳税调整

13. 企业采用实际成本计价，购入原材料验收入库，发票账单尚未收到，月末应(　　)。

A. 不作账务处理　　B. 按暂估价入账

C. 按计划成本入账　　D. 按合同价入账

14. 企业采用实际成本计价核算原材料，购入一批原材料，发票账单已到，货款已付，但材料尚在运输途中，此时“原材料”账户的余额(　　)。

A. 增加　　B. 减少

C. 不变　　D. 无法确定

15. 审核原材料收入原始凭证时，发现凭证上的数量与实际验收数量不符，应(　　)。

A. 以凭证数量为准入账

B. 按实际数量入账并查明原因

C. 退回重新填制所有凭证

D. 直接调整凭证数量

16. 下列关于外购材料采购成本构成的说法，正确的是(　　)。

A. 进口关税不应计入采购成本

B. 采购过程中的保险费计入管理费用

C. 采购材料支付的运输途中的仓储费，应计入采购成本

D. 运输途中的非合理损耗也计入采购成本

17. 以下发出存货成本计价方法中，最符合实际情况，但核算工作量最大的是(　　)。

A. 先进先出法　　B. 月末一次加权平均法

C. 移动加权平均法　　D. 个别计价法

18. 某企业采用月末一次加权平均法计算发出存货成本。本月初甲材料结存数量为300千克，单价为20元；本月购入甲材料1 500千克，单价为23元；本月发出甲材料1 000千克。则本月发出甲材料的成本为(　　)元。

A. 22 500　　B. 23 000

C. 21 500　　D. 20 000

19. 某企业于2025年3月18日购入一台生产设备，当日投入使用。该设备原值为50 000元，预计使用年限为5年，预计净残值为2 000元，按双倍余额递减法计提折旧，2025年应提折旧额为(　　)元。

A. 19 200　　B. 20 000

C. 15 000　　D. 14 400

20. 企业在财产清查中盘盈一台设备，该设备同类市场价格为50 000元，估计的折旧为5 000元。对该设备会计处理正确的是(　　)。

A. 借记“固定资产”50 000

B. 贷记“待处理财产损溢”50 000

C. 贷记“待处理财产损溢”45 000

D. 贷记“以前年度损益调整”45 000

21. 企业出售一项固定资产，该固定资产原值为150万元，已提折旧30万元，已计提减值准备10万元，出售价款为100万元，增值税为13万元。则处置该项固定资产对当期损益的影响金额为(　　)万元。

A. −20　　B. −10

C. 10　　D. 20

22. 企业出售固定资产取得的收入，应贷记的账户是(　　)。

A. 固定资产清理　　B. 营业外收入

C. 资产处置损益　　D. 主营业务收入

23. 甲公司为增值税一般纳税人，购入一台需要安装的设备，取得的增值税专用发票上注明的设备买价为80万元，增值税为10.4万元，支付的运输费为2万元，增值税为0.18万元。安装过程中领用原材料1万元，该原材料的增值税为0.13万元，支付安装人员工资3万

C. 销售商品发生的商业折扣

D. 支付的银行承兑汇票手续费

38. 如果生产工人薪酬无法直接归属某产品，下列处理正确的是(　　)。

A. 先记入“制造费用”科目，然后分配记入“生产成本”科目

B. 按生产工时分配计入对应的产品成本中

C. 在几种产品中进行平均分配

D. 按照产品在企业中的重要性归入产品

39. 用银行存款支付销售商品运输费5 000元，该业务的正确会计分录为(　　)。

A. 借：管理费用　　5 000

　　贷：银行存款　　5 000

B. 借：在途物资　　5 000

　　贷：银行存款　　5 000

C. 借：财务费用　　5 000

　　贷：银行存款　　5 000

D. 借：销售费用　　5 000

　　贷：银行存款　　5 000

40. 下列各项中，不属于生产成本核算内容的是(　　)。

A. 生产工人的计件工资

B. 生产产品耗用的燃料费

C. 机器设备的日常维修费

D. 生产产品领用的包装物成本

41. 下列各项中，应计入管理费用的是(　　)。

A. 销售部门发生的固定资产修理费用

B. 聘请中介机构年报审计费

C. 专设售后服务网点的职工薪酬

D. 企业负担的生产职工养老保险费

42. 企业销售商品时给予的商业折扣，正确的会计处理是(　　)。

A. 计入销售费用

B. 按折扣后金额确认收入

C. 计入财务费用

D. 按原价确认收入，折扣额单独核算

43. 企业销售商品后发生的销售退回(不属于资产负债表日后事项)，正确的处理(　　)。

A. 冲减当期销售收入和成本

B. 计入营业外支出

C. 调整年初未分配利润

D. 不进行账务处理

44. 下列关于收入确认的表述，正确的是(　　)。

A. 只要收到货款就确认收入

B. 销售商品相关的经济利益很可能流入企业时确认收入

C. 提供劳务收入一律按完工百分比法确认

D. 预收账款属于企业的收入

45. 企业转让商标使用权取得的收入，应计入(　　)。

A. 主营业务收入　　B. 其他业务收入

C. 营业外收入　　D. 资产处置收益

46. 下列项目中，不属于企业营业收入的是(　　)。

A. 销售商品收入　　B. 出租包装物收入

C. 出售原材料收入　　D. 收到的违约罚款

47. 甲公司销售商品，不含税价款 100 万元，增值税 13 万元，约定客户可享受 2/10 n/30现金折扣(考虑增值税)。假设客户在第 5 天付款，甲公司实际收到(　　)万元。

A. 110. 74　　B. 111

C. 98　　D. 113

48. 企业提供劳务交易的结果能够可靠估计时，收入确认方法是(　　)。

A. 完工百分比法

B. 收到款项时确认

C. 劳务完成时一次性确认

D. 按合同约定比例确认

49. 企业销售商品时，已确认收入的商品发生销售退回(非资产负债表日后事项)应(　　)。

A. 冲减当期收入和成本

B. 调整报告期收入

C. 计入营业外支出

D. 不作处理

50. 下列项目中，属于所得税费用核算内容的是(　　)。

A. 当期应交所得税　　B. 递延所得税资产

C. 递延所得税负债　　D. 以上都是

贷：利润分配——未分配利润 300

D. 借：应付股利 300

贷：利润分配——未分配利润 300

65. 下列各项中，不属于企业实收资本增加途径的是(　　)。

A. 接受投资者投资

B. 向投资者分配现金股利

C. 经批准用盈余公积转增资本

D. 经批转用资本公积转增资本

二、多项选择题(10 个小题，每小题 5 分，共 50 分)

66. 以下属于货币资金核算内容的有(　　)。

A. 现金收付业务的核算

B. 银行存款收付业务的核算

C. 其他货币资金收付业务的核算

D. 应收账款的核算

67. 下列关于存货的说法正确的有(　　)。

A. 凡是存放在企业的财产物资，都应作为企业的存货核算

B. 委托代销的商品由于其存货实体已流出企业外部，所以不属于企业的存货

C. 因自然灾害造成的存货净损失，计入营业外支出

D. 由于收发计量差错引起的存货盈亏，计入管理费用

68. 企业在财产清查中发现固定资产盘盈，应进行的账务处理有(　　)。

A. 借记“固定资产”账户

B. 贷记“以前年度损益调整”账户

C. 确定应交所得税时，借记“以前年度损益调整”账户

D. 结转时，贷记“利润分配——未分配利润”账户，同时按比例计提盈余公积

69. 下列经济业务中，需通过“其他应付款”科目核算的有(　　)。

A. 收到客户存入的保证金

B. 应付股东的股利

C. 应付租入包装物的租金

D. 预付的购货款

70. 下列各项中，属于“制造费用”核算内容的有(　　)。

A. 车间生产人员的福利费

B. 车间机器设备的折旧

C. 车间管理人员的工资

D. 销售部门人员的工资

71. 下列各项中，导致企业销售费用增加的有(   )。

A. 生产车间发生的水电费

B. 销售商品应负担的装卸费

C. 宣传新产品发生的广告费

D. 报销行政管理部门人员的差旅费

72. 下列关于收入核算中，涉及增值税的处理正确的有(   )。

A. 企业销售商品确认收入时，应按扣除增值税销项税额后的金额确认收入

B. 企业销售商品收到的增值税销项税额应记入“应交税费——应交增值税(销项税额)”贷方

C. 企业购进货物支付的增值税进项税额，若符合抵扣条件，应记入“应交税费——应交增值税(进项税额)”借方

D. 增值税是价外税，不影响企业的收入金额

73. 下列可能影响利润表“财务费用”项目的有(   )。

A. 利息支出

B. 利息收入

C. 外币折算汇兑损益

D. 银行手续费

74. 利润表“净利润”项目的计算依据包括(   )。

A. 利润总额

B. 所得税费用

C. 营业外收入

D. 其他综合收益

75. 甲公司注册资本总额为 500 万元，收到乙公司投入现金 120 万元，占原资本总额20%的份额，甲公司进行账务处理时，可能涉及的科目有(   )。

A. 银行存款

B. 实收资本(股本)

C. 资本公积

D. 盈余公积

三、判断题(20 个小题，每小题 2 分，共 40 分)

76. 现金日记账和银行存款日记账必须采用订本式账簿。 (

77. 企业在编制年度财务会计报告前，应当全面清查资产、核实债务。 (

78. 企业的库存现金收支业务可以不通过银行进行。 (

79. 企业的货币资金是企业流动性最强的资产，包括库存现金、银行存款和其他货币资金以及短期投资。 (

80. 企业应收的出租包装物租金应在“应收账款”科目核算。 (

81. 企业在赊销商品时，若商品的控制权已转移给购货方，但尚未收到款项，应确认应收账款。 (

82. 在购买原材料时，如果期末原材料已到达且已验收入库，但发票账单未到，则企业